航空から見た戦後昭和史

——ビートルズからマッカーサーまで

夫馬信一●著
鈴木真二●航空技術監修

原書房

スペシャル・フライト Special Flight

航空メモリアル・アルバム

Since 1945

東京五輪開会式のブルーインパルス

▲**競技場から見た五輪**（提供：藤縄忠）●輪を描いているのは左から1番機・松下治英1尉、2番機・淡野徹2尉、3番機・西村克重2尉、4番機・船橋契夫1尉、5番機・藤縄忠2尉［本文P164参照］。

▲**東京上空の五輪**（提供：藤縄忠）●松下治英1尉（1番機・青）、船橋契夫1尉（4番機・緑）、西村克重2尉（3番機・黒）、藤縄忠2尉（5番機・赤）、淡野徹2尉（2番機・黄）。地上2万5000フィート（約7620メートル）の高さから撮影。

◀**去って行くブルーインパルス**（提供：藤縄忠）●輪を描き終えて去って行くブルー。左から5番機・藤縄忠2尉、2番機・淡野徹2尉、1番機・松下治英1尉、3番機・西村克重2尉、4番機・船橋契夫1尉。下方に日本武道館の屋根が見える。

聖火フライト1

▲聖火空輸特別機・DC-6B「**シティ・オブ・トウキョウ**」号（提供：日本航空）

▲**各国での聖火リレー・ワッペン**（提供：池田宏子、池田剛）●各国で聖火リレー関係者に渡されたワッペンの数々。右上が台湾、下が香港、左上がレバノンのワッペンである。

▶**聖火灯**（協力：池田宏子、池田剛）●聖火空輸派遣団・聖火係の中島茂が、3つある聖火灯のうちのひとつを所蔵していた。

◀**ローマ・オリンピック開会式プログラム**（提供：池田宏子、池田剛）●聖火空輸派遣団・聖火係の中島茂は、1960（昭和35）年のローマ・オリンピック開会式に参列し、東京五輪に備えた。プログラム表紙のスタジアム写真に書き込みを入れて、詳細な記録を残している（本文P156参照）。

▶**パキスタン・ラホールでの歓迎風景**（「第18回オリンピック競技大会東京1964　公式報告書上」〈オリンピック東京大会組織委員会〉より）

▼**聖火空輸派遣団員への委嘱状**（提供：熊田美喜／協力：阿部美織、阿部芳伸、阿部哲也）

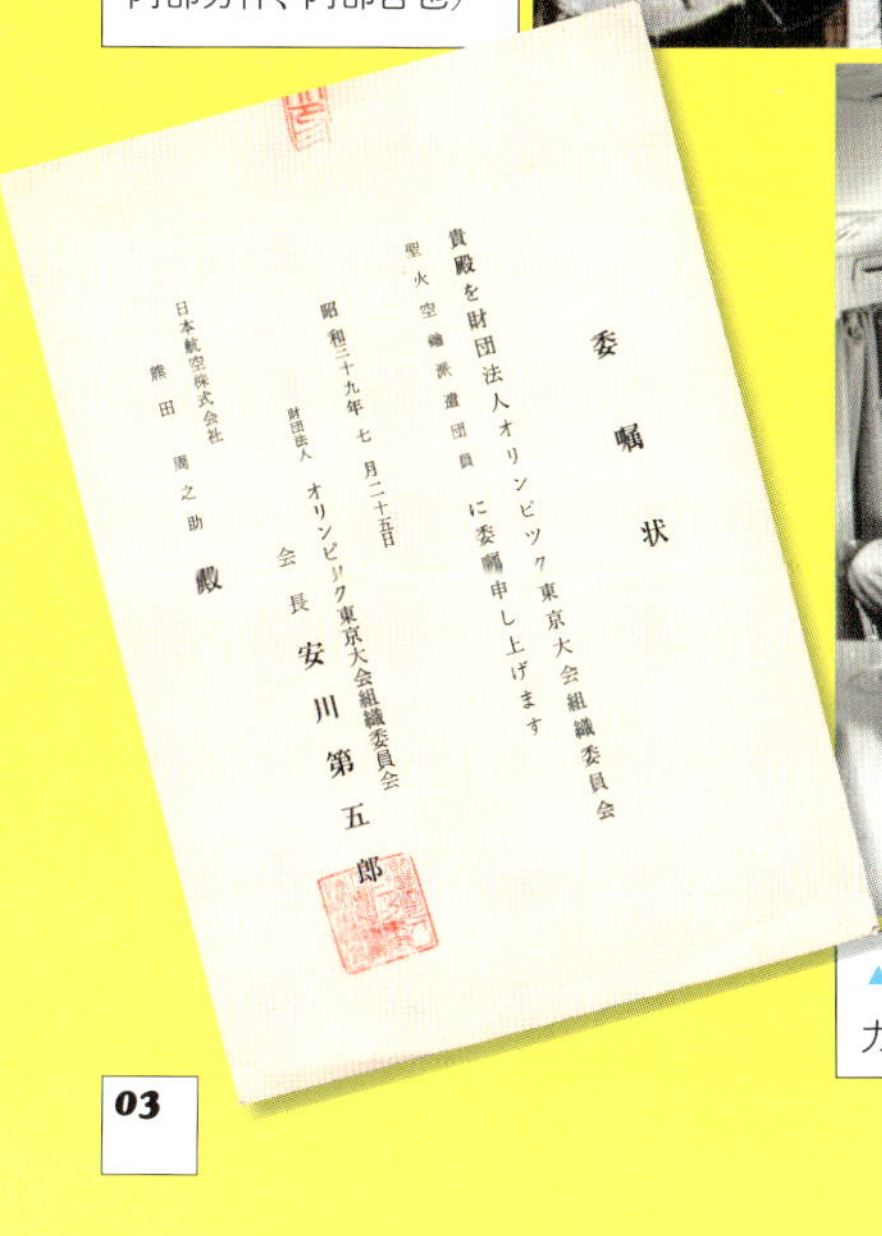

委嘱状

貴殿を財団法人オリンピック東京大会組織委員会
聖火空輸派遣団員　に委嘱申し上げます

昭和三十九年七月二十五日

財団法人　オリンピック東京大会組織委員会
会長　安川第五郎

日本航空株式会社
熊田周之助殿

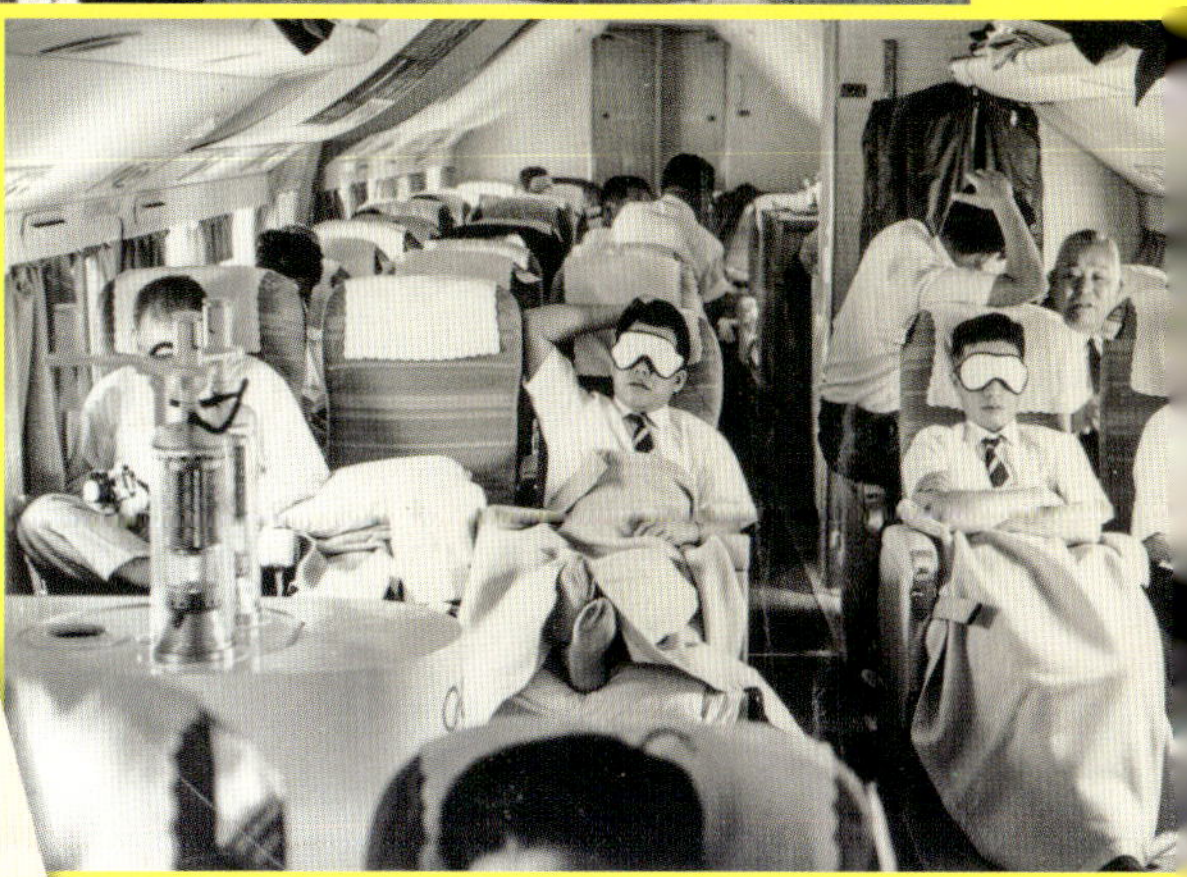

▲**「シティ・オブ・トウキョウ」号の機内**●（提供：熊田美喜／協力：阿部美織、阿部芳伸、阿部哲也）

聖火フライト2｜YS-11

▲鹿児島空港のYS-11（提供：白木洋子）●当時の鹿児島空港は霧島市にある現在のものと異なり、鹿児島市鴨池にあった。背景に桜島が見える。人物は左から、スチュワーデスの丸邦子、同・板倉（現・白木）洋子。

▼YS-11「聖火」号（提供：和久光男／協力：和久淑子）

▲「聖火」号クルー用ワッペン（提供：白木洋子）

▲鹿児島での歓迎式典（提供：ANA）

▼YS-11試作1号機（提供：三菱重工業株式会社）

▲広島空港でのYS-11（提供：山之内憲夫）●1964（昭和39）年に広島空港に降り立ったYS-11試作2号機。サングラスの男性は同機の飛行試験主任である山之内憲夫。

▼ジェット化計画「YS-11J」（提供：和久光男／協力：和久淑子）●1970（昭和45）年前後にはジェット化計画も立ち上がったが、最終的に頓挫した。

▼YS-11ラストフライト（提供：日本エアコミューター）●2006（平成18）年9月30日、鹿児島空港着陸後にウォーターアーチをくぐるYS-11［本文P279、P280参照］。

超音速旅客機

▲ブリティッシュ・エアウェイズのコンコルド（提供：ブリティッシュ・エアウェイズ）

▲▶コンコルドの客室と速度表示版（提供：篠崎ひさこ／協力：ブリティッシュ・エアウェイズ）●1990年代前半のお正月、ブリティッシュ・エアウェイズ客室乗務部の篠崎ひさこが、日本人観光客向けのロンドン〜ローマ間を結ぶ特別フライトに乗務して撮影。

◀長崎空港に降り立ったコンコルド（提供：長崎空港ビルディング株式会社）●1990（平成2）年9月2日、長崎旅博覧会と連動してエールフランスのコンコルドが飛来。約2万人の大群衆が押し掛け、海上空港に連結する箕島大橋が大渋滞となった［本文P206参照］。

▶**ツポレフTu-144構造図**●設計者はソビエト航空界の重鎮アンドレイ・ツポレフ。1977（昭和52）年11月1日には、アエロフロートがモスクワ〜アルマアタ路線で運航を開始した。

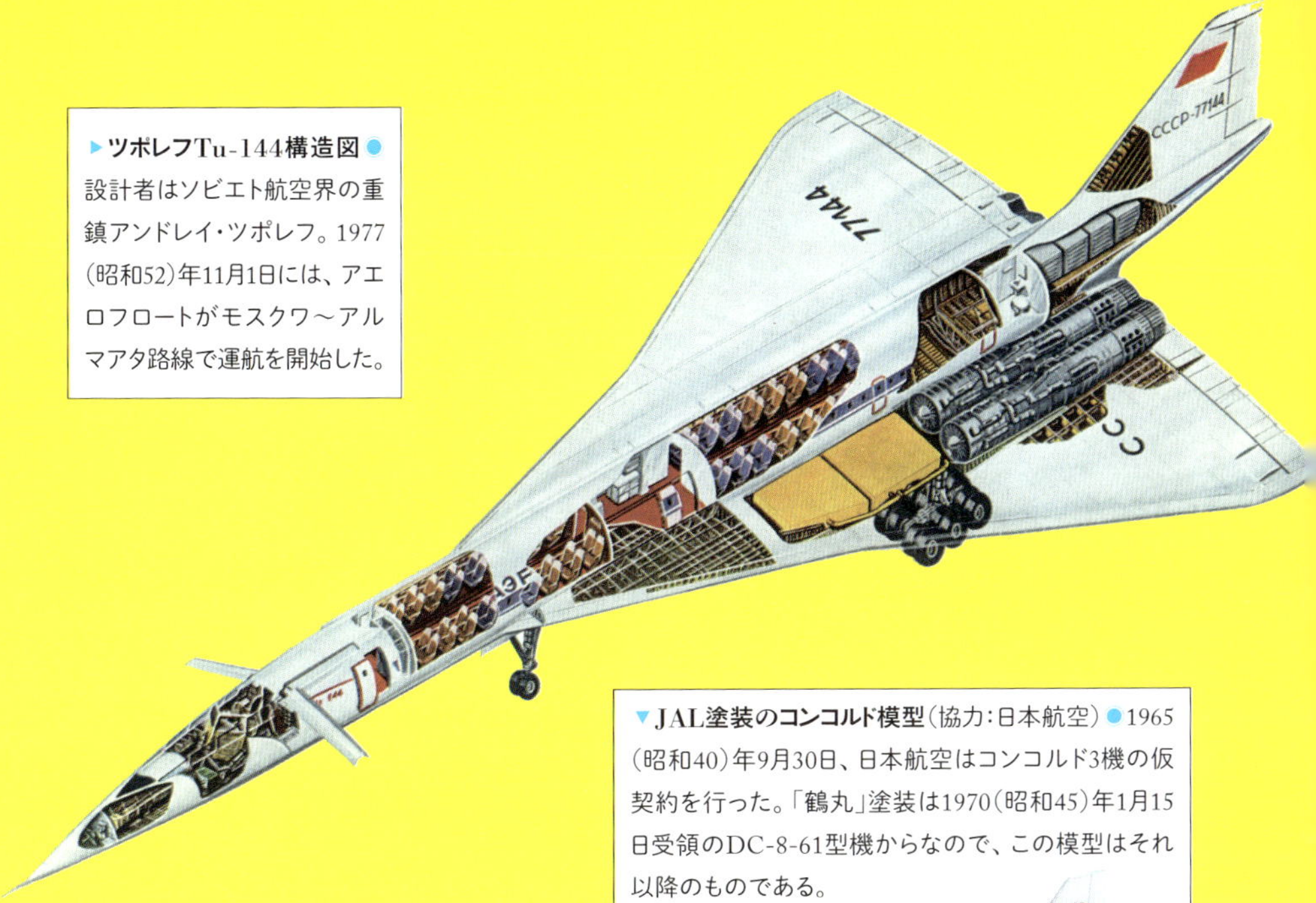

▼**JAL塗装のコンコルド模型**（協力：日本航空）●1965（昭和40）年9月30日、日本航空はコンコルド3機の仮契約を行った。「鶴丸」塗装は1970（昭和45）年1月15日受領のDC-8-61型機からなので、この模型はそれ以降のものである。

▶**ヴァージンアトランティック航空塗装のコンコルド模型**（提供：阿施光南）●ヴァージン航空がコンコルド獲得を表明していた2003（平成15）年頃に、飛行機内で限定発売された模型。金属製の1/400モデルで、長さは約16センチ。

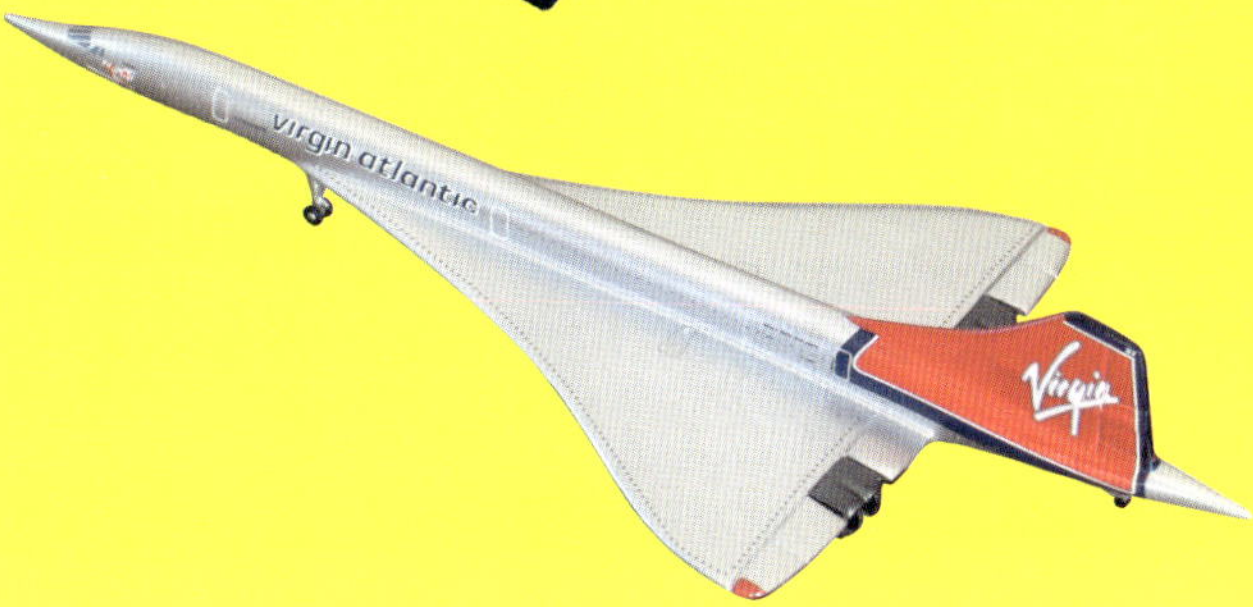

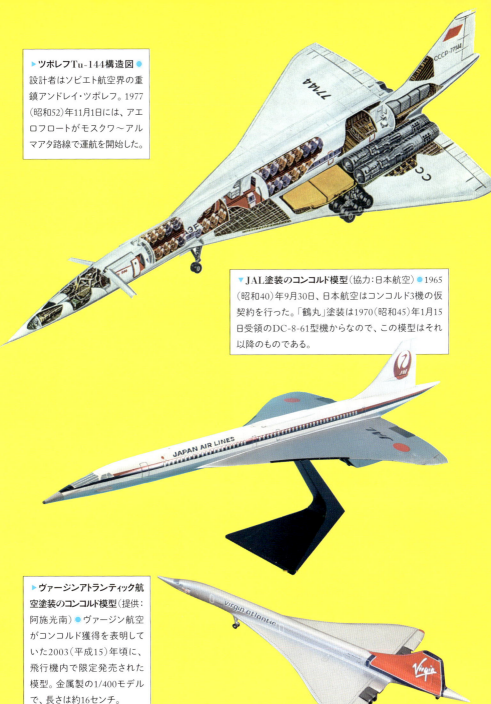

JALコレクション

▲**戦後国内定期便1号機「もく星」号**（提供：日本航空）●1951（昭和26）年10月25日、戦後初の民間航空定期便として東京の羽田飛行場を出発した、マーチン202型機「もく星」号。垂直尾翼は前夜の徹夜作業によって、ノースウエスト航空の塗装から変更されている［本文P036参照］。

▲**ウェーク島案内パンフレット**（提供：曽我誉旨生）●1954（昭和29）年2月2日、初の国際線である東京〜サンフランシスコ線開設。当時の同路線は航空機の航続距離の問題で、途中でハワイのワイキキとウェーク島（「ウェーキ島」とも呼ばれる）を経由していた［本文P064参照］。

▼**スチュワーデス教官のアリス・アトウッド**（提供：日本航空）●1953（昭和28）年、国際線進出を前に日本航空にスチュワーデスの教官が派遣された。それが、ユナイテッド航空のアリス・アトウッドだった［本文P057参照］。

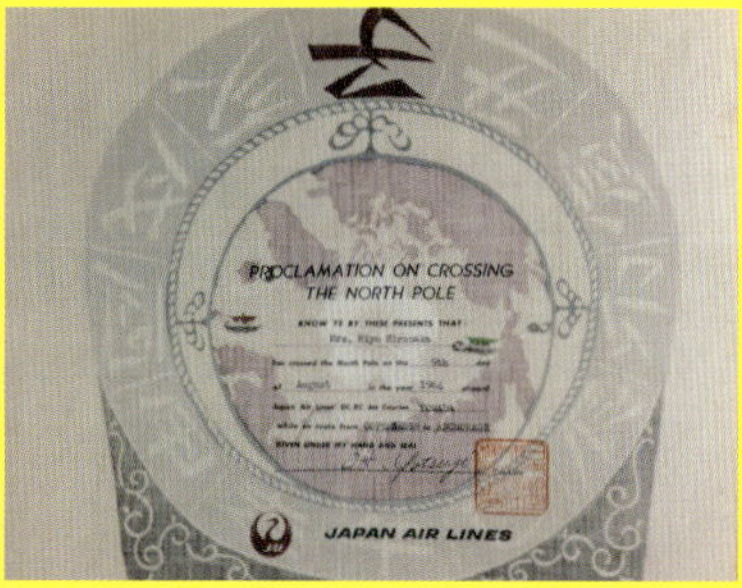

▲**北極通過記念証**(提供：日本航空)●かつて北極回り欧州線に乗った乗客に渡していた北極通過記念証。

▲**日ソ共同運航便の就航**(提供：日本航空)●1967(昭和42)年4月18日、羽田空港でのモスクワ～東京第1便到着セレモニー。

▶**世界一周線の開設**(提供：日本航空)●1967(昭和42)年3月6日、世界一周線西回り便1番機が出発[本文P200参照]。

▼**日本航空がジャンボ1号機を受領**(提供：日本航空)●1970(昭和45)年4月22日、シアトルにて撮影。

▼**ジャイアントパンダ空輸**(提供：日本航空)●1972(昭和47)年10月28日、北京空港にて撮影。

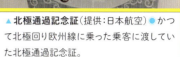

ANAコレクション

◀全日本空輸発足のポスター（提供：ANA）●1958（昭和33）年、東京を拠点にした日本ヘリコプター輸送と大阪を拠点にした極東航空、この両社の路線を統合した新しい航空会社、新生「全日本空輸」が誕生した［本文P046参照］。

▶日ペリ航空スチュワーデスとDC-3（提供：北野蓉子）●1955（昭和30）年、日本ヘリコプター輸送がDC-3導入に伴ってスチュワーデスを募集。写真一番左が北野蓉子［本文P043参照］。

▲極東航空の遊覧飛行券（提供：ANA）●全日空の前身のひとつとなった極東航空の遊覧飛行券。飛行機はオースターオートカー。

◀日本ヘリコプター輸送の定期航空案内（提供：曽我誉旨生）◉全日空もうひとつの前身である「日ペリ」の定期航空案内。1954（昭和29）年発行。

▲**ボーイング727購入1番機受領セレモニー**（提供：ANA）●全日空のボーイング727購入1番機・受領セレモニーの様子。1965（昭和40）年3月、ボーイング・フィールドで撮影。制服を着た人物の中で一番左にいる人物が籠島偉介CAP（機長）。その右隣から順に、森和人CAP、ひとりおいて神田好武CAP、木村虎雄FE（航空機関士）、福本副社長、吉田博FE、ひとりおいて日商岩井の島田所長。（協力：秋山章八、籠島偉介）。

▲**上海空港での全日空クルーたち**（提供：保田昌子）●1972（昭和47）年9月9日、戦後日本の飛行機として初めて北京に着陸した全日空ボーイング727-200のクルーたち。写真は北京に向かう前に立ち寄った上海虹橋空港。右からふたり目が木下（現・保田）昌子［本文P216参照］。

▶**那覇〜大阪線の英文宣伝ポスター**（提供：ANA）●那覇〜大阪線57ドル30セントという価格が書かれたポスター。当時の沖縄線は国際線だった。

空の貴婦人DC-8

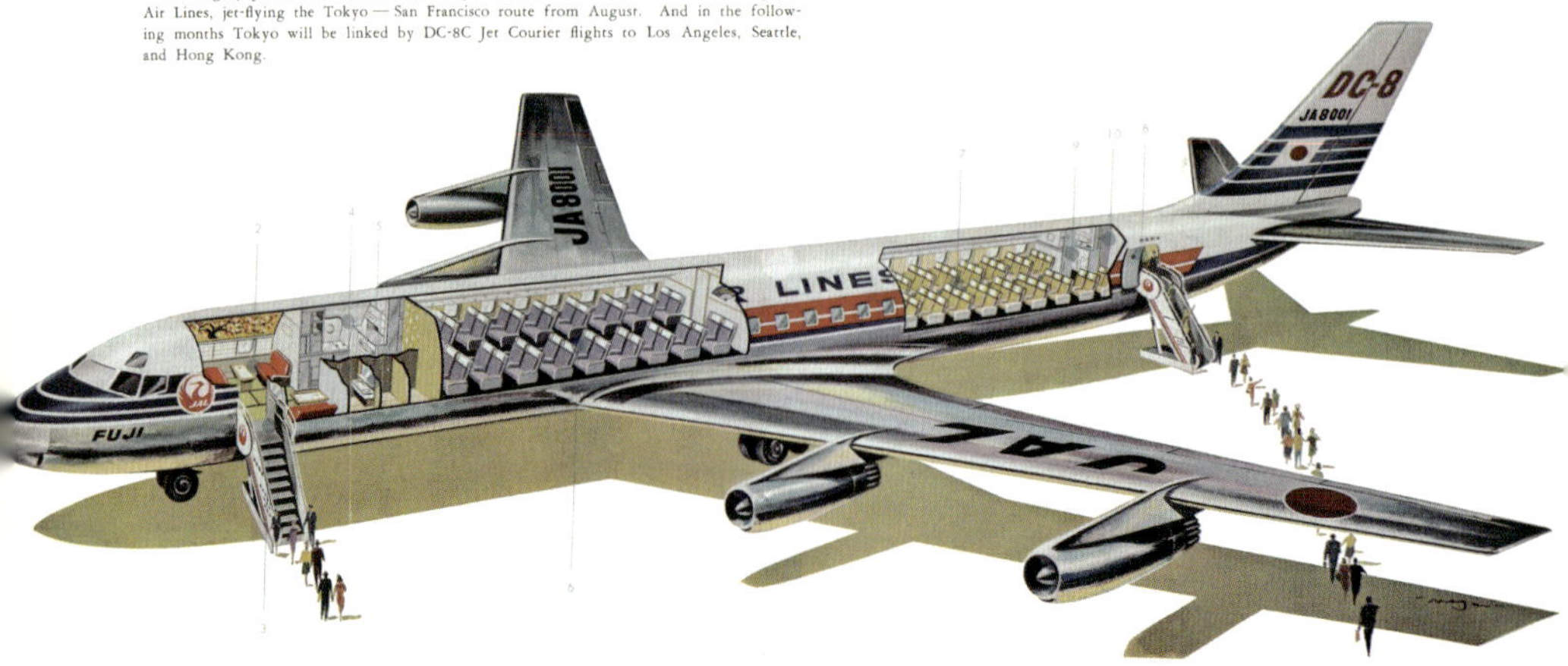

The NEW JAL DC-8C Intercontinental JET COURIER

The mighty JAL DC-8C Intercontinental Jet Courier now enters the service of Japan Air Lines, jet-flying the Tokyo — San Francisco route from August. And in the following months Tokyo will be linked by DC-8C Jet Courier flights to Los Angeles, Seattle, and Hong Kong.

FIGURES AND FACTS

Wing Span	142ft 4 1/2in
Overall Length	150ft 5 2/5in
Overall Height	42ft 3 1/5in
Maximum Take-off Weight	310,000 lbs
Dead Weight, empty	128,000 lbs
Maximum Seat Capacity	143
Standard Seat Configuration	100
Fuel Capacity	23,080 gal
Maximum Cruising Speed	600 mph
Cruising Range	4,604 miles
Engines, 4 (Pratt & Whitney)	JT4A-9 Turbo-Jet
Maximum Take-off Thrust	16,800 lbs per engine

1 Weather Radar
2 Lounge
3 Entrance to First Class Cabin
4 Forward Galley
5 Forward Rest Room
6 First Class Cabin
7 Tourist Class Cabin
8 Entrance to Tourist Class Cabin
9 Aft Galley
10 Aft Rest Room

▲DC-8海外向けパンフレットの透視図（提供：曽我誉旨生）

▲DC-8「フジ」のコックピット（協力：日本航空）●2016（平成28）年に撮影。

◀**DC-8「フジ」の日本間ラウンジ**（協力：日本航空）●保存されているDC-8「フジ」機首部分の日本間ラウンジにて。左から本書の技術監修の鈴木真二、著者の夫馬信一。撮影は2009（平成21）年で、現在では経年などによる劣化を防ぐためにシートは座ることができない。

▲DC-8**「フジ」部分保存記念式**（提供：日本航空）●1988（昭和63）年7月13日に撮影［本文P230参照］。

▲DC-8**「フジ」機首部分**（協力：日本航空）●2016（平成28）年に撮影。

▲▼**解体中のDC-8「フジ」**（提供：日本航空）

日本エアシステムの前身たち

▲**北日本航空のコンベアCV-240**（提供：曽我誉旨生）●1963（昭和38）年、函館空港で撮影。
▶**日東航空のパンフレット**（提供：曽我誉旨生）●飛行機はデハビランド・カナダDHC-3オッター。
▼**東亜航空のパンフレット**（提供：曽我誉旨生）●飛行機はYS-11。

▲**富士航空のパンフレット**（提供：曽我誉旨生）●飛行機はコンベアCV-240。

▼**日本国内航空の搭乗記念バス券**（提供：曽我誉旨生）●日東航空、北日本航空、富士航空の合併により日本国内航空が誕生。

▲**東亜国内航空のYS-11**（提供：曽我誉旨生）●日本国内航空と東亜航空の合併により東亜国内航空が誕生。1972（昭和47）年6月、花巻空港で撮影。

▶**東亜国内航空のDC-9-40**（提供：日本航空）●1974（昭和49）年、DC-9導入に伴う新塗装の機体。1981（昭和56）年のエアバスA300導入以降は、虹色の塗装となる。

JASの空飛ぶ虹

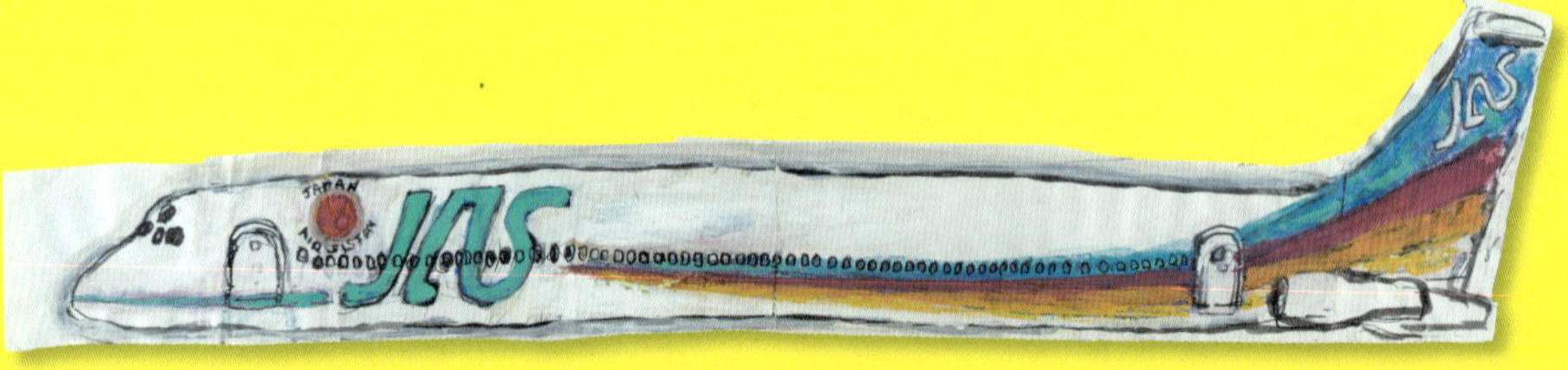

▲**黒澤明によるMD-90塗装用デザイン原画**（協力：日本航空、黒澤プロダクション）［本文P272参照］

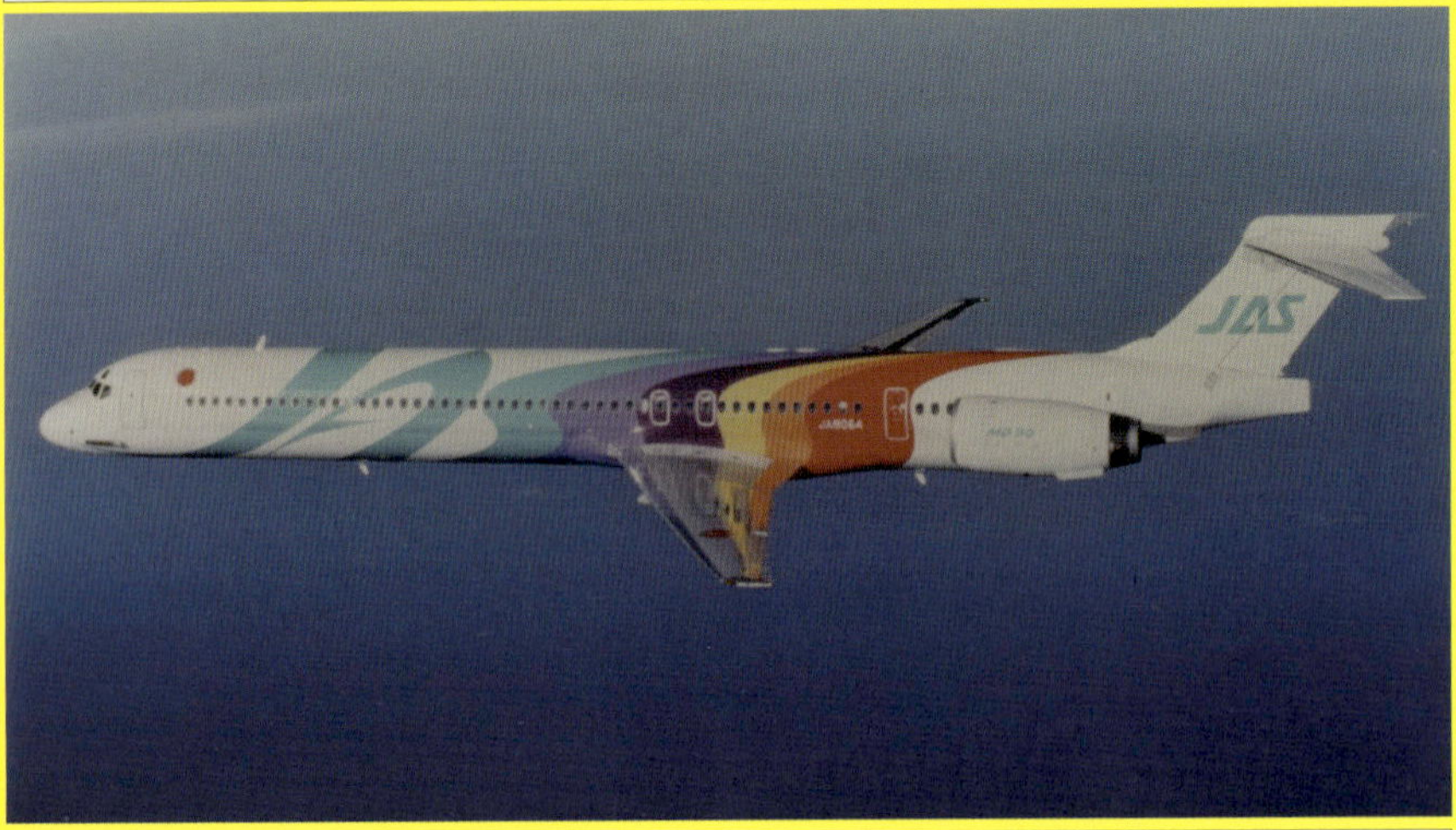

▲**黒澤デザインのMD-90**（提供：日本航空）

▶**幻のJASジャンボ**（協力：日本航空）●日本エアシステムはボーイング747-400を発注。実現すれば同社初のジャンボとなる予定だったが、1992（平成4）年3月24日にボーイング777に切り替えられた。

航空から見た戦後昭和史——ビートルズからマッカーサーまで

この本を、今は亡き北野蓉子氏（一九三三〜二〇一四）と和久光男氏（一九三〇〜二〇一一）の思い出に捧げる。

〈作中劇『飛ぶ教室』に登場するペテロのセリフ〉

なんじらは飛行機で飛びあがってき、
望遠鏡で中をのぞく。
だが、思え、そんなことで、
天国は見えるようになりはしない。

――エーリヒ・ケストナー(『飛ぶ教室』〈岩波書店・刊〉より・高橋健二の訳による)
Erich Kästner (*"DAS FLIEGENDE KLASSENZIMMER"*)

［凡例］――

●登場する人物名は、原則として敬称略で表記した。

●後に姓が変わった人名については、初出の際にカッコ内に現在の姓を入れて、それ以外は本文中で扱われている時点での姓に統一した。

●引用文中に現在では不適当と思われる表現があった場合、当時の歴史的背景なども考慮した上で、できる限りそのままで残した。特に現在、「キャビン・アテンダント」「フライト・アテンダント」「CA」などと呼ばれる女性客室乗務員の名称については、時代色を重視して基本的にはかつて一般的に使用されていた「スチュワーデス」という名称を使用。ごく初期に使われていた「エア・ガール」「エア・ホステス」などの名称についてはその都度変えると混乱を来たすため、特に必要がない場合には「スチュワーデス」で全編を統一した。ただし時代が下ってきたあたりでは「客室乗務員」などの名称を使っている箇所もある。

＊使用した画像の一部には、著作権者等が不明でご連絡できないものがありました。ご存知の方は、発行元までご一報ください。なお、本書の記事・画像について、無断で転載することを禁じます。

プロローグ——タイムスリップ 2015－1936

「**MRJ**」**ファースト・フライト**（提供：三菱航空機）●2015（平成27）年11月11日、愛知県豊山町の名古屋空港で初の国産ジェット旅客機「MRJ」の初飛行が行われた。国産旅客機が空を舞ったのは、実に半世紀ぶりのことであった。

航空大国めざした戦前ニッポン

その日、わが国の航空ファンたちは、ひどく落ち着かない朝を迎えていたに違いない。パソコンの前やテレビの前、あるいは我慢できない人々は愛知県豊山町の名古屋空港まで直接押し掛けて、その瞬間を今か今かと待ち受けていたはずだ。

二〇一五(平成二七)年一一月一一日午前九時三五分、国産初のジェット旅客機「MRJ」がついに初飛行に成功した。国産の旅客機としてはプロペラのターボプロップ機YS‐11以来だから、実に半世紀ぶり。それはまさに、日本の航空史にとってエポック・メーキングな瞬間だった。

だが、特に飛行機に興味がある訳ではない一般の人々の目には、それはちょっと違った印象で見えたかもしれないむしろ、「今ごろ?」という疑問を持った人の方が多かったのではないか。

旅客機以外の分野ならば、すでに一九六〇年代後半あたりから「メイド・イン・ジャパン」が世界を席巻していた。工業製品としての旅客機の分野で、日本が世界をリードしていなかった……そもそもYS‐11以外旅客機を手がけて来なかったことの方が不思議なくらいだ。飛行機に詳しい人々や航空業界の界隈に身を置く人々でなければ、「今ごろ?」と思う方がむしろ自然だろう。

満州航空の中島AT-2（満州航空就航記念絵葉書より／提供：曽我誉旨生）●中島AT-2の1号機は満州航空に納入され、「国光号」と命名されて運用された。明川清の設計によるこの純国産の双発旅客機の初飛行は、1936（昭和11）年9月。同機の乗員は2〜3名、乗客は8〜10名。

シカゴ飛行場に到着したニッポン号（『ニッポン世界一周記念帳』〈大阪毎日新聞社、東京日日新聞社〉／提供：曽我誉旨生）●地球を一周するという偉業を成し遂げた大阪毎日・東京日日新聞社（現・毎日新聞社）の双発機で、機体は九六式艦上戦闘機。ライバル朝日新聞社の単発機「神風」による東京〜ロンドン間飛行の成功に刺激されての、前人未到の快挙だった。なお今日、一般的には「ニッポン号」と呼ばれるが実際には「ニッポン」が正式名称である。

実はMRJに先立つほぼ八〇年ほど前、日本にはすでに立派な国産旅客機があった。その名は中島AT－2。中島飛行機が開発したわが国初の本格的双発旅客機で、一九三六(昭和一一)年九月に初飛行を行った。基本的にはダグラス社のDC－2を参考にしているとはいえ、エンジンに至るまで純国産。単に「作った」という事実にとどまらず、満州航空や日本航空輸送などで旅客輸送に大活躍した航空機である。

また、一九三七(昭和一二)年五月に初飛行を行った航研機は、一九三八(昭和一三)年五月に長距離飛行の世界記録を樹立した。それだけではない。一九三九(昭和一四)年には、毎日新聞社の「ニッポン」号(機体は九六式艦上戦闘機)が国産機による初の世界一周飛行を達成。この時代、日本の航空機は世界に引けを取らない……いや、時には凌駕する勢いを見せていた。

そもそも航空旅客輸送自体が、欧米とほぼ同時に第一次世界大戦後から始まっていた。郵便物の航空輸送というかたちで、日本航空輸送研究所、朝日新聞社の東亜定期航空会、川西機械の日本航空株式会社などが活動を開始。やがて政府が民間航空会社の育成に力を入れ始め、一九二八(昭和三)年には民間航空会社の大手・日本航空輸送株式会社が設立された。

こうして一九三九年を迎えるまでには、東京や大阪など全国主要都市に二五か所もの空港が完成していた。もちろんその数は広大な国土を持つアメリカには遠く及ばないし、同じく航空先進国であったイギリス、ドイツ、フランスにも大きく水をあけられてはいた。だが、当時の日本の状況を考えればかなりの充実ぶりというべきだろう。

当時、世界に向けた空の表玄関だったのが福岡第一飛行場(雁ノ巣飛行場)。そこから京城(現在のソウル)、平壌、大連などに、すでに定期便が飛んでいた。当時の飛行機は航続距離が短かったこともあり、「国際線」といえばもっぱら大陸側だった。そのため福岡の飛行場が、現在における成田空港のような位置づけになっていたわけだ。

また、一九三一(昭和六)年には羽田飛行場が開港。現在の羽田空港の始まりである。一九三九年には、既存の滑走

羽田飛行場の様子（日本航空輸送の絵葉書より／提供：曽我誉旨生）◉それまで航空の拠点としての役割を担ってきた所沢に替わって、東京・羽田の羽根田穴守神社の隣に開設された「東京国際飛行場」。1931（昭和6）年8月25日の開場当時は300m×15mの滑走路1本のみだった。開場日に最初に出発したのはこの写真に写っているものと同じ、日本航空輸送のフォッカー・スーパーユニバーサル。この写真は1932（昭和7）年から1936（昭和11）年の頃のもの。

福岡第一飛行場（**雁ノ巣飛行場**）（『写真週報』5号〈内閣情報部〉より／提供：国立公文書館、アジア歴史資料センター　レファレンスコード：A06031060000）◉1936（昭和11）年6月に和白村雁ノ巣（現在の福岡市東区）に開場。当時、福岡県内には福岡市外名島の水上飛行場や太刀洗飛行場があったが、大陸方面にアクセスするための「国際空港」として新たに建設された。1938（昭和13）年頃の撮影。写っている航空機は左からダグラスDC-2、フォッカー・スーパーユニバーサル、エアスピード・エンボイ。

路が拡張されるとともに新滑走路が増設。その他の設備の充実などもあり、着実に帝都・東京の空の玄関口にふさわしい体裁を整えていった。東京航空輸送社による東京遊覧飛行なども含め、羽田飛行場は徐々に活況を呈していった。

さらに、一九四〇(昭和一五)年に開催予定だった東京オリンピックと万国博覧会によって外国人観光客急増が予想されたこともあり、城東区砂町の沖合(現在の夢の島公園)に七六万三八七坪(約二五一・三六ヘクタール)の埋め立てを行い、巨大な「東京市飛行場」を建設しようという計画も持ち上がった(ただし、計画が具体化した時にはすでに五輪は返上、万博は延期と決定していた)。ちなみにこの面積は、当時の世界最大級の規模に相当する。埋め立てによって本格的な「国際空港」を建設しようという、現在の関西国際空港や中部国際空港を想起させる巨大プロジェクトである。一九三九(昭和一四)年には実際に起工しながら途中で挫折したこの計画、もし実現していたならば現在の羽田空港、さらに成田空港にどれほどの影響を与えていたことだろうか。今となってはそのインパクトの大きさは想像するべくもない。

だが、良き時代は長くは続かない。泥沼化した日中戦争によって戦時体制に引きずり込まれていく日本の中で、航空だけが無傷でいられるわけがない。いや、むしろ航空だからこそ戦争に少なからず加担することになり、ドップリと深入りせざるを得なかった。一九三八年には、日本航空輸送株式会社が政府出資の国策会社として大日本航空株式会社に改組される。その後、航空輸送は軍用か軍事協力に限られるようになってしまった。この段階で、民間航空の息の根は止まったといえる。

こうして貴重な時間と労力を空費して多大な犠牲を払った果てに、数年後、忌まわしくも傷ましい時代は唐突に終わりを告げた。

本書の物語は、そのすぐ後から始まる。

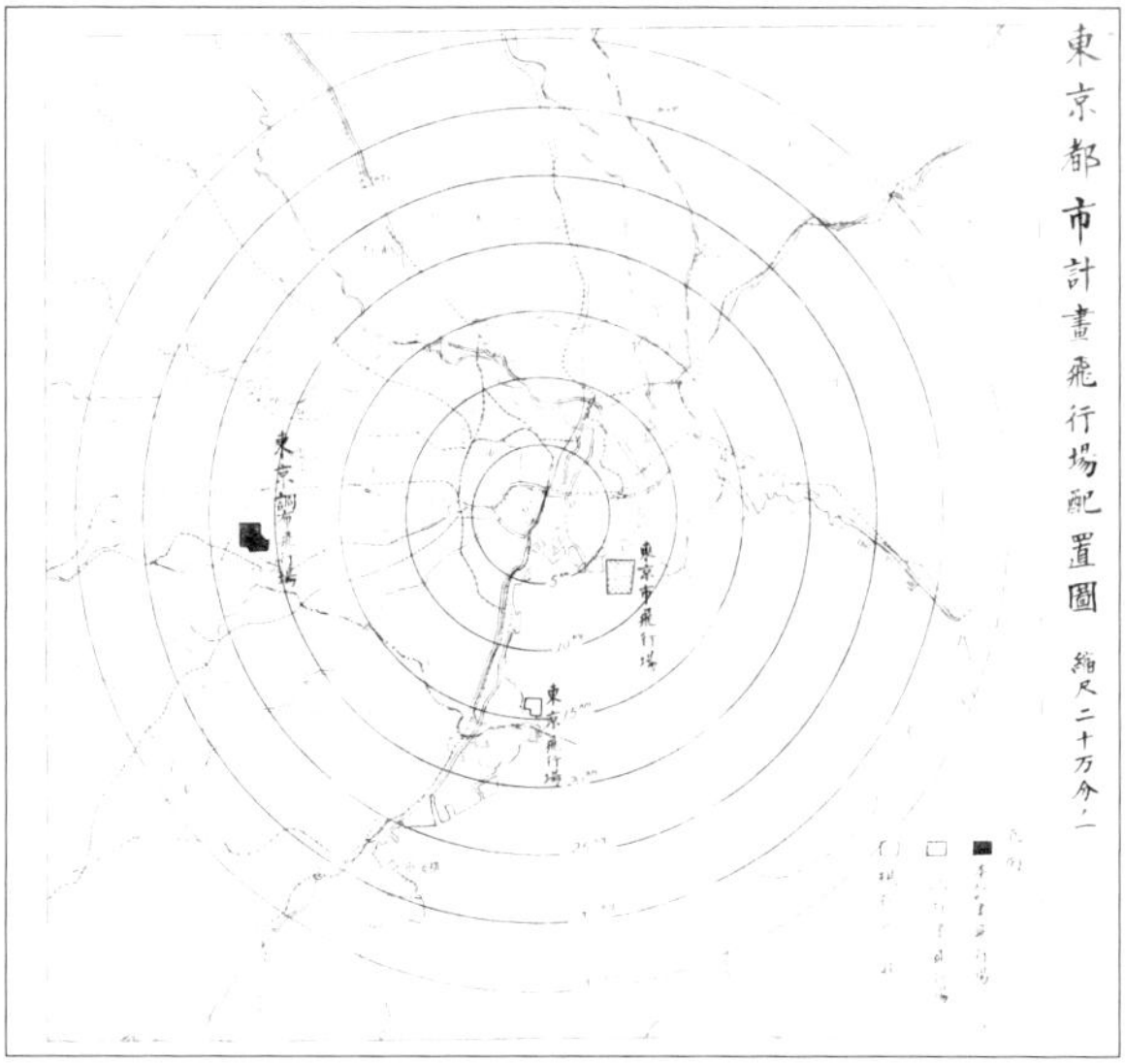

東京都市計画・飛行場配置図（『東京都市計画飛行場及同事業並其ノ執行年度割決定ノ件』より／提供：国立公文書館　請求番号：纂02477100）◉急増する東京市の航空需要に対応するべく、稼働中の羽田の「東京飛行場」、砂町沖合に建設予定の「東京市飛行場」、そして東京府北多摩郡調布町・三鷹村および多磨村地内に計画された「東京調布飛行場」……と、3つの飛行場による帝都飛行場プランを掲げた図。この計画図の作成は1939（昭和14）年だが、「東京市飛行場」建設計画自体は前年の1938（昭和13）年にすでに決定していた。なお、昭和29年1月1日付『航空時報』（財団法人日本航空協会）によれば、戦後も羽田のキャパシティ超過を見越して同じ場所（夢の島）に追加埋め立てを行い、大空港を建設する計画が一時浮上したという。

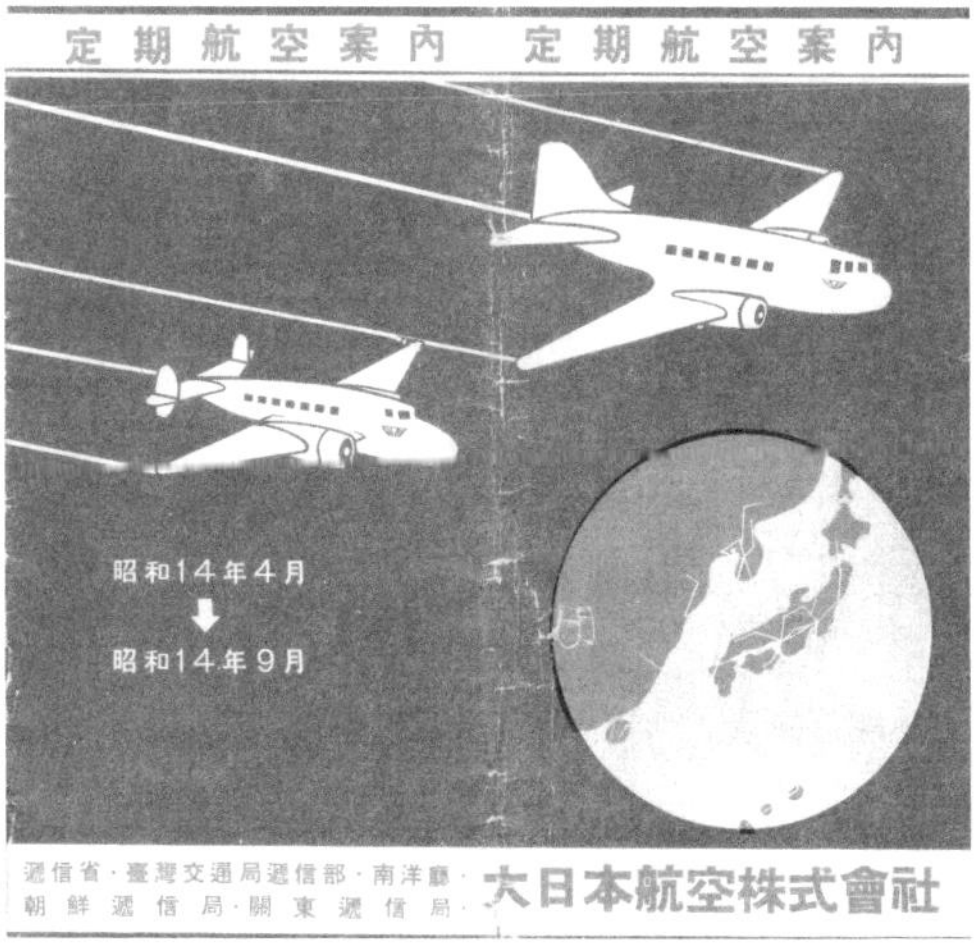

大日本航空の定期航空案内（『定期航空案内　昭和14年4月〜昭和14年9月』〈大日本航空株式会社〉より／提供：曽我誉旨生）◉日本航空輸送株式会社は1938（昭和13）年に改組され、国策会社「大日本航空株式会社」へと変貌。サイパンやパラオといった南洋群島への路線が運航されるようになり、やがて太平洋戦争勃発とともに軍の管理下に置かれた。表紙に描かれている航空機は、左からロッキード14、ダグラスDC-3。

第1部

機首を再び上げよ

和服を着たJALスチュワーデスとDC-6B（提供：小野悠子）◉羽田空港でのDC-6B「シティ・オブ・トウキョウ」と当時のJALスチュワーデス（当時はエア・ガールと呼ばれていた）である竹田悠子（現・小野悠子）。JALの和服サービスは1953（昭和28）年11月23日の羽田〜ホノルル試験飛行で行われたのが最初なので、それ以降の撮影と思われる。

第1章　戦後日本のテイクオフ

●戦後は「飛行場」から始まった

ある意味で、日本の戦後は「飛行場」から始まったといえるかもしれない。

一九四五(昭和二〇)年八月三〇日、専用機ダグラスC－54バターン号が厚木飛行場に到着。午後二時五分、連合国軍最高司令官ダグラス・マッカーサー米陸軍元帥がバターン号のタラップを下りて厚木の地を踏んだ。サングラスをかけコーンパイプをくわえたお馴染みの姿で……である。

実際には八月二八日朝から武装した米軍の先遣隊が厚木飛行場に到着し、大量の物資や輸送機、車両などが運び込まれていた。ある程度のお膳立てはできていたともいえる。だから、実際にはマッカーサーの登場がすべての始まりだった訳ではない。

しかし米軍による日本の占領の「象徴」であるマッカーサーが、自らいち早く日本の地を踏んだということの意味は極めて大きい。降伏したとはいえ、いまだ武装解除前の兵士が多数待ち構える日本本土に、最高司令官自らが堂々と乗り込んでいくのである。その日米双方に与えるインパクトは絶大なものがあっただろう。そして、その場所が「飛行場」であったことは、戦後の日本の歩みを象徴するような出来事だったかもしれない。

やがてマッカーサー一行は横浜に向かい、さらに九月八日には東京に進駐。例の旧第一生命ビルにGHQ本部として居を構え、日本の最高権力者として統治に乗り出していく。

だが、まもなく日本の航空関係者にとって絶望的な出来事が襲いかかる。同年一一月一八日に連合軍最高司令部が出した『連合国軍最高司令部訓令三〇一（民間航空活動の全面禁止に関する訓令）』がそれだ。一九四五年一一月一九日付け朝日新聞によると、その詳細は次の通りである。

一・操縦士、機関士の育成、航空機の設計、建造、整備、運行ならびにこれに関する訓練。

二・本年一二月三一日以後、個人または団体が航空機または航空関係の研究、実験、生産、整備機関を購入、所有、運転することを得ない。

三・航空科学、航空力学、そのほか航空に関係ある利用につき、これを教授、研究、実験することも禁止される。模型飛行機を作製することもできない。

これによって、資本金一億一七〇〇万円の大日本航空輸送会社のほか、大日本飛行協会、逓信院航空局、東大航空研究所、中央航空研究所なども解散。日本人が空を飛ぶだけでなく、飛行機について研究や実験をすることも禁止されることになってしまった。日本が将来、空軍を再建して侵略戦争の挙に出る可能性を絶滅すること……が目的とされていたが、アメリカはそれほど日本の航空が持っていたポテンシャルに対して恐怖を抱いていたのかもしれない。すべてを禁じられる日本の航空関係者にとってはたまったものではない命令だったが、これに抗する術はまったくなかった。

実際にはこの命令に先立ち、日本全国で飛行場施設と航空機の破壊が実行された。それは軍用機だけにとどまらず、民間航空機にまで及んだ。日本航空協会の『WEB版「航空と文化」』に収録された徳田忠成の連載『逓信省航空局　航空機乗員養成所物語』の『(二五)終戦と大日本航空の解散』によれば、九月末には羽田飛行場に残された航空機を破棄。これらの航空機は近くの鴨池に投げ込まれ、米軍のブルドーザーによって埋め立てられた。札幌飛行場では一〇月二六日にゼロ戦や大日本飛行協会の練習機、グライダーが焼却された。また高松飛行場では、新鋭機六一機が一気に破壊された。全国各地で軍用、民間用を問わず、航空機の破壊・廃棄が一斉に行われたのだ。

日本航空協会発行の『日本の航空100年』に収録された鍛冶壮一による『どうしても飛びたい／パイロット長野英麿の半生』にも、当時の松戸飛行場での状況が詳しく綴られている。米軍より飛行可能な飛行機を一〇月一〇日までにすべて松戸の元陸軍飛行場に集めろという命令が下され、集まったパイロットたちは米軍の若い中尉に「今日だけ」と頼み込んで悪天候の中を狂ったように飛び回る。一〇月一三日に再びやって来たその中尉は、すべてを燃やすことを宣言。「なぜ旅客機まで燃やすのか」という抗議も黙殺された。航空機の燃料コックが開かれ、ほとばしり出る燃料に向けて中尉がピストルを発射。あっという間に機体は燃え上がった。この松戸飛行場では、二七機が夕方まで燃え続けたという……。

これらの航空機の数が実際どのくらいの数に達したかは、想像の域を出ない。ただ、終戦前の日本に民間航空機がどのくらいあったのかについては、やはり日本航空協会発行の『J－BIRD／写真と登録記号で見る戦前の日本民間航空機』に収録された藤田俊夫と河守鎮夫による『3・2・4　民間機の総数を推理する』という記事が、大胆な推定を出している。この記事によれば、「約一万三千機(飛行機：約三千機、滑空機：約一万機)という数字が思い浮かぶ」と推定。この数字が、この時に破壊された航空機の数を知るためのひとつの目安にはなるかもしれない。ともかく、戦前には世界最高水準にあった日本の航空は、ここで一気に息の根を止められたのであった。それは、まさに文字通りの「リセット」である。

その意味でも、戦後は「飛行場」から始まった……というべきかもしれないのだ。

厚木飛行場に到着したマッカーサー（提供：毎日新聞社）◉1945（昭和20）年8月30日、厚木飛行場に到着したダグラス・マッカーサー連合国軍最高司令官が、専用機バターン号から降りるところ。このバターン号は二代目のダグラスC-54（P027参照）。この到着からまもなく、マッカーサー一行は横浜に直行。ホテルニューグランドに最初のGHQ本部を置いた。

昭和二十年十一月十九日

民間航空

全面的に禁止

訓練、研究も差止め

本年限り　日航、航研等は解散

マ司令部指令

研究員、乗員は登録

民間航空の全面的禁止を報じる新聞記事（1945〈昭和20〉年11月19日付『朝日新聞』より／提供：国立国会図書館）◉1945（昭和20）年11月18日に連合国軍最高司令部が出した、『連合国軍最高司令部訓令三〇一（民間航空活動の全面禁止に関する訓令 ）』の内容を報じる新聞記事。航空に関する訓練や研究も禁止されて、日本の航空は完全に息の根を止められることになった。これに伴い、航空会社・団体の役員、職員、技術者、研究員、操縦士、機関士、教官など関係者は、登録して同司令部に報告することになっていた。

◉エア・ベース、そしてエアポートへ

一九四五(昭和二〇)年九月八日に東京に進駐し、GHQ本部を旧第一生命ビルに置いたマッカーサーは、矢継ぎ早に占領政策を実行に移していった。その中でも重要なことのひとつが、東京の空の表玄関・羽田飛行場の接収である。

当時の連合国軍の進駐の様子を綴った『連合国軍都内進駐に関する書類綴』(大田区役所蒲田支所)の中には、羽田が接収された時のことも非常に淡々とではあるが記録されている。それによると、まず九月一三日に米軍の兵士約五〇〇名が羽田飛行場に進駐したようだ。

米軍が行ったのは、単に羽田飛行場施設を押さえることだけではなかった。海老取川以東の民家など約一二〇〇世帯に、いきなり立ち退きを命令したのだ。しかも、四八時間以内の強制退去を命じたのだから、住民たちからすれば無茶な話である。しかし、当時の日本人に抵抗などできるはずもない。付近の人々は早速、敗戦国の国民としての悲哀を噛み締めることになる。資料によれば、一般住民の立ち退きは九月二九日の午後五時までに完了させることになっていたようだ。

米軍がこのような性急ともいえる動きを見せたのには訳があった。彼らはこの羽田飛行場に、「極東の空の拠点」とでもいうべき重要な役割を担わせようと考えていたのだ。そのためには、現状の羽田の施設と規模では不十分だ。そこで、米軍第八〇八建設部隊による拡張工事を行い、その機能を一気に充実させようとしたのである。

こうして羽田の拡張工事が始まったのは、一九四五年一一月のこと。羽田はすでに一九三九(昭和一四)年から一九四〇(昭和一五)年にかけて一度拡張が行われていて、その時は面積二二万一〇〇〇坪(約七三ヘクタール)、八〇〇×八〇メートルの滑走路が二本という状態だった。これに対して今回の米軍による大拡張工事では、総面積は二五七・四へ

1944年（上）と1946年（下）の羽田飛行場（提供：国土地理院）●戦中の1944（昭和19）年11月14日に陸軍によって撮影された航空写真（上）と、拡張工事進行中の1946（昭和21）年4月9日に米軍によって撮影された航空写真（下）。中央部からやや左側に黒っぽく見える三角池によって位置関係が分かるが、米軍は羽田の北部と南部の埋立地をつないで大滑走路を建設してしまったわけだ。なお、旧来の羽田飛行場は画面では三角池の右上側にあった。

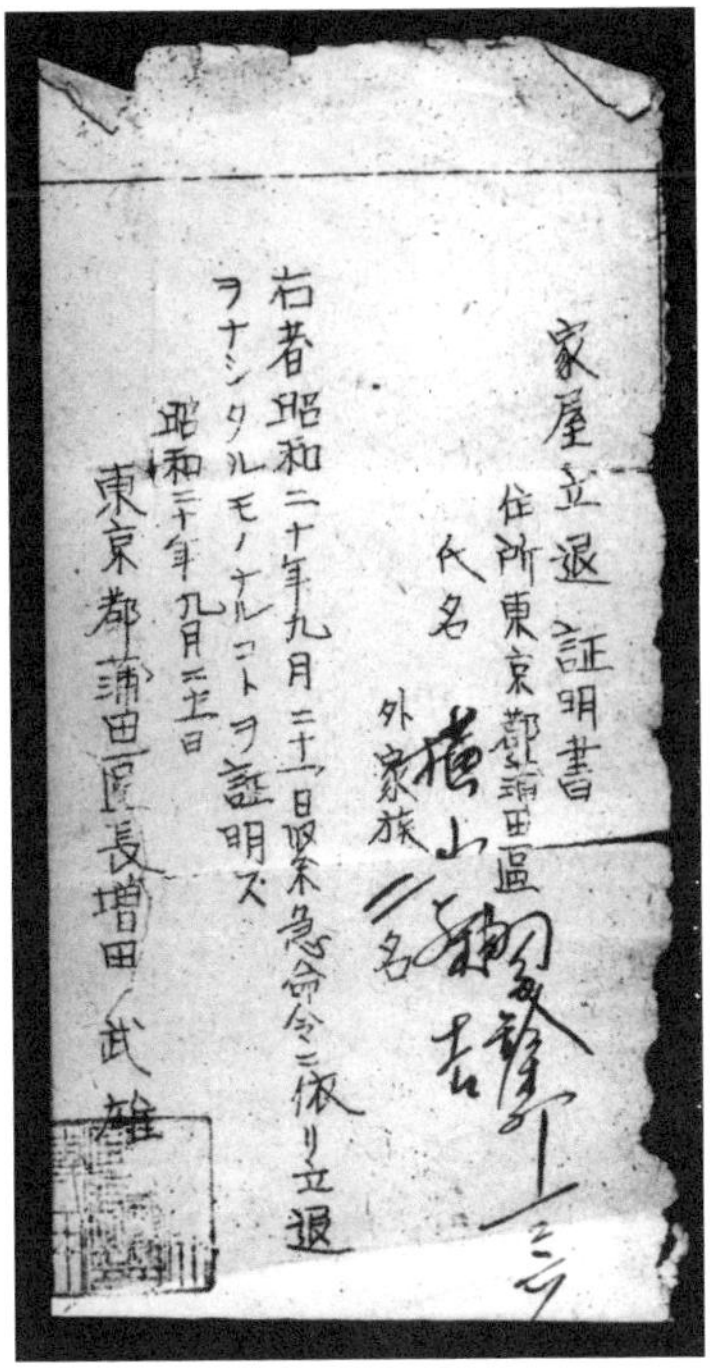

家屋立退証明書
住所東京都蒲田區
氏名 横山[illegible]吉 外家族二名
右者昭和二十年九月二十一日緊急命令ニ依リ立退ヲナシタルモノナルコトヲ証明ス
昭和二十年九月二十五日
東京都蒲田區長増田武雄

羽田飛行場拡張に伴う家屋立退証明書（提供：大田区立郷土資料館）●進駐軍は羽田飛行場周辺の住民に対して、48時間以内の立ち退きを求める緊急命令を出した。これは、その羽田拡張のために立ち退いたことを示す「家屋立退証明書」である。ハガキ大のわら半紙、謄写版刷りで蒲田区長印が押されている。

クタール（約七八万坪）と大幅に拡大。Ａ滑走路二一〇〇×四五メートル、Ｂ滑走路一六五〇×四五メートルの二本のアスファルト舗装の滑走路を備え、さらにエプロン、駐機場、管制塔、事務所、宿舎なども建設されて、充実した施設へと変貌することになったわけだ。

翌一九四六（昭和二一）年の六月には、拡張工事はほぼ完了していた。この時点で、連合国軍総司令部は羽田を正式に出入国空港と認定する。

羽田の拡張工事が一応の収束をみるほぼひと月前の一九四六年五月三日には、その後二年以上にわたって開かれることになる東京裁判が開廷していた。新生・羽田飛行場が名実ともに「ハネダ・エア・ベース」として生まれ変わったのは、まさにそんな時期のことであった。

拡張なった羽田飛行場には、米国軍輸送航空軍「ＭＡＴＳ（Military Air Transport Service）」一三〇七部隊が駐屯を開始。海老取川に架かる弁天橋には詰め所が置かれ、そこから先は乗客の見送りなど一部を除き、一般の日本人は立ち入りが制限された。連合軍の管理下に置かれた羽田は、日本人にとって文字通り「外国」となったのである。

こうして米軍の軍用機が発着するようになった羽田飛行場だが、やがて民間機もやって来るようになる。一九四七（昭和二二）年の七月にはノースウエスト航空がＤＣ－４型機で東京線を開始する。それはニューヨークからアンカレッジ、アリューシャン列島のコールドベイ空港、さらにシェミア島の空港を途中給油地として東京にやってくるコースで、その後はマニラまで向かうという定期便であった。さらに九月にはパンアメリカン航空が同じくＤＣ－４型機で東京線を開始……と、羽田発着による各社の定期便がその後も次々とスタートした。

しかし、そこに「日本の翼」はまだなかったのである。

5月4日（土曜日）

讀賣新聞

THE YOMIURI-SHIMBUN

"文明"の裁き厳然

廿八被告、沈痛の出廷

世界注視の東京裁判

公正・迅速に裁判

被告を特別扱ひせず

ウエツブ裁判長宣言

社説

政権協定への失望と不安

東京裁判開廷を報じる新聞記事（1946〈昭和21〉年5月4日付『読売新聞』より／提供：国立国会図書館）●1946（昭和21）年5月3日、極東国際軍事裁判が開廷した。写真は法廷内全景で、左が判事席、右が被告席。中央が検事団・弁護士団席、手前が記者席で傍聴人席は2階に置かれた。東京都新宿区市谷本村町5丁目の旧陸軍省・参謀本部の大講堂が改装され、この裁判の法廷となった。

占領下の羽田飛行場旧ターミナルビル（提供：曽我誉旨生）●1947（昭和22）年頃の撮影と思われる旧ターミナルビル待合室付近。当時の羽田は写真の手書き看板にあるように、「羽田陸軍航空基地」として米軍の管理下にあった。

占領下の羽田飛行場の様子（提供：曽我誉旨生）●上下の写真とも、1950（昭和25）年〜1951（昭和26）年頃の駐機場側のターミナルを撮影したもの。写っている航空機やタラップに描かれている「MATS」とは、当時、羽田に駐屯していた「Military Air Transport Service（米国軍輸送航空軍）」のことである。なお、下の写真後方に尾翼が見えるのは、すでに羽田に就航していたノースウエスト航空の機体である。

羽田に駐機された連合軍最高司令官専用機(「羽田開港60年　東京国際空港1931-1991」〈東京国際空港60周年記念行事実行委員会〉より)◉連合国軍最高司令官専用機バターン号の三代目で、ロッキードVC-121型。この写真は1950(昭和25)年頃の撮影。結果的に、同機はマッカーサーとその後任リッジウェイの両最高司令官専用機となった。

羽田に乗り入れたパンナム機(提供:Pan Am Alumni Association, Japan)◉1947(昭和22)年7月15日、ノースウエスト航空が東京への定期便1番機を就航。次いで9月28日、パンアメリカン航空が2番目に羽田へ週2便で定期便を乗り入れた。写真はそのパンナム機のDC-4で、1952(昭和27)年頃の撮影と思われる。なぜかこの写真では後方に見える航空機に修正が施されているが、交通史研究家の曽我誉旨生によるとマッカーサー専用機バターン号の二代目(すでにバターン号自体は三代目に移行していた)の可能性があるようだ。ちなみに二代目バターン号は、021ページの写真でマッカーサーが降りて来た機体である。

◉種子が撒かれた頃

それは、突然の出来事だった。一九五〇年代に入って間もなく、占領政策が一応の安定をみせてきた日本とその周辺国にとって衝撃的な事件が起こった。

一九五〇(昭和二五)年六月二五日未明、金日成率いる北朝鮮軍が北緯三八度線を越えて韓国に侵攻を開始したのだ。朝鮮戦争の始まりである。第二次大戦後に急速に対立を深めていた米ソ両国の代理戦争と化したこの戦争は、戦況が目まぐるしく変化して一気に混迷。一貫して東京から指示を出していたマッカーサーの指揮も迷走を重ね、翌一九五一(昭和二六)年四月にはトルーマン米大統領によって解任される事態となった。

こうした世界情勢の変化によって、日本を取り巻く状況も急速に変わろうとしていた。

一九五一年八月三一日、羽田に大々的な見送りを受けて旅立とうとする一団があった。それはサンフランシスコでの国際会議に出席する、主席全権・吉田茂首相をはじめとする全権委員の人々。日本と連合国との間の戦争状態を終結させるための講和会議が、いよいよ九月四日から開かれようとしていたのだ。全権委員一行を乗せた航空機は、パンアメリカン航空のボーイング377ストラトクルーザー「Romance of the Skies」号。一行を乗せた機体は、羽田始まって以来の約一〇〇〇人の見送り客が見守るなか、サンフランシスコ目指して飛び立った。

会議の最終日である九月八日には、対日講和条約に四九か国が調印。これによって日本は実質上国際社会に復帰し、再び独立国としての地位を取り戻すことになった。この「サンフランシスコ講和条約」をもって、日本の「戦後」は新たな段階に突入したのだ。そんな場面で吉田全権一行をサンフランシスコへ運ぶ重要な役割を担ったのが、八月三一日に羽田を離陸したパンナム機ストラトクルーザーだったのである(P238参照)。

朝日新聞　昭和25年（1950年）6月29日（木曜日）　第23112号

韓國にマ司令部前進指揮所

〔ワシントン特電二十七日発＝ロイター特約〕米国防省筋は二十七日第七艦隊の作戦指揮を含む朝鮮における一切の作戦の責任はマックアーサー元帥に委されることになったと言明した

野戦司令部設置か

英艦隊、米指揮へ

米空軍活躍目覚し

京城きのう陥落す

水原へ13キロ

北鮮側の報道

極東空軍五百機

この日の安保理

朝鮮戦争の戦況を伝える記事（1950〈昭和25〉年6月29日付『朝日新聞』より／提供：国立国会図書館）◉1950（昭和25）年6月25日午前4時頃、北朝鮮軍が南北の境界線である38度線を越えて侵攻し、韓国軍との間で戦闘を開始。この6月29日の記事は、マッカーサーが作戦に関する一切の責任を託されること、京城（現・ソウル）が前日28日に北朝鮮軍によって陥落したことなどを報じている。記事右側の写真は、上がマッカーサー、下が第七艦隊の指令長官に任命されたチャールズ・ジョイ中将。

羽田空港から離日するマッカーサー（提供：毎日新聞社）◉1951（昭和26）年4月16日午前7時23分、朝鮮戦争の意見の食い違いからトルーマン大統領に最高司令官を解任されたマッカーサーとその妻が、愛機「バターン号」（三代目）で羽田空港から帰米の途に就いた。この日、20万人を超える市民が星条旗と日の丸を手に持って、沿道から見送りをした。なお、これはマッカーサー夫妻にとっては14年ぶりの帰国となった。

同時にこの年には、日本国内にもいくつもの変化が生まれていた。

六月七日には新しく計量法が公布され、翌八日には度量衡法が廃止されてメートルやキログラムが採用されることになった。生活や仕事で使われるさまざまな単位が、現在の我々が知るかたちに刷新されたのである。

九月一日には、中部日本放送や新日本放送（現・毎日放送）といった民放ラジオ局が放送を開始。これが日本における民間放送のスタートとなった。

エポック・メイキングな出来事は、それだけにとどまらなかった。

九月一〇日に、黒澤明監督の『羅生門』（一九五〇）がベネチア映画祭グランプリを獲得。一九四九（昭和二四）年の湯川秀樹のノーベル物理学賞受賞とともに、敗戦で打ち拉がれていた日本人を大いに勇気づける出来事となった。日本映画の海外評価もこの作品から始まった。

また、それまでのＳＰレコードに代わって、日本で初めてＬＰレコードが日本コロムビアから発売されたのがこの年の三月のこと。音質が格段に向上して収録時間も大幅に延長されたＬＰが、音楽産業に与えた影響は絶大なものがあった。

さらに、手塚治虫が『鉄腕アトム』の前身となる『アトム大使』のマンガを雑誌『少年』に連載開始したのも、一九五〇年四月号である。当時は後年のテレビアニメ化や大ヒットなど想像するべくもないが、その萌芽は確かにこの時に生まれていた。

荒れ果てた日本の人々と社会に、豊かな果実をもたらすことになる種子が蒔かれたのが、まさにこの年だった。そんな夏のある日、失われて久しい「日本の翼」が静かに始動しようとしていた……。

全権團きのう出発

米機十六機も歓送

羽田出発の全権団

吉田茂首相一行がサンフランシスコ講和会議に出発（1951〈昭和26〉年9月1日付『朝日新聞』より／提供：国立国会図書館）◉吉田茂首相以下49人の講和全権団を乗せたパンアメリカン航空「Romance of the Skies」号が、1951（昭和26）年8月31日午後5時に羽田空港からサンフランシスコに出発。全権委員代理以下の随員、国会議員らは吉田一行より早い午後3時に、機首部分に「講和特別機」と描かれたノースウエスト航空DC-4で出発していた。サンフランシスコ市で開かれた講和会議最終日の9月8日に、第二次世界大戦以来の戦争状態を終結させる講和条約に調印した。条約は翌1952（昭和27）年4月28日には発効し、日本の独立が回復された。

映画『羅生門』主演者たちと黒澤明監督（提供：株式会社黒澤プロダクション／協力：株式会社三船プロダクション、川内まごころ文学館）◉ベネチア映画祭の依頼で日本の出品作を探していたイタリフィルム社長のジュリアーナ・ストラミジョーリが同作を出品作に決定。黒澤明監督は映画祭への出品を知らなかった。左から三船敏郎、京マチ子、森雅之、黒澤明監督。この後、海外で次々受賞を重ねていく日本映画の中で、このメンバーは数多くの名作に関わっていく。1950（昭和25）年6月26日、同作制作中の大映京都撮影所玄関前にて撮影。

●日本の翼の復活

一九五一(昭和二六)年、営業部門のみに限ったことではあるが、占領軍が日本企業に航空輸送を行うことを認めた。もちろん、これは講和条約の調印がもたらした恩恵である。これによって、「日本航空」設立への道が開かれたのだ。

ここに至るまで、日本側では自分たちで民間機を飛ばすために「Japan Domestic Airline Company（ＪＤＡＣ）」という会社と交渉を繰り返していた。この「ＪＤＡＣ」とは、パンアメリカンやノースウエストなど当時日本に就航していた連合国側航空会社五社(当初は七社)で構成された「日本国内航空」会社である。しかし、この「ＪＤＡＣ」が実際に航空会社として運航を行うのは現実的な話ではなかった。そこでＧＨＱは、日本人資本による航空運航事業を認めたわけだ。新生・日本航空はこの「ＪＤＡＣ」を介して航空機を借り受けることで、日本企業による民間機の運航を実現することになった。

こうして誕生することになった日本航空には航空機に関わることを熱望する人々が集まって来るが、ここでは日本に戦後では初めて「スチュワーデス」(現在のキャビン・アテンダント)が誕生した時のことを紹介しよう。戦前にすでに日本にも「スチュワーデス」は存在していたが、戦時体制になって消滅。それがここで改めて復活することになったわけだ。当時、正確には「エア・ガール」と呼ばれた彼女たちのひとり、竹田(現・小野)悠子による回想をここに記す。

彼女が日本航空に採用されるに至る経緯は非常に奇妙なものだった。竹田が履歴書を出してしばらく経ったある日、日本航空から一通の手紙が来た。ところがその内容は「お待ちしていたのに試験に来ていただけなくて残念です」というもの。書類選考の合格と試験の知らせが、なぜか竹田の手元には届かなかったらしいのだ。さらに、その手紙には追加試験の日取りが書いてあったが、それはなんと竹田が手紙を受け取った日の翌日の日付。慌てて試験会場である

リッジウェイ総司令官夫人による査問（提供：小野悠子）◉1951（昭和26）年8月27日、初披露・招待飛行の前に当時のGHQ総司令官リッジウェイ夫人による査問があり、新生エア・ガールたちが激励された。リッジウェイ夫人と握手しているのが本文に登場する竹田（現・小野）悠子。左端の白服の人物は、当時の日本航空会長である藤山愛一郎。なお、門田稔デザインによるこの初代制服は、タイトスカートがタラップを上るのに不便との理由ですぐに改良された。

設立当初の日本航空本社社屋（提供：日本航空）◉銀座の新橋寄りに建てられた木造三階建てのビル。開業当初はこのビルの前に空港行きのバスが発着、乗客のチェックインが行われた。なお、跡地は1959（昭和34）年12月に銀座日航ホテルとなるが、2014（平成26）年3月に営業終了。2017年秋の開業目指して、三井不動産グループ等が新ホテルを建設中である。

丸の内の日本工業倶楽部に行ってみると、同様に一次試験を受けられなかった人が一〇人ほどいたというから、一九五一年当時の郵便事情はかなり悪かったのだろう。

「英語の面接があって筆記試験が済んだ後は、体力検査と体格検査がありました。朝の九時からまる一日かかりましたね」と竹田。体力検査の中には、体をグルグル回された後でよろめかないで立てるかを見るテストや、碁盤の上に立ったまま角度を変えられどれだけの傾斜に耐えられるかというテストもあったといわれる。「夕方に検査が終わるころ日本航空から使いの方が来て、今から名前をいう人はクルマに乗ってくださいといわれました」

名前を呼ばれたのは、竹田を含む五人。彼女たちは高級車ビュイックに押し込められて、いきなり日本航空本社へと連れて行かれた。「車内で不安になってみんなでヒソヒソ話し始めたら、いいお知らせがあって乗ってもらっているんだから心配しないで……といわれました」と竹田は語る。

創業当時の日本航空の本社兼営業所があったのは、銀座の新橋寄り。当時はまだ木造三階建てのビルである。この段階で五人は成績優秀なことから、早くも「内定」となったことを聞かされる。さらに、この日のうちに制服や靴のための採寸も実施。すでに当時のGHQ総司令官リッジウェイの夫人による面接を受けることが決まっていたので、その日取りに間に合わせるために制服を作っておかねばならなかったのだ。万事この調子で、何から何まで急ピッチだった。

その後、他の人々の採用も次々と決まって、第一期生は総勢一五人。一三〇〇人の応募者のうち一五人が第一期生として選ばれたのだから、ほぼ八七人に一人という狭き門をくぐったわけだ。そして、彼女たちには、厳しい競争に勝ち抜く価値があった。

彼女たちの記事を掲載した一九五一年九月二〇日発行の『ミラー』第四号（新聞月鑑社）によると、その報酬は当時では破格の月給一万五〇〇〇円から二万円。多少大げさに書かれていたかもしれないが、まったく根拠のない数字では

第1期客室乗務員の面接風景(『おおぞら』1966年10月号より／提供：日本航空)◉面接官には洋画家の東郷青児、1946(昭和21)年からNHKラジオでスタートした日本初のクイズ番組『話の泉』の常連回答者である渡辺紳一郎らしき顔も見える。採用の条件は、年齢は20歳から30歳、身長5尺2寸(約158cm)以上、体重12貫(約45kg)から14貫(約53kg)までで、容姿端麗で英会話も達者な高卒以上の独身女性……というものだった。

フィリピン航空の教官による指導(提供：小野悠子)◉日本航空がフィリピン航空から調達したDC-3リース機に伴って、同航空のスチュワーデスひとりが来日。日本航空の客室乗務員1期生たちの教官として、客室サービスの指導を行った。

ないだろう。厚生労働省による大卒の『新規学卒者初任給調査』を見てみると、彼女たちが採用された一九五一年ジャストの数値は残されていないが、一九五四(昭和二九)年三月卒のデータで男性が平均一万一三二円、女性が平均八三三六円。つまり彼女たちの報酬は、この三年後のデータよりも遥かに高い金額となっているのだ。しかも、当時は敗戦からまだ立ち直っていない混乱期。女性の好条件の仕事はなかなか望めない時代である。『ミラー』の記述がどの程度事実を反映していたかは分からないが、確かに狭き門にもなるはずである。

前出の竹田も「乗務が始まると給料はどんどん上がっていった」と回想する。しかしながら、入社しても運航が始まるまでは月給は八〇〇〇円に満たない金額だったというから、最初から甘い話ばかりではなかったわけだ。

入社してからの彼女たちは、すぐにデビュー前の訓練に突入していく。『日本の航空100年』(日本航空協会)に前出の竹田が寄せた手記や、『大空を翔ける　航空界で活躍する女性たち』(社団法人日本女性航空協会)に収録された竹田とやはり第一期の伊丹(現・金林)政子の証言には、その様子が具体的に記録されている。それらによれば、当初は航空機がまだなかったので実機訓練こそ出来なかったものの、アナウンスの訓練はNHK、救急救命の訓練は慈恵医大、さらに英会話と業務訓練は日本工業倶楽部、サービス実習は帝国ホテル……と、それぞれ専門のスタッフがサポートしてくれたという。この一流メンバーの布陣からも、力の入れようが分かろうというものだ。

ここにフィリピン航空から派遣されたスチュワーデスの講師による訓練を受けて、彼女たちはいよいよ一般への披露の日を迎える。一九五一年八月二七日から三日間行われた、日本航空による定期便開設前の披露・招待飛行である。

この披露・招待飛行のためだけに、フィリピン航空からDC－3が一機リースされた。初飛行に先立ってGHQ総司令官リッジウェイ夫人による査問があり、エア・ガールたちを激励。いよいよ日本の民間航空が始まる……というアピールとしてのイベントではあったが、ともかくこれが日本航空の「初フライト」だったことは間違いない。

さらにそれから二か月後の一〇月二五日、戦後初の民間航空定期便として、マーチン202(正式には2－0－2)型

日本航空による初披露・招待飛行（提供：日本航空）◉1951（昭和26）年8月27日から3日間の披露・招待飛行を実施。フィリピン航空からリースされたDC-3機を「金星」号と名付けて使用した。尾翼にフィリピン国旗が描かれているのはそのためである。運輸省、航空庁、郵政省などの関係官庁報道関係者のほか、柔道家でありNHKラジオ『とんち教室』回答者でもある石黒敬七や『サザエさん』で知られるマンガ家の長谷川町子ら約70名が乗り込み、午前11時より3回に分けて30分ずつ東京遊覧飛行を行った。

「もく星」号の尾翼塗装作業（提供：日本航空）◉国内定期便就航のために1951（昭和26）年10月22日の午後に羽田に到着した「もく星」号は、その夜、徹夜作業によってノースウエスト航空の塗装から変更され、日の丸や機名が描かれた日本航空仕様となった。翌日23日には羽田〜松島〜三沢〜札幌〜羽田というコースで試験飛行兼招待飛行が行われた。なお、この機体は1952（昭和27）年4月9日に伊豆大島の三原山で事故に遭っている。

「もく星」号が大阪〜福岡に向けて羽田を出発する。ノースウエスト航空（正確にはその下請けとしてのトランスオーシャン航空）が機材とパイロット、整備士などを提供するという変則的なかたちでの運航ではあったが、日本人の事務員（パーサー）一名とスチュワーデス二名が乗務。機体に日の丸と日本航空のマークを描き、文字通りわが国の戦後民間航空の運命を乗せてテイクオフした。

翌一九五二（昭和二七）年四月二八日には、サンフランシスコ講和条約の対日平和条約が発効。これに伴い、同年七月一日には羽田空港の米軍接収が一部を除き解除され、空港施設の大部分が米軍から返還された。一九四五（昭和二〇）年に接収されて以来、八年間にわたって連合軍の管理下に置かれていた東京の「空の表玄関」が、ついに日本人の手に戻って来た。この日から、「ハネダ・エア・ベース」は「東京国際空港」として再度生まれ変わったのだ。

そして同年一〇月二五日には、日本航空が東京〜札幌線など六路線の国内定期航空運送事業免許を取得し、いよいよ自主運航を開始する。

まだまだ戦前の全盛時には及ばず、世界の航空界の趨勢にもとても追いつける状態ではなかったが、ともかく体制は整いつつあった。非常に遠回りではあったものの、日本の民間航空はささやかな復活の第一歩をおずおずと記したのである。

●早くも新たな翼の登場

羽田空港施設の大部分が米軍から返還された一九五二（昭和二七）年は、日本の民間航空にとってもうひとつの胎動の年であった。同年七月に航空法が公布・施行され、いくつかの新たな航空会社が「雨後の筍」のように設立に名乗りを挙げたからだ。

戦後国内定期便1号機「もく星」号（提供：日本航空）●1951（昭和26）年10月25日午前7時43分、戦後初の民間航空定期便としてマーチン202（正式には2-0-2）型機「もく星」号が東京の羽田飛行場を出発。国内線初便の東京発は7時40分、大阪着は9時21分、大阪発は9時41分。報道関係者を含む乗客の内訳は東京発大阪行き21人、福岡行き15人で合計36人。大阪からは5人が搭乗した。なお、この時のパイロットはジョイナーとバワーズ、パーサーは小田泰治、スチュワーデスは石井暢子と伊丹政子……と記録には残されている。

返還を祝って飾り付けられた羽田空港入口（提供：日本航空）●1952（昭和27）年7月1日、米軍管理下にあった羽田空港が返還された。写真は海老取川に架かる弁天橋手前に設けられた米軍の詰め所に、返還を祝う飾りが取り付けられた様子。ただし、まだ米軍との共同使用となっており、以後も日米共同管制は続いた。米軍が立川に移転するため全面返還となったのは、1958（昭和33）年6月30日のことである。

それらの会社の中に、日本ヘリコプター輸送と極東航空の二社もあった。両社はそれぞれ航空庁（運輸省航空局などの前身）へ運送事業の申請書を提出。同年一〇月二一日には、両社に航空機使用事業の免許が公布された。一二月二六日には極東航空が、翌二七日には日本ヘリコプター輸送（通称・日ペリ）が設立され、いよいよ航空事業へと乗り出していった。こうして正式に発足した二社が、今日のＡＮＡ＝全日本空輸の前身である。

そのうち東京に本社を構える日本ヘリコプター輸送は、一九五三（昭和二八）年二月からヘリコプターを使った宣伝飛行の事業を開始。大阪が本拠の極東航空も、小型機オースター・オートカーによる宣伝・遊覧飛行の業務を始めた。やがて極東と日ペリは、それぞれＤＨ－１０４ダブ機を購入。さらに同年一一月末から一二月初めにかけて、定期航空に必要な操縦士の学科・実地試験に両社から二名ずつが受験して見事合格した。いよいよ準備完了である。

同年一二月一五日、日ペリがダブによる東京～大阪間の貨物郵便運航の第一便をスタート。同日、ほぼ同時に極東も大阪～東京間の貨物郵便運航の第一便をスタート。これについては全日空の十年史である『大空へ十年』にも数か所にわたって言及されており、途中で吹雪となる悪天候に見舞われたとも記述されている。両社による定期航空運送は、ここから始まったのである。

実はこのフライトは実態としては定期便運航だったが「不定期便」と称されていたものだった……という説もあって、今日でははっきりしていない点もいくつかある。だが、この一九五三年一二月一五日のフライトが、実質上の「日本人操縦士による戦後初の定期便運航」（日ペリが神田好武機長と岡嘉吉機長、極東が園山鋭一機長と日高恵三郎副操縦士）であったという点だけは間違いない。旅客と比べると地味な貨物郵便輸送便であったためあまり語られることはないが、実はこのフライトは日本の民間航空史上エポック・メーキングな出来事だったのだ。

しかし日本人だけでの運航については、当初はかなりの困難がつきまとった。その最大のハードルとなったのが、戦後に一新された航空管制（ＡＴＣ）である。

日ペリ(右)・極東(左)による貨物・郵便輸送スタート(『大空への挑戦　ANA50年の航跡』〈全日本空輸株式会社〉より/提供:ANA)◉右の写真は日ペリによる貨物・郵便輸送初便の様子。日ペリ初便は美土路昌一社長、中野勝義常務らが見送るなかを午後2時に羽田出発。日ペリは行きが神田好武機長、帰りが岡嘉吉機長の操縦だった。『航空情報』第28集・1954年2月(酣燈社)によると日ペリのダイヤでは往路は午後4時半伊丹着。東京天文台調べで同日の大阪での日の入りは16時49分となっているため、この写真は同便が大阪伊丹空港に到着した時と帰路・羽田に帰還してきた時のどちらかの可能性がある。左の写真は極東による初便の様子。こちらは午後1時に伊丹から東京へ向けて出発。『大空へ十年』では極東の園山鋭一(1962年当時、全日空東京運航所乗員室長)が、日ペリと極東の両機はちょうど焼津あたりで落ち合ったと証言している。

羽田での日米共同管制の様子(提供:曽我誉旨生)◉1952(昭和27)年7月に一部を除いて返還された羽田空港だが、管制塔はまだ米軍の管理下にあった。いわゆる「日米共同管制」の状況が、1958(昭和33)年まで続いていたのだ。現在ではごく普通のこととなっているが、当時、英語でのやりとりに不慣れだった戦前からのパイロットたちが、かなりの緊張を強いられたのは想像に難くない。なお、交通史研究家の曽我誉旨生によれば、この写真は、1955(昭和30)年後半から管制が新ターミナルの管制塔に移る1958年1月までの間の撮影。

『航空情報』第六集・一九五二年四月（酣燈社）に掲載された戦前のパイロットたちの座談会『パーサーを囲んで／日本航空に採用された元操縦士』を読むと、そこには戦後の管制への戸惑いが如実に表れている。当時、日本航空の航空部長だった瀬川貞雄は、航空管制について「従来日本になかったわけではない」といいながらも「全然アメリカのやりかたと違っていた」と認めており、当時は一時的に航空の仕事から手を引いていたが後に日本航空に合流する森田勝人（P116参照）も、戦前の日本の航空管制について「非常にお粗末なものだった」と断言している。

一九五二年七月に羽田空港は返還されていたものの日米共同管制は続いていたし、そもそも管制の方法が戦前とはすっかり様変わりしていた。何より管制とのやりとりが「国際標準」化されて、すべて英語になったのが大きかった。もちろん、一二月一五日の日ペリ・極東初便時も例外ではない。

全日空の創立十周年記念誌『大空へ十年』（全日本空輸株式会社）には、この記念すべきフライトに乗務した神田・岡パイロットが参加した座談会の模様が掲載されているが、それを読むとフライト当日のコックピットの緊迫した状況がリアルに伝わってくる。なかでも岡は管制とのやりとりで悪戦苦闘しており、「ATCを二、三回繰り返して離陸さ。とうとうタワーに通じないので日本語でやった」と告白。神田も「岡さんの顔に汗が出て、それがポタリポタリおちて……」と語っている。日米共同管制で管制塔内に日本人がいたので、かろうじて何とか日本語で済んだというわけだ。今ではまったく考えられないこの時期ならではの出来事といえるだろうが、すべて最初の体験だっただけにその緊張感も相当なものだったであろうことが想像できる。

ちなみにこの年がどんな年だったかというと、同年二月一日にNHKでついにテレビの本放送開始（一日四時間）。八月二八日には、民放テレビとして初めて日本テレビが本放送を開始している。日本の社会も徐々に立ち直りを見せ始めている時期だ。「日本人操縦士による戦後初の定期便運航」の実現も、時代の必然だったといえよう。それでも、そのハードルは高かった。

やがて日ペリは、一九五四（昭和二九）年二月一日からダブで東京〜大阪間の旅客便を開始。同年四月二〇日には極東もダブで岩国〜福岡線で旅客便を運航。こうして本格的に旅客輸送に乗り出していった両社のうち日ペリは、一九五五（昭和三〇）年に新たにDC－3を導入した際に初めてスチュワーデスを採用することになる。結果的に「全日空のスチュワーデス第一期生」にもなった彼女たちのなかに、富山県出身の北野蓉子もいた。当時、青山学院大の四年生だ。

「採用試験で個人面接に集まった人たちと一緒に、『高い所に飛ぶからお給料も高いかしら』などと話していました（笑）」と北野。だが、それも無理はない。同年九月二二日、東京都港区芝田村町の飛行館にある日ペリ本社で採用試験が行われた際には、約一〇〇〇人の応募者が押し寄せて建物を二重三重の列が取り巻いた。日本航空の第一期スチュワーデスの時と同じく、当時は就職難で女性の雇用機会も限られていたためだ。「でも、考えが甘かったですね」

この時に日ペリが導入しようとしていたDC－3は、それまで同社が使っていたデハビランド・ダブ（乗客八人乗り）、同ヘロン（乗客一四人乗り）などと比べてずっと大型の三一人乗り。そこでサービスの向上だけでなく保安上の問題からも、スチュワーデスが必要になってきたというわけだ。

最終的に採用が決定したのは同年九月末で、北野を含め合計六人のスチュワーデスが誕生した。北野は学生の身分のまま一一月一日に同社の社員となるが、訓練はすでに一〇月から始まっていた。

最初はDC－3がまだないため、現有のダブやヘロンを使っての訓練。戻って来た飛行機の整備のためのチェックと、スチュワーデス訓練とを兼ねて飛行させたわけだ。

「整備チェックのためにエンジンを片方止めたりして、揺れてもう大変で。私はそれまで飛行機なんて乗ったこともないし、バスでも酔ったことがあるくらいでしたからね」

さらに彼女たちは、整備担当者から飛行原理を教わったり、チケット販売についての話を営業マンから聞いたり、アナウンスの仕方をＮＨＫのアナウンサーに訓練されたり、それぞれ専門分野の人々による教育を受けていく。だが、肝心のスチュワーデスとしての接客に関しては、教官となる人がいなかった。そこで日本航空の東京〜大阪線のＤＣ－４に往復で「体験搭乗」した後、それを基にして自らサービスを考えていくことになった。

「接客のやり方は、私たちが自分で考えるしかなかった。ＪＡＬさんのサービスを見て、私たちなりにどうすればいいのかを考えて。一期生で喫茶店に集まって、みんなでよくしゃべってましたね」

待望のＤＣ－３が到着してからは、羽田でタッチアンドゴー［機を着陸させて減速後、すぐに離陸させる離着陸訓練］の訓練を繰り返す際に同乗させられた。この際も、北野たちは頻繁にいわゆる「空酔い」の状態にさせられたようだ。

こうして訓練を繰り返してやって来た一一月一五日、いよいよＤＣ－３が東京〜名古屋〜大阪線に就航することになった。乗務したスチュワーデスは北野である。

「スチュワーデスは私ひとり。初乗務で最高に緊張していたんですが、お客様も当時は飛行機に初めて乗る人が多いから緊張しているんです。ちょっと揺れたりすると、後ろに乗っている私の顔をすぐ見るんですよ。もちろんこちらも不安なんですけど、平気ですよってニッコリして（笑）」

しかしその初便は、貨物郵便運航の第一便同様またしても悪天候に祟られた。与圧装置がないＤＣ－３は高度三〇〇〇メートル前後で飛んでいるため、機体の揺れでスチュワーデスの具合が悪くなることもしばしばだった。雷雨に襲われたこの日のフライトでは、飛行中、なおさら機体が激しく揺れたことはいうまでもない。案の定、北野はフライト中、必死に客室に酔い止めの薬を配って回ることになった。そんなてんやわんやの状況が、スチュワーデスが搭乗した第一便の実際であった。

その後、日ペリはこのＤＣ－３の好稼働もあって順調に業績を上げていくが、それと対照的に極東は不振が続く。諸般の事情から政府も両社の統合を促すようになり、両社は合併を模索。一九五六（昭和三一）年一二月二八日の合併

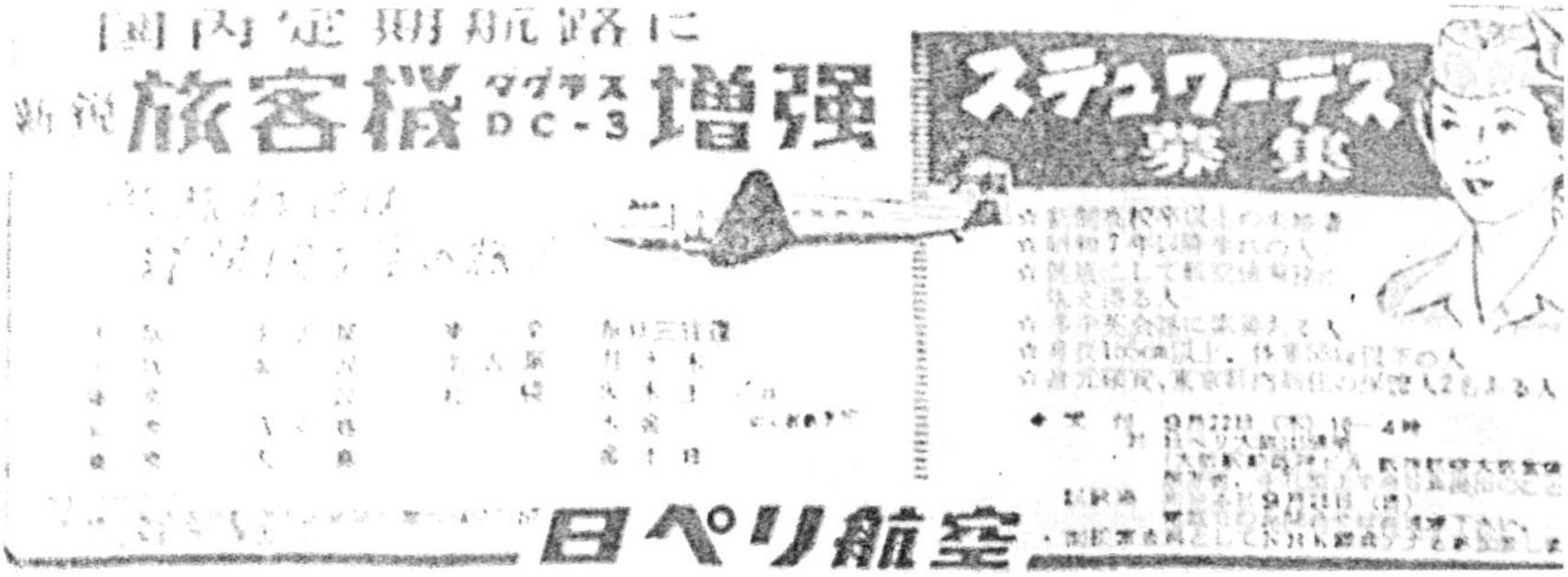

DC-3導入とスチュワーデス募集の広告(『大空へ二十年』〈全日本空輸株式会社〉より/提供:ANA)◉1955(昭和30)年9月、日本ヘリコプター輸送がDC-3導入とそれに伴うスチュワーデス募集を告知した広告。試験当日は約1000人の応募者が殺到。筆記試験で選り分けられた受験者への個人面接には、当時の日ペリ航空社長の美土路昌一を筆頭にNHKアナウンサーで第1回『紅白歌合戦』司会者の藤倉修一など多彩な顔ぶれが立ち会った。

DC-3を背景にした第1期スチュワーデス(提供:北野蓉子)◉スチュワーデス1期生のうちの3人で、中央が北野蓉子。この時に導入された2機のDC-3は、貿易会社の関谷産業株式会社より賃借したものである。DC-3の場合、駐機中は機体が「頭上げ」の状態になるため、スチュワーデスは傾斜した客室内を懸命に上り下りしながらサービスした。全日空では1964(昭和39)年まで使用。この写真は、1955(昭和30)年11月の撮影と思われる。

仮契約を皮切りに、合併に必要な作業を着々と進めていった。

やがて一九五八(昭和三三)年には、新生「全日本空輸」が発足。東京を拠点にした日ペリと大阪を拠点にした極東、両社の路線を統合した新しい航空会社が誕生したのである。

こうして全日空(日ペリ・極東)は一九五二年の航空法公布・施行直後に生まれた航空会社のなかで最大の存在となったわけだが、他にもこの時期には大小さまざまな新しい航空会社や団体が誕生していた。そのなかでも……一九五二年七月に生まれた日本観光飛行協会(後の日東航空)、翌一九五三年六月に生まれた北日本航空、同年九月に生まれた日本航空宣伝協会(後の富士航空)、さらに同年一一月に生まれた南日本航空(後の東亜航空)などは、それぞれの地域・分野で特徴を活かしながら生きのびていった。

これらの新しい航空会社たちは、その後、わが国の民間航空のもう一方の「核」となっていくのだが、それはまたずっと後の話である(P268参照)。

日ペリ・極東合併直前の路線図（提供：北野蓉子）◉1957（昭和32）年4月20日より、日ペリと極東は合併をにらんだ統合運航を開始した。日ペリ・スチュワーデスの北野蓉子の背後にあるのは、その過程にあった路線図である。交通史研究家の曽我誉旨生によれば、この図の中で最新の路線は1957年4月25日開設の福岡〜大分線（極東）。その次に開設される大阪〜宮崎線が載っていないことから、この図は同年5月から6月頃のものと思われる。

朝日新聞

全日本空輸発足
(All Nippon Airways)

謹告

私共は日ペリ航空、極東航空として長らく皆様の御支援をいただいて参りましたが、時代の進運に伴い合併を決意いたし、それぞれ株主総会において承認を得ましたので、十二月一日から社名を「全日本空輸株式会社」と改称いたし従来両社が行って参りました定期航空路線を初め各種の航空事業を一括して実施いたすことと相成りました。

これを機として「全日本空輸」はますますその内容を充実強化いたし、日本全国に航空網を拡大して各位の御利用に供し、我が国産業文化の発達に貢献いたしたいと念願いたしております。何卒従前に倍し絶大なる御支援を賜りますよう懇願申し上げます。

日本ヘリコプター輸送株式会社
極東航空株式会社

全日本空輸株式会社

祝 日ペリ航空・極東航空 合併

「全日本空輸」発足の告知広告（1957〈昭和32〉年12月1日付『朝日新聞』より／提供：ANA）◉新社名の選考については、全日空『社報』1965年3月号に当時の全日空副社長・渡辺尚次が手記を寄せている。まず候補にのぼったのが（1）全日本航空、（2）日東航空、（3）太平洋航空、（4）汎日本航空、（5）日本内外航空……の5案。一時は「全日本航空」に決まりかけたが、当時の「日航法」に抵触するおそれがあるため、新たに（1）全日本空輸、（2）日本空輸、（3）全日航空、（4）日東航空、（5）遠東航空……の5案をあげて、現在の「全日本空輸」に決定した［この時点では、まだ「日東航空」は存在していなかった］。

日東航空のデハビランド・カナダDHC-3オッター「つばめ」号（日東航空『空のしおり』パンフレットより／提供：曽我誉旨生）◉1952（昭和27）年7月4日に当初は「日本観光飛行協会」という社名で大阪を本拠に設立された日東航空は、オッターやグラマン・マラードと水陸両用機を使って南紀や瀬戸内海方面へ運航。他にコンベアCV-240やデハビランドDH-114ヘロンなどを使っていた。なお、「つばめ」号は1963（昭和38）年5月1日、淡路島で墜落事故を起こす。この画像は1958（昭和33）年頃のもの。

北日本航空のコンベアCV-240（北日本航空パンフレットより／提供：曽我誉旨生）◉1953（昭和28）年6月30日に札幌を本社に設立された北日本航空は、今日の「AIR DO（エア・ドゥ）」の発想の原点ともいえる「道内の航空会社」。DC-3を戦後いち早く導入したがなかなか旅客定期便運航の免許が下りないため、当初は国有林への薬剤散布なども行っていた。札幌丘珠空港を中心に、稚内、女満別、西春別などに運航。この画像が掲載されたパンフレットは、1963（昭和38）年のもの。

富士航空のスチュワーデスたちとコンベアCV-240（富士航空時刻運賃表パンフレット〈1963年11月〉より／提供：曽我誉旨生）◉富士航空は1953（昭和28）年9月13日、「日本航空宣伝協会」という社名で東京を本社に設立。この写真でスチュワーデスたちの背景に見えるレシプロ双発機コンベアCV-240をはじめ、デハビランドDH-114ヘロン、ビーチクラフトC-18Sなどを使って、東京〜高松〜大分〜鹿児島線、鹿児島〜種子島〜屋久島線、新潟〜佐渡線などを運航していた。

東亜航空のYS-11（提供：曽我誉旨生）◉1953（昭和28）年11月30日、東京を本社に当初は「南日本航空」として設立された東亜航空は、鹿児島から種子島、奄美大島の離島を結んだ。機材はデハビランドDH-104ダブ、デハビランドDH-114タウロン（ヘロンのエンジンを同社が取り替えた改造機を、東亜の略称「TAW」と「ヘロン」を合成して「タウロン」と呼んだ）など。1965（昭和40）年4月、戦後初の国産旅客機YS-11を最も早く受領した民間航空会社でもある。

第2章 海の彼方をめざして

◉国際線の先駆けと南米移民

一九五四（昭和二九）年二月二日午後九時三〇分、日本航空の「シティ・オブ・トウキョウ」号が見送りの人々の注視のなか、ブラスバンド演奏に送られて羽田空港を出発した。このフライトは、日本航空の東京〜サンフランシスコ線の第一便。同社念願の、国際線定期便の最初のフライト……ということは、わが国の民間航空にとっても国際線進出の戦後初フライトだった。

一九五一（昭和二六）年一〇月に同社が戦後初の民間航空定期便をスタートさせてから、わずか三年足らずでの国際線進出。まさに順調な国際社会への復帰ぶりだが、実はここに至るまでに、日本の民間航空の国際線復帰にはいくつかの逸話があった。

そのうちのひとつが、「日本国際航空株式会社」設立の動きだ。

こんな航空会社の名前は誰も知らない……といっても、それは当然のことだ。この会社は構想のみ立ち上がって、結局は実現しなかったからだ。英語名を「Japan International World Airways」、略称を「ＪＩＷＡ」と称したこの航空会社が最初に話題に上ったのは、一九五二（昭和二七）年三月二二日。同日午後五時に、東京ステーション・ホテルにて発足の記者会見が行われたのだ。

そこでの発表によると、同社は大阪商船と米国のカリフォルニア・イースタン・エアウェイズ（CEA）の提携によるもの。『航空情報』第六集・一九五二年四月号（酣燈社）に掲載された会見の模様によると、飛行機や器材、通信設備一切はCEAが供給し、路線としては邦人の最も多い南米サンパウロと東京間にハワイ・サンフランシスコ経由で週一便、東京～サンフランシスコに週一便を想定。使用機材としては当初はDC－４四機を配置し、二年後にはスーパーコニーを導入する予定。運航開始は同年一〇月一日を想定して、開始前に試験飛行を三回実施するとブチ上げた。

この発表は東京、大阪、米国で同時に行われたとのことだが、東京での会見は、南海航空専務の斎藤進によって進行。この斎藤進は後に日本航空に合流して常務取締役となる人物だが、一九六六年発行の『日本民間航空史話』（日本航空協会）にこの件についての手記を寄せている。題して『移民航空輸送計画惨敗の記』。

元々「JIWA」は、日本航空設立以前に「国際線を自分たちの手で」と若手パイロット、エンジニア等が集まって生まれた話で、大阪商船のバックアップで設立が具体化した。その設立の目的として浮上したのが、「ブラジルへの移民輸送」である。

ブラジルをはじめとする南米への移民の始まりは、明治末期までさかのぼる。一九四一（昭和一六）年に太平洋戦争が始まって移民は中止になったが、戦争が終わるとともに日本国内に旧外地からの復員や引揚者が溢れ、雇用機会は非常に限られていたことからブラジルへの移民再開が強く待ち望まれた。一九五一年にはブラジルと日本の国交が回復。そこで、翌一九五二年より南米移民が再開した。この航空会社発足の話は、まさにそういうタイミングで立ち上がったのだ。

斎藤の手記も、そのあたりの事情を詳しく語っている。当時は船舶数が不足していて、移民輸送のキャパシティに限界があった。しかも、船では日本〜ブラジル間の往復に六か月もかかり、スムーズに輸送ができない。さらに実際にスタートしてみると、長旅のために輸送途中でのグループのいざこざが絶えない。こうした問題解消のために、航空機輸送が浮上して来たわけだ。

問題は、あくまで日本航空が国際線を担当すべきである……という運輸省の見解だった。そのため一年以上も事態が膠着し、先に日本航空の東京〜サンフランシスコ線が飛んでしまう。それでも斎藤たちは、会社の設立を諦めていなかった。『航空情報』第二九集・一九五四年三月（酣燈社）に掲載された短信によると、斎藤は南海航空を辞めて東京日本橋通り二丁目の日本火災海上別館に事務所を置き、ホノルル〜サンフランシスコ〜サンパウロの移民輸送航空会社の設立を急いでいる。これは、間違いなく「ＪＩＷＡ」プロジェクトのことだろう。その一方で斎藤は単身リオデジャネイロに飛び、ブラジル政府の内諾を得る。これですべてはうまくいくと思ったが、事はそれほど甘くなかった。斎藤の手記によると、こうした流れのなかで運輸省航空局長から運輸事務次官に昇進していた荒木茂久二が、終始一貫して日本航空以外の国際線航空会社の設立に頑強に反対。結局、一九五八（昭和三三）年頃にこの話は雲散霧消してしまったようだ。

実際に航空機を利用した南米移住が行われたのは、一九七三（昭和四八）年七月三日のこと。運んだのは日本航空のボーイング７４７ジャンボ機、おそらくロサンゼルス行きＪＬ六二便である。それは「ＪＩＷＡ」設立記者会見が行われてから、実に二一年後のことであった。

◉戦後国際線第一番機と服役日本人慰問

それは、突然の出来事だった。一九五二（昭和二七）年一二月一三日正午直前、東京都有楽町の日活国際ホテル（現在、

国際線第1便の出発（提供：日本航空）◉1954（昭和29）年2月2日、国際線第1便「シティ・オブ・トウキョウ」号が羽田空港を出発した。このフライトの乗客は21名だったが、そのうち有償旅客はわずかに5名に過ぎなかった。当時はまだファーストクラスのみで片道の運賃が650ドル（23万4000円）と庶民には高嶺の花。しかし片道運航費は約700万円もかかるため、36人乗りDC-6B型1便につき乗客30人（約83%）を確保しなければ採算はとれなかった。

チサダネ号に乗り込むブラジル移民（提供：毎日新聞社）◉神戸港でチサダネ号に乗り込む人々。神戸移住斡旋所が戦後再開後初めて送り出す呼び寄せ移民団だった。チサダネ号は1952（昭和27）年11月1日に出航。翌1953（昭和28）年1月にブラジル着。この写真は出航前日10月31日の撮影。しかし南米移住した日本人たちには、用意された土地が鬱蒼としたジャングルの奥地ややせた土地であったりするなど、数多くの苦難が待ち構えていた。1960年代に入ると移住者は減少。1973（昭和48）年2月14日に横浜を出航した「にっぽん丸」（旧・あるぜんちな丸）が最後の移住船となった。逆に1984（昭和59）年頃からは、南米日系人の日本への出稼ぎがブームとなる。

ザ・ペニンシュラ東京が建っている場所）で、メレンシオ駐日フィリピン大使が心臓麻痺で亡くなったのだ。

当時、日本とフィリピンとは非常に微妙な問題を抱えていた。先の戦争での賠償問題がまだ片付いておらず、国交も正常化していなかった。同国の日本に対する国民感情は極めて悪く、現地のモンテンルパの刑務所にはBC級戦犯として死刑囚も含め多数の日本人が囚われていた。

対日平和条約もすでに発効しているこの時期、いまだに日本人たちが戦犯として囚われていることがわが国で知れ渡ったのは、当時の人気歌手・渡辺はま子と宇都美清が歌う『あゝモンテンルパの夜は更けて』がこの年大ヒットしていたからだ。同年一月、囚人たちの存在を知った渡辺は、モンテンルパの刑務所にいる彼らに連絡をとっていた。その返信として送られて来たのが、死刑囚二人が作ったこの歌だったのだ。渡辺はこれをレコード化することで、問題提起を行ったのである。

そんな両国の関係にもかかわらず、メレンシオ大使は賠償交渉の日本側使節団に同行するなど協力を惜しまなかった人物だった。そんな経緯もあり、日本側はただちに遺体を手厚く本国に送還することに決定。しかし、従来の慣例なら大使の遺体は軍艦で送還するところだが、あいにく日本には軍艦がなかった。そこで白羽の矢が立ったのが、日本航空の旅客機である。

外務省外交史料館に残された当時の文書を見ると、このフライトがどのように行われたのかがよく分かる。使用機はダグラスDC－4「高千穂」号。当初は一二月二一日羽田発の予定だったが、諸般の事情から前日二〇日に繰り上がった。着陸空港も二転三転したが、最終的にはマニラ国際空港に隣接する軍用飛行場ニコラス・エア・フィールドに決定した。

『航空情報』第一四集・一九五三年二月号（酣燈社）にも、このフライトのことが短信ではあるがハッキリと記録されている。それによると、政府のチャーターによるDC－4「高千穂」号が羽田を出発したのは、一二月二〇日の夜九

津島氏ら昨夜出発

対比賠償使節團

津島寿一外務省顧問を団長とする六名の対比賠償使節団は廿五日午後十一時廿分羽田発PAL機でマニラに向け出発した。滞在期間は約十日間の予定である。使節団の氏名は次の通り。全権委員津島寿一(外務省顧問)随員梅屋正毅(大使館参事官)酒井俊彦(大蔵省理財局次長)斎藤正年(通産省通商企業局次長)頓野哲(運輸省船舶局造船課長)桝出勇(外務事務官・通訳)

【マニラ廿五日発＝UP特約】賠償予備交渉の日本代表一行は廿六日朝到マニラに到着、宿舎マニラ・ホテルで少憩後エリサルデ外相を訪問するが、さらに津島団長とエ外相の間に私的会談が行われる。正式会談は廿八日開始される。

マニラに向け羽田を出発する津島使節団長㊨とメレンシオ駐日比代表

交渉の前途を楽観

同行のメ大使談

【UP特約(東京)廿五日】メレンシオ駐日フィリピン大使は廿五日夜、津島寿一氏ら六名の日本側賠償交渉代表とともにマニラへ向け出発するが、同大使は次のように語った。

私はマニラにおける日比交渉を比較的楽観視している。日本側代表はフィリピン政府と暫定的協定を締結する権限を与えられている。私は日本側代表にフィリピンに与えた損害を償うことに最善を尽さなければ、戦争によって破壊された友情を回復することは困難だと述べた。

インドネシヤ代表帰国

【ジャカルタ廿五日発＝UP特

賠償交渉の使節団に同行するメレンシオ駐日フィリピン大使(1952〈昭和27〉年1月26日付『毎日新聞』より／提供：国立国会図書館)◉フィリピン政府との賠償交渉のため羽田を出発する使節団に、駐日フィリピン大使のメレンシオが同行することを伝える記事。写真は1952(昭和27)年1月25日に羽田空港にて撮影。前列左がメレンシオ大使、右が津島寿一団長。

モンテンルパのニュービリビッド刑務所構内(提供：毎日新聞社)◉フィリピン政府によるBC級戦犯裁判で裁かれた、死刑囚を含む100人を超える日本人たちは、1948(昭和23)年12月1日にマンダルーヨンの米軍収容所からニュービリビッド刑務所に移送された。モンテンルパは、フィリピンの首都マニラから南西30キロにある小さな村である。この写真は1952(昭和27)年3月に撮影。

時のことであった。

そしてこのＤＣ－４に、前章で日本航空第一期スチュワーデスとして登場したあの竹田悠子（P032参照）が搭乗していた。竹田は後年、『日本の航空１００年』（日本航空協会）に寄せた手記のなかで、このフライトのことを鮮明なイメージで次のように記録している。「飛行機に乗ってまずびっくりしたのは機内に置かれた棺の大きさで、機内の右側半分に白と黄色の花で飾られた棺が安置されており、その匂いでむせ返ってしまいました。左側には未亡人とご家族、大使館の関係者が座られて、食事は帝国ホテルによって調理された正餐でした」

しかし食事の入った箱にはそれぞれ十文字に紐がしっかりかかっていて、それをほどくだけでも一苦労。早い話が、帝国ホテル渾身の仕事が立派すぎて実用には適さなかったのである。しかも機内には皿を並べるスペースも十分にない。バターを一人前に切り分けている間に溶けてしまうなどトラブル続出で、しまいには旅客課長の松村まで見かねて手を貸すという状況だったらしい。ただ、その奮闘ぶりは大使遺族にしっかり伝わったようである。

こうして日本航空のＤＣ－４は、翌二一日午後〇時一五分現地に到着。ロペス副大統領、エリサルデ外相らの出迎えを受けて、メレンシオ大使の遺体はサン・セバスチャン教会へと運ばれた。だが竹田たちには、今回もうひとつの任務があった。それは、モンテンルパのニュービリビッド刑務所に囚われている例の日本人たちへの慰問だった。

当時、すでに何人かが処刑されており、竹田は「真新しい白木の位牌にひとりずつ日本名が書かれた祭壇の部屋」に入った時の強烈な印象を手記に書き残している。また、対日感情が極度に悪化していたことから、この刑務所への行き帰りでは途中でクルマから降りることはなかったようだ。

その後、当時のフィリピン大統領のエルピディオ・キリノは一九五三（昭和二八）年に一〇〇人を超える日本人戦犯に対して恩赦令を出し、すべての日本人が帰国の途に就くことになる。

当時も今も、あまり語られることのないこのフライト。しかし、東京～サンフランシスコ線開設の一年以上前に飛

日本航空のDC-4「高千穂」号（提供：曽我誉旨生）
●1952（昭和27）年12月20日のマニラへのフライトは、機長はシドニー・E・ジョイナー、副機長はクイーン・N・ソウェル、副操縦士はメール・D・シート、航空士はデ・ウィット・ヴァーネルソン（当初ドナルド・フレームの名が挙がったが後に変更）、パーサーは糸永吉運、そしてスチュワーデスが石井暢子と竹田悠子、日本航空からの随行者は航務部長の瀬川貞雄と旅客課長の松村信雄という布陣だった。この写真は1954（昭和29）年に羽田にて撮影。

朝日新聞
【新聞定価一カ月280円・一部（朝刊）5円（夕刊）4円】
第三種郵便物認可

白山丸、横浜港外に停泊

検疫すみ、けさ上陸

午後 釈放者は懐しの故郷へ

【横浜発】"モンティンルパの人々"を乗せた白山丸（四、三五三トン）は廿一日夜七時予定より半日早く横浜港外に着き、八時には検疫地にイカリをおろした。家族の待ちこがれる横浜へ一刻も早く送り届けようと、黒潮と追風に乗った白山丸がスピードをあげて来たのだ。前夜までの雨風もやみ、雲の切れ間から満月に近い月さえ見えがくれする横浜港外、波はやや荒いが白山丸は船内の燈をまたたかせながらきょう二十二日朝の接岸を静かに待っている。上陸前の検疫も横浜検疫所の特別な取りはからいで二十二日朝を待たず同夜すっかりすまされた。甲板上の人影はいつまでも立ち去らず故国の夜の燈にヒトミをこらしていた。

かくて白山丸は二十二日朝九時大桟橋に接岸、同九時半から遺骨十七体、減刑者五十六名、釈放者五十二名、投降兵二名の順で下船、故国の土をふむ。遺骨は一たん上屋につくられた祭壇に安置され、宗教連盟の神式による葬礼がある。減刑者は上屋一階で十五分間家族と対面した後法務省の大型バス三台で巣鴨に向う。釈放者は上屋二階の待合室で引揚援護庁などから帰還業務などをうけ、午前十一時大型バス七台に家族とともに分乗、県社会福祉会館＝横浜市神奈川区反町＝で行われる神奈川県、横浜市共催の歓迎会に臨み、午後一時ごろからなつかしの故郷へ向う。

なお白山丸のマニラ出帆後キリノ大統領が釈放に署名したと伝えられた原田信平、穂徳建、小林周之の三元死刑囚については航海中にあるフィリピン人から個人的にその旨の打電があったが、比政府の通告があるまで三氏は一応無期刑囚として巣鴨に入ることになっている。

「善吉ッ」「お父さん」

待切れず 家族、ランチで対面

【横浜発】〇…船足のとまる前後から十数隻の報道用ランチが船ばたに殺到した。帰還者のほとんど全員がふなばたに出て横浜の灯を感慨無量の面持でながめ入っていた。やがて甲板であわただしいインタビューがはじまる。矢継ばやの質問に帰国者たちは

写真 上は白山丸船上から手を振って応えるの人々。下は船内に安置された遺骨

モンテンルパに服役していた日本人の帰国を報じる記事（1953〈昭和28〉年7月22日付『朝日新聞』より／提供：国立国会図書館）●特赦を受けた日本人108人（減刑56人、釈放52人）及び投降者2人、遺骨17柱を乗せた白山丸が、1953（昭和28）年7月22日に横浜港に帰港。大桟橋は歓喜にどよめいた。なお、このキリノ大統領による恩赦には、例の『あゝモンテンルパの夜は更けて』という歌が一役買っているという。

んだこのＤＣ－４こそ、実は戦後の「国際線第一番機」に間違いないのである。

●スチュワーデスを鍛えた教官たち

一九五三（昭和二八）年の秋、いよいよ国際線開設に向けてのさまざまな準備が進むなか、改めてスチュワーデス訓練も開始されることになった。国際線にふさわしい「世界仕様」の訓練を施すには、やはり日本の外から人材を連れて来るしかない。そこでこの道の「プロ中のプロ」が日本航空に派遣されて来るのだが、実は日本航空のスチュワーデス訓練のために海外から「教官」がやって来るのは、これが最初ではなかった。

前章でも触れているが、一九五一（昭和二六）年八月の日本航空による初披露・招待飛行の際には、フィリピン航空からＤＣ－３を一機借りていた。そのＤＣ－３リース機に伴って、フィリピン航空のスチュワーデスひとりが来日していたのだ。このスチュワーデスこそ、日本航空スチュワーデスにとって初めての「教官」といえるだろう。

日本航空の社内報『おおぞら』一九六七年四月号では、『スチュワーデス五十期生誕生‼』と題して教育を終えたばかりの五〇期のスチュワーデスと先輩スチュワーデスたちの座談会を掲載。そこに参加した一期生スチュワーデスの青山多美江（当時、乗員訓練所シミュレーター課）が、彼女たちを訓練した「教官」たちについていろいろと語っている。青山がまず触れたのが、このフィリピン航空のスチュワーデスだ。

青山いわく「一番最初に教官らしい教官がみえました」と語る彼女の名は、「ミス・ベルゾーサ」。実はこの人物の名前にまで触れているのは、この『おおぞら』での青山の発言だけである。彼女は「一般常識といえる程度の講習」を行い、後に飛行機に乗って実地訓練を行った。この訓練は例の八月二七日から三日間行われた披露・招待飛行の際に行われたようで、青山は「私たちも体験飛行に全員同乗して、東京上空をいろいろの高度で飛びながら実地面を教わった」と

フィリピン航空の教官による実地指導（提供：小野悠子）●客室サービスの訓練のためにDC-3リース機とともにやって来たのが、フィリピン航空のスチュワーデス「ミス・ベルゾーサ」。一期生スチュワーデスの青山多美江によれば、スチュワーデスたちも1951（昭和26）年8月27〜29日の披露・招待飛行に同乗して、実地訓練を受けたとのこと。これはその際に撮影されたものと思われるが、日本航空スチュワーデスが乗客と同じように座席に座っている様子が分かる。

Warm Oriental welcome greeted UAL Stewardess Alice Attwood when she arrived in Tokyo recently for a six-month special assignment training stewardesses for Japan Air Lines. With her here, from left — Michio Hanaoka, JAL Assistant General Manager; Stewardesses Nobuko Ishii and Fumiko Shiba; Miss Attwood and C. R. Farwell, United's representative in Tokyo.

Reduced Rate Agreements Set for Employee Travel

Tokyo Sky Girls to Learn Flight Duties from UALer

東京にて歓迎されるアリス・アトウッド（『The United Air Lines News』1953年9月号より／提供：ユナイテッド航空）●東京に着いたアリス・アトウッド（Alice Attwood）を歓迎する日本航空の人々。写真左から、日本航空の花岡道夫（1954年時点での役職はニューヨーク駐在員、この記事での記述ではアシスタント・ゼネラル・マネジャー）、同社スチュワーデスの石井暢子と芝富美子、アトウッド、ユナイテッド航空東京代表のC・R・ファーウェル。ちなみに、アトウッドは「タイ（Ty）」というニックネームで呼ばれていた。

証言。また、ベルゾーサについては「物を落としてもご自分では拾われないという方で……」と苦笑気味に語っている。

さて、次に彼女たちの前に現れたのが、同年一〇月の国内線運航開始前にやって来たノースウエスト航空の教官「ミス・アースキン」。この人物についても同じ『おおぞら』座談会で青山が語っているが、実は「ミス・アースキン」について言及している資料は、この青山の発言以外発見できていない。残念ながら写真も見つけることができなかったので、その人となりは青山のわずかな発言内容からしか窺うことができない。その青山のコメントによると「やさしい方」ということだが、彼女はメカニック、エンジニア、パーサーなどノースウエストの人々全般に対して褒めちぎっている。もちろんアースキンに対しても、土砂降りになった時にレインコートをかぶってパイロットのために傘をたくさんとってきてくれた……などと大いに感心している。アースキンは帰国後すぐに結婚したようだが、その際に青山たち一人ひとりにカードを送ってくれたとも語っている。

こうした「教官」たちによって仕込まれていった彼女たちだが、やはり国際線進出となるとそれまでとは事情が異なる。そこで、冒頭に語った海外からの新たな「教官」登場となるわけだ。海の向こうからやって来た彼女の名を、アリス・アトウッドという。

このアリス・アトウッドという女性は、ユナイテッド航空から派遣された教官だった。ユナイテッド航空の社報『The United Air Lines News』一九五三年九月号の記事によると、彼女は一九四七(昭和二二)年に同社に入社。一九五二(昭和二七)年からは、ロサンゼルスで九〇名以上のスチュワーデスを束ねるスーパーバイザーを務めていた。今回は日本航空のスチュワーデス訓練のために六か月間東京に派遣され、訓練を行うとも書かれている。また、この時パーサーの訓練も同時に行っていたようだ。

前述したように「教官」としてはかなり本格派の人物であるアトウッドは、どうやらそれまでに来たふたりとは「格が違った」ようだ。青山も『おおぞら』座談会でのコメントのなかで「教えるほうのプロ」と評しており、「とってもきび

機内の構造を説明するアリス・アトウッド（提供：小野悠子）◉日本航空のスチュワーデスたちに、客室の構造を説明するアリス・アトウッド。貼られている図は、日本航空国際線開設時に使用されたDC-6Bの客室レイアウト図である。図に一番近い場所に立っているのが、スチュワーデス一期生の竹田悠子（P032参照）。竹田によると、ユナイテッド航空からはその他にもさまざまな分野の講師たちが呼ばれていたようだ。1953（昭和28）年10月頃の撮影。

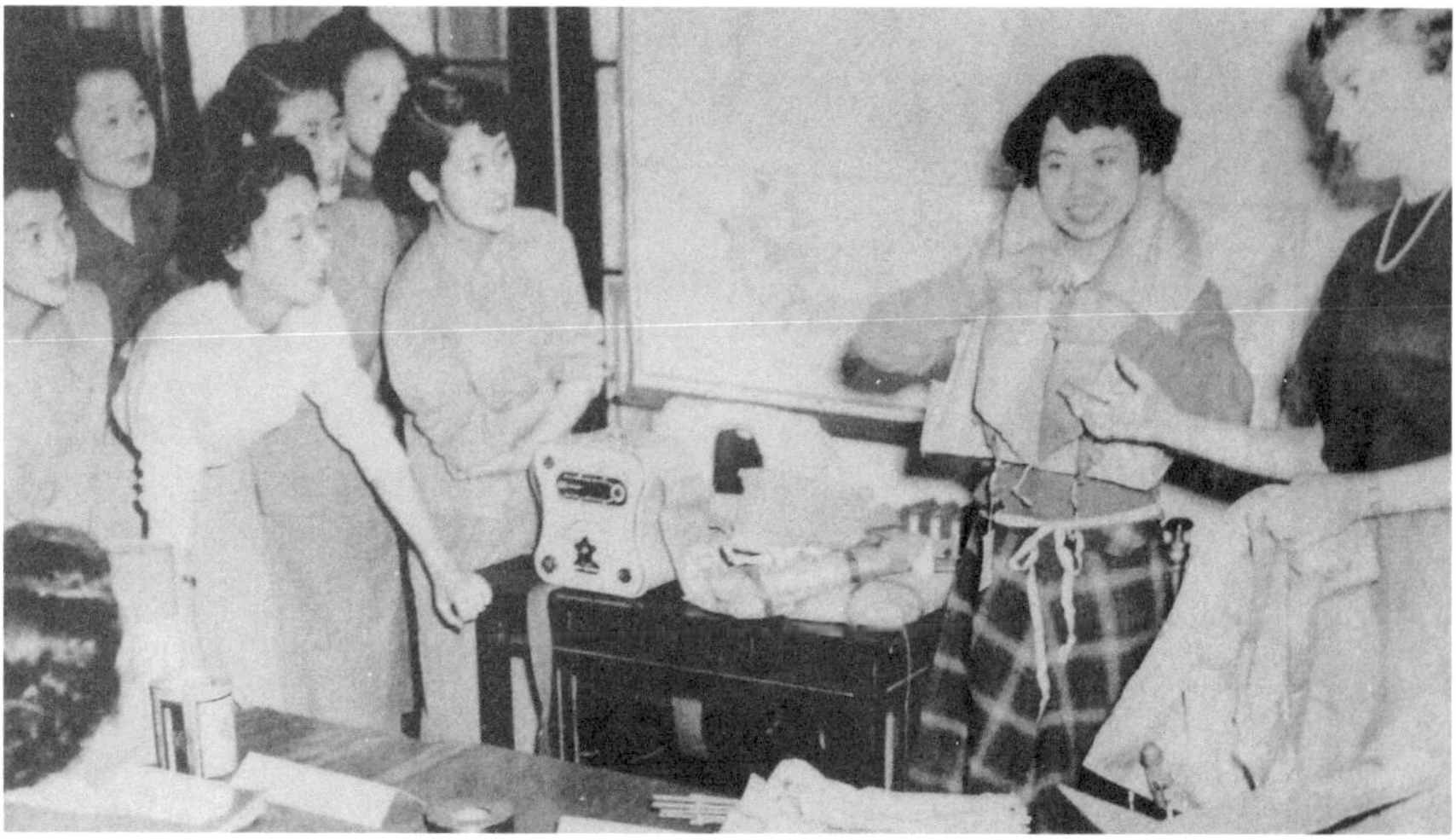

アリス・アトウッドによるライフベスト訓練（提供：日本航空）◉同じく日本航空のスチュワーデスたちに、ライフベストの使用法について説明するアリス・アトウッド。アトウッドのすぐ左は三期の芝富美子。左で見ている人々もほとんど三期のスチュワーデスである。1953（昭和28）年10月頃の撮影。なお、『おおぞら』1967年4月号座談会での青山多美江のコメントによると、アトウッドは1967（昭和42）年の段階でもまだ現役の教官だったようだ。

しい教育」を受けたと語っている。また、前にもたびたび登場したスチュワーデス一期生の竹田悠子（P032参照）も、二〇〇九（平成二一）年に行われたインタビューで「アトウッドさんに指導していただいて、初めて本当の訓練をしたと感じました。一か月、毎日朝から訓練です」と語っている。ともかくこのアトウッドの指導によって、日本の民間航空における客室乗務員の仕事の基礎が築かれた……といっても過言ではないかもしれない。

●国際線までの道のりと知られざる島

こうして国際線開設に向けてのスチュワーデス訓練が行われていたが、運航側の準備も着々と進められていた。先に述べたように国際線定期便の第一便が飛んだのは一九五四（昭和二九）年二月二日だが、その前にもすでに日米の間を日本航空の飛行機が飛んでいたのだ。

まず、前年一九五三（昭和二八）年一一月二三日に、東京～サンフランシスコ間の試験飛行が行われた。使われたのは、DC－6B「シティ・オブ・トウキョウ」号。その帰路は「シティ・オブ・キョウト」号を使い、一一月二九日に羽田に到着して成功裏に終了した。試験飛行は少なくとももう一回行われたようで、同年一二月三日に「シティ・オブ・トウキョウ」号がサンフランシスコ空港に到着した際の写真が残されている。

その後、今度は米国発の招待飛行を実施。『航空時報』昭和二九年一月一日号（財団法人日本航空協会）によると横浜生まれの映画女優ジョーン・フォンテインが招待されていたようだが、これは実現しなかったらしい。だが、前アメリカ民間航空局長のオコンネル夫妻などのゲストやジャーナリストなどが多数招待されて、一九五四年一月一七日に「シティ・オブ・トウキョウ」でサンフランシスコを出発、一九日に羽田に到着した。次に、日本側からの招待飛行も実施。『航空時報』昭和二九年二月一日号によると、この招待飛行が行われたのは一月二七日。まず米国からの招待客

東京〜サンフランシスコ間・第1回試験飛行（提供：日本航空）◉国際便の第1回試験飛行では、1953（昭和28）年11月23日20時40分（グリニッジ標準時11時40分）に羽田を出発。サンフランシスコ着は24日10時56分（グリニッジ標準時18時56分）。総飛行時間は26時間2分に及んだ。なお、帰路は11月28日14時45分（グリニッジ標準時22時45分）にサンフランシスコ発。羽田には30日15時41分（グリニッジ標準時6時41分）に到着した。写真はその羽田到着の様子で、左からジョイナー操縦士、教官のアリス・アトウッド、スチュワーデスの伊丹政子、土井玲子、日本航空常務の大庭哲夫、スチュワーデスの石井暢子、ウェイクフィールド副機長、ギインザー機長（写真のメモによる。事前に作成された搭乗者表によると機長の名はR・G・ジャドとなっているが、同一人物かどうかは不明）。

東京〜サンフランシスコ間・第2回試験飛行（提供：日本航空）◉このフライトについては、記録は2枚の写真しか発見できなかった。1953（昭和28）年12月3日の「シティ・オブ・トウキョウ」号サンフランシスコ到着の様子である。左から、操縦士のジョイナー、スチュワーデスの石井暢子、航空士の高木栄司、スチュワーデスの伊丹政子、教官のアリス・アトウッド、スチュワーデスの土井玲子、操縦士のスミス、セカンドオフィサーの木本清二郎と江島三郎（P071参照）、機関士の寺島大慶。

二九人とマンガ家の長谷川町子、女優の高峰秀子らゲストを乗せたウェイクフィールド機長の「シティ・オブ・キョウト」が一二時三五分に、次いで堀内謙介元駐米大使、重宗雄三参議院議員ら招待客と日本航空社長の柳田誠二郎夫妻を乗せたJ・A・スタッジョン機長の「シティ・オブ・ナラ」が一五時一〇分に、それぞれ羽田を出発した。

その「シティ・オブ・ナラ」の招待客のうち鉄道研究家で日本交通公社交通博物館調査役でもあった鷹司平通は、『航空情報』第三〇集・一九五四年四月号に『太平洋横断二四時間』と題して手記を綴っている。それを読むと当時の東京～サンフランシスコ線の雰囲気がある程度伝わって来るが、同機は追い風を受けて予定よりかなり早く、同日の午後一〇時半にウェーク島(「ウェーキ島」とも呼ばれる)という小島に到着した。

このウェーク島、現在ではまったく耳慣れない地名だが、当時は給油や点検・整備などで太平洋路線において欠くことのできない重要な場所だった。太平洋戦争中も制海権・制空権の要所として重要視されており、この島を舞台にして日米の激しい戦闘が行われた。

日本航空協会の『WEB版「航空と文化」』における連載『飛行艇パイロットの回想／横浜から南太平洋へ』の『(九)ウェーキ島一番乗り』を書いた越田利成は、戦時中にこの島に日本人として初めて航空機で着陸した人物である。一九四一(昭和一六)年末の開戦直後、日本軍は激しい攻防の末にウェーク島占領に成功。この地を担当する指揮官一行を現地に派遣するために、大日本航空海洋部・徴用飛行隊の宮田機長と操縦士の越田らが占領後のウェーク島に九七式飛行艇で一番乗りすることになる。だが、越田とウェーク島との縁はそれだけでは終わらなかった。

戦後、日本航空の機長となった越田は、何度もこのウェーク島に着陸。そして一九六九(昭和四四)年一月、日本航空が最後にボーイング社から受領する国内線用ボーイング727を越田が操縦して日本まで運ぶ際に、このウェーク島に着陸する。これが日本航空のウェーク島経由最終フライトとなり、結果的に現在までのところ日本人がウェーク島に飛行したラストフライトともなった。つまり、越田はウェーク島に航空機でやって来た最初と最後の日本人と

米国側招待飛行(提供:日本航空)◉前アメリカ民間航空局長のオコンネル夫妻などのゲストやジャーナリストなどを乗せた「シティ・オブ・トウキョウ」号は、1954(昭和29)年1月17日にサンフランシスコを出発。19日の14時40分に羽田に到着した。

米国側招待飛行に搭乗したスチュワーデス(提供:小野悠子)◉写真右は、同フライトに乗務していたスチュワーデスの竹田悠子、荒木佐登子、佐々木喜久子。現地の日本語新聞『ハワイ報知』取材時の1月15日撮影と思われる。理由は不明だが、彼女たちはなぜかパンナム機で1月14日にハワイのホノルルに到着。17日にホノルルから「シティ・オブ・トウキョウ」号に乗り込んでいる。写真左は19日の羽田到着時にラジオ取材を受ける竹田。

なったらしいのだが、これは実に奇妙な縁であったといえよう。

話を『航空情報』第三〇集の鷹司平通の手記に戻すと、この時点でウェーク島には飛行場要員が七〜八〇〇人いるだけ。機体の整備点検の間、乗客たちはバスで食堂に案内されて軽い夕食をとることになる。その食堂の前庭に日本海軍の魚雷が安置されていたというから、この当時はまだこの島には戦争の爪痕が生々しく刻印されていたのだろう。島の海岸近くには、戦時中に沈没した日本船「諏訪丸」の残骸も残っていた。

こうしてウェーク島を離れた同機は、今度は日付変更線を越えてハワイのホノルルへ到着。一泊した後、ハワイ観光に費やしてから出発する。サンフランシスコ国際空港に到着したのは、アメリカ西海岸標準時で二九日午前一〇時のことであった。

このように同路線は、航空機の航続距離から東京〜ウェーク島〜ホノルル〜サンフランシスコとつないでいく、少々遠回りなルートをとっていた。現在は約九時間半足らずでダイレクトでサンフランシスコに飛べることを考えると、まさに隔世の感がある。

しかし、当時は技術的な限界を含めてこうならざるを得ない事情があった。さらにアメリカ本土への日本の航空機による飛行については、戦争を経てようやく国際社会に復帰しようとしていたわが国ならではの、微妙な問題もはらんでいたのである。

◉米国本土への進入を巡るデリケートな状況

このような長い道のりを経て、一九五四(昭和二九)年二月二日には前述のように待望の定期便第一便、DC－6B「シティ・オブ・トウキョウ」号が出発した。今日、「日本航空国際定期便第一便」といえば、この日のフライトのこと

ウェーク島飛行場(**提供**:**日本航空**)◉航空機から見たウェーク島飛行場。管制塔とターミナルビルも見える。すでに当時から、周囲にはほとんど何もない辺鄙な場所である。戦前にはパンアメリカン航空がこの島に乗客用の宿泊施設を建設していたが、戦争で破壊された。1957(昭和32)年12月24日の撮影。

ウェーク島に保存されたF4F戦闘機の残骸(提供:日本航空)◉1941(昭和16)年12月8日の開戦直後に起こったウェーク島の戦いにおいて、日本軍によって破壊された米軍F4Fワイルドキャット戦闘機の残骸と、その由来を記した銘板。日本軍が占領した際に命名したウェーク島の日本名は「大鳥島」。残骸の背後には、クエジェリン海軍基地ウェーク島分遣隊の看板も見える。撮影時期は不明。

を指している。

だが当時、日本の航空機がアメリカ本土に飛ぶこと自体、極めてデリケートな問題だった。航空士としてこの路線に乗務していた藤井正男は、『日本の航空１００年』（日本航空協会）に寄せた手記のなかで、その状況をリアルに語っている。それによると、当時は「操縦しているのは〝カミカゼ・パイロット〟か」と外国人乗客が懸念するため、米国人パイロットが操縦していることを強調する時代だったとのこと。そんな時代を反映して、米国本土への進入にも特別な制約を受けていたという。

サンフランシスコの空港から二〇〇海里（三七万四〇〇メートル）の地点に防空識別圏が設けられており、その地点で「半径二〇〇海里の圏を二四等分した一五度の弧のどれに入るかをホノルルとサンフランシスコの中間点に配置された定点観測船の上空通過の際に開封するよう厳重に指示された書類が必要（原文ママ）」という具合。この文章を読んだだけでも複雑で相当に面倒な印象しかない手続きだが、「この指示に従わずに米本土に接近すれば直ちに防衛空軍機に撃墜されることになる」というから穏やかではない。しかし、当時はそれも仕方なかったかもしれないのだ。

まだ終戦から一〇年足らず、忌まわしい戦いの記憶が生々しい時期ならば、どうしても神経質にならざるを得なかったのだろう。米国人たちの恐怖は無理もないことだった。そして、それから五〇年もしないうちに……他国の航空機か自国の航空機かの違いはあれど、旅客機による米本土への攻撃という懸念と悪夢はニューヨークで現実のものとなってしまうのである。

日本航空国際線定期便第一便の乗員（提供：日本航空）◉1954（昭和29）年2月2日、国際線定期便第一便（JL604便）出発前に「シティ・オブ・トウキョウ」号の前に並ぶ乗員たち。当日の飛行日誌（P288参照）には、機長のライアンとヘンチ、副操縦士スミス、航空士のナス、藤井正男、松下俊郎、橋本希次、航空機関士のダラーと寺島恭一、スチュワードの神田茂と安藤義次、スチュワーデスの竹田悠子（写真で3人のスチュワーデスの一番右）、川本多美江、渡辺昌子……という乗員の名前が記録されている。

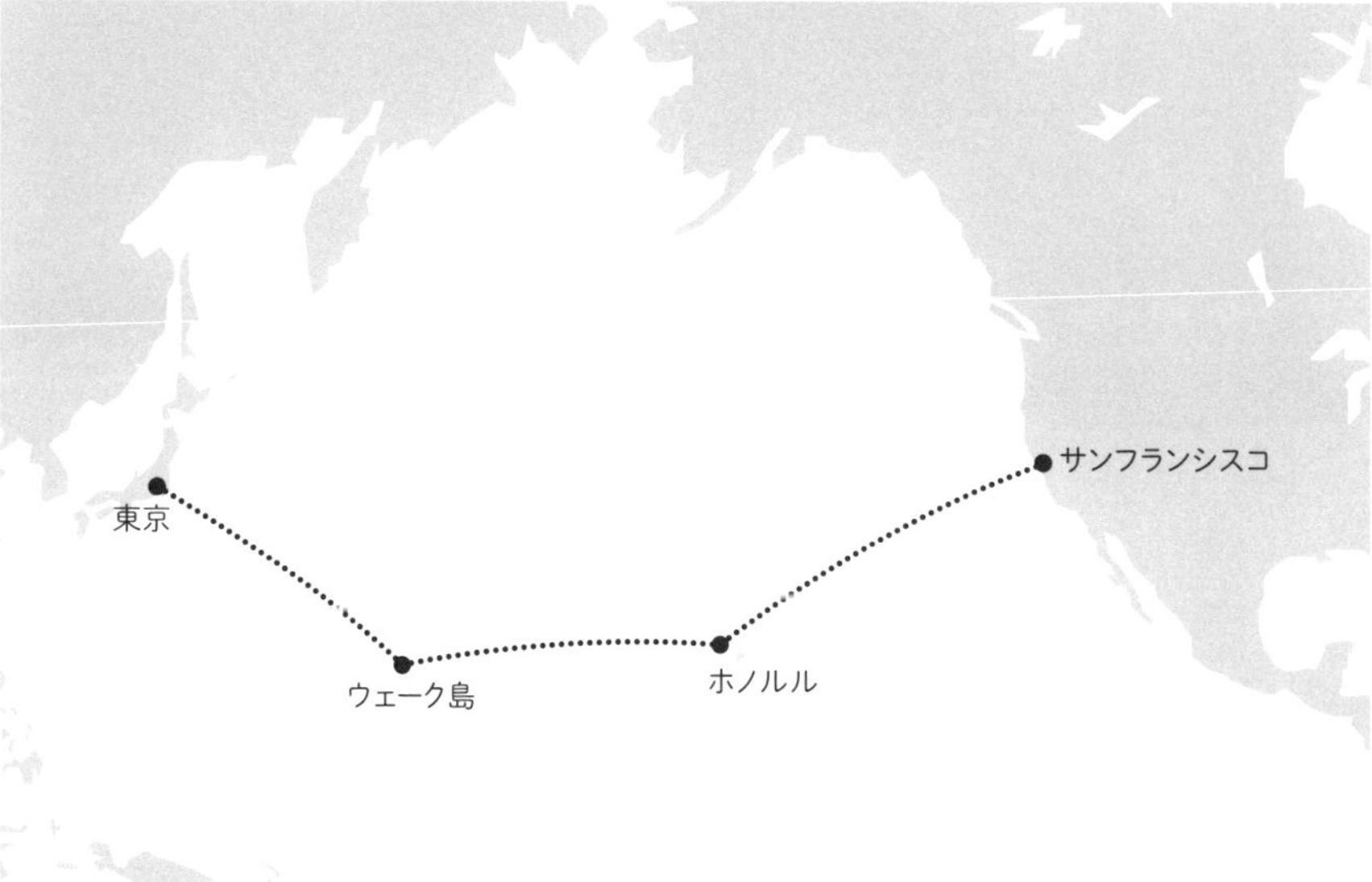

当時の東京～サンフランシスコ線・路線図◉使用したDC-6Bの航続距離などの性能のために、途中、ウェーク島、ハワイのホノルルと2か所も経由する必要があった。

第3章 ウィングス・オブ・ザ・ニュー・ジャパン

●「パイオニア」を運命づけられた者たち

東京〜サンフランシスコ線開設によって、ついに国際線へと乗り出した日本航空。終戦直後の手痛い空白を何とか埋めて、世界の名だたる航空会社に追いついていこうというこの時期にも、まだ残っていた大きな懸案がひとつあった。日本人機長の不在である。

もちろん、同社も手をこまねいて見ていたわけではない。このあたりの事情については、前出『航空情報』第六集・一九五二年四月(酣燈社)掲載の座談会『パーサーを囲んで／日本航空に採用された元操縦士』に詳しい(P042参照)。この座談会の趣旨自体が、発足間もない日本航空が戦前のパイロットたちをパーサーとして採用したことについて、現状の話を聞こうというもの。そもそも当初は日本人による操縦や飛行機の製造は一切禁止で、営業関係だけが許されたなかで発足した日本航空だったが、将来的なことを考えればそのままでいいわけはなかった。座談会に参加した日本航空航空部長の瀬川貞雄は、「外国の飛行機をチャーターしている間にでも何らかの形で運航自体に携わっておれば非常に将来のために有意義じゃあないか、という観点からパーサーというものを考えついた訳です」とこのあたりの

日本航空初の日本人機長（提供：江島弘尚）◉1954（昭和29）年10月、DC-4機長昇格直後の江島三郎（左）と諏訪勝義（右）。背景に見えるのはおそらくDC-4の機体。江島・諏訪の「日本航空で日本人では初の機長昇格」は当時としては「事件」だったらしく、マスコミに数多く取り上げられることになった。これはそうしたフォト・セッションで撮影されたものと思われる。

江島と日本航空社長の柳田誠二郎（提供：日本航空）◉機長昇格した江島三郎と当時の日本航空社長である柳田誠二郎が、DC-4「高千穂」号の前で握手。高給取りの外国人機長たちを多数抱えていた日本航空における日本人機長の誕生は、元・日本銀行副総裁だった柳田社長にとっても歓迎すべき出来事だっただろう。それでも状況は簡単に変わらず、1960（昭和35）年8月13日付西日本新聞掲載のコラム『十五年目の幸福』（5）によれば、その時点で外国人パイロットがまだ33人も働いていた。

事情について説明する。日本語が分からないアメリカ人パイロットの補佐的役割を果たすとともに、パイロットたちの操縦を観察して戦後の航空機や操縦の実際を学んでいく……というのが、その狙いだった。

前の章でも触れたように、戦後の民間航空はそれまでと勝手が違った。だからこそ、最終的には世界の航空会社と競合していくことを見越して、こうした手続きを踏んでいたのだろう。

その甲斐あって、日本航空についに日本人機長が誕生する。一九五四(昭和二九)年一〇月一三日、江島三郎と諏訪勝義のふたりが、DC－4の機長としての辞令を受け取ったのだ。

この初の日本人機長誕生については、会社側にも切実な事情があったに違いない。一九五五(昭和三〇)年一月二八日付朝日新聞の『若い潮流』というコラムによれば、この記事の当時で同社が外国人機長に払っていた月給は一〇〇〇～一二〇〇ドル(当時の換算レートで三六万円～四三万二〇〇〇円)。日本人の機長は九万～九万五〇〇〇円台というから、その違いはあまりにも大きかった。

こうして誕生したふたりの日本人機長のうち江島三郎は、早速、一九五四年一一月二日にJL三〇三便福岡行きで機長として操縦桿を握ることになる。ここではまず、江島三郎について駆け足で紹介していくことにしよう。以下は『PILOT』二〇〇九年一月号(日本航空機操縦士協会)の『シニア・パイロットのエピソード』という連載における江島三郎夫人・熊代と長男・弘尚のインタビューと、弘尚が作成した資料に基づく。

江島は一九一四(大正三)年一月三一日、福岡県で生まれる。旧制中学校の頃に兄が徴兵で太刀洗陸軍航空隊にいたことから影響を受けたようで、逓信省航空局海軍依託生の試験を受けて合格。卒業後、一九三二(昭和七)年四月に日本航空輸送に入社、本格的にパイロット人生をスタートさせた。

一九三九(昭和一四)年一〇月には熊代と結婚するが、熊代は日本航空輸送に一九三七(昭和一二)年に入社した同社エア・ガール(スチュワーデス)一期生。いわば熊代とは同僚で社内結婚ということになるが、実はこれはパイロットとス

エア・ガール時代の江島三郎夫人・熊代（提供：江島弘尚）◉江島三郎夫人となった岡部熊代は、福岡採用の日本航空輸送第一期エア・ガール（スチュワーデス）だった。彼女たちは1937（昭和12）年7月に入社し、10月頃から乗務を開始。1941（昭和16）年末の開戦直前に地上勤務となった。写真はDC-3を前に立つエア・ガールたち。一番右が熊代である。

夫婦でのテレビ出演（提供：江島弘尚）◉1959（昭和34）年9月23日、日本教育テレビ（現・テレビ朝日）の『夫と妻の記録』という番組に出演した江島夫妻。ふたりの結婚は、その後、数多く生まれるパイロットとスチュワーデスのカップルの「はしり」となった。写真左から江島三郎、妻の熊代、長女の由枝、長男の弘尚、日本航空社長の松尾静麿、日本航空輸送エア・ガール時代の同期である関口かほる。

チュワーデスの結婚の第一号だったらしい。熊代も『ＰＩＬＯＴ』のインタビューで、その日の各新聞夕刊トップに、江島夫妻の結婚に関する記事が大々的に載ったと語っている。さらに同年一二月、江島は中華航空に移籍して上海へと引っ越した。

だが一九四一(昭和一六)年一二月の太平洋戦争直前に海軍に召集され、横須賀航空隊へ入隊。横須賀から霞ヶ浦航空隊へ移って、徳島県の小松島航空隊、ソロモン諸島のラバウルでの偵察任務、さらに香川県の詫間航空隊と転々とする。最終的には伊丹航空隊で少年航空隊の飛行教官をしていたところで終戦を迎えた。長男の弘尚は前出のインタビューで、江島がこの時期のことについて「オレが彼らに教えているのは、空を飛ぶ魅力でもなんでもない。死ぬための技術を磨くためなのだ」と涙ながらに語っていたと証言している。

終戦後は郷里に帰って兄の精米所を手伝ったり税務署に勤めたりしていたが、日本航空の発足を聞いて上京。一九五一(昭和二六)年一二月一五日に入社した。

だが、当初は前述のようにパーサー業務を強いられる。アメリカ人パイロットのなかには嫌がらせをしてくる者もいたようで、苦汁をなめさせられたこともあったようだ。それでもようやく翌一九五二(昭和二七)年一〇月からパイロットとしての訓練に入り、オフィサーへと昇格。一一月には他のパイロット候補生らと、アメリカのトランスオーシャン航空(ＴＡＬＯＡ)飛行学校に派遣される。日本航空初の日本人機長の座は、こうした苦難の果てに摑んだものだったのだ。

この後、江島は一九五五(昭和三〇)年一〇月にはＤＣ－６Ｂの機長資格を取得し、一九五六(昭和三一)年には戦後初の日本人乗員によるヨーロッパでの飛行を実現するなど、常に「パイオニア」としての道を歩み続けていくことになる。それは、江島が「日本航空初の日本人機長」になった時に運命付けられていたものなのかもしれない。

そして、江島と一緒に機長に昇格した諏訪勝義もまた「パイオニア」としての運命を辿ることになるのだが、それは

ラバウルでの水上機による偵察任務（提供：江島弘尚）◉1941（昭和16）年の開戦直前に海軍に召集された江島は横須賀航空隊に入隊。以来、終戦まで海軍に籍を置くことになる。その横須賀から霞ヶ浦航空隊へ移ったところで開戦。徳島県の小松島航空隊を経てソロモン諸島のラバウルでゼロ式水上機での偵察任務に就いた。その後は香川県の詫間航空隊に移り、伊丹航空隊で少年航空隊の飛行教官をしていたところで終戦を迎えた。写真はラバウルでの水偵時代のもので、1942（昭和17）年頃のものと思われる。

ヨーロッパからの空輸飛行（提供：江島弘尚）◉1956（昭和31）年10月、江島は日本航空がスカンジナビア航空から70万7000ドルで買ったDC-4「三笠」号を日本に空輸する際の機長を務める。コペンハーゲンを22日午前10時（現地時間）に出発し、ローマ、カラチ、バンコクを経て27日に東京に到着。このフライトは1939（昭和14）年の「ニッポン」号以来、戦後では初の日本人乗員によるヨーロッパでの飛行となった。写真はその「三笠」号客室における日本航空クルーとスカンジナビア航空関係者。江島は座席後列の一番左、窓側の席である。

また後の話となる。

◉日本を世界に売り出せ

江島三郎と諏訪勝義が日本航空初の日本人機長となった一九五四(昭和二九)年に、日本はどのような状況だったのか。彼らが機長に昇格した翌月、一一月三日公開の東宝映画『ゴジラ』第一作目には、それを知るヒントが垣間見える。劇中、ゴジラ出現のニュースに通勤電車の一般市民が「また疎開かぁ」という言葉を思わず漏らす場面しかり。ゴジラの襲来から逃げ遅れた母娘が、戦死したらしき父親のもとに行こう……と覚悟を決める場面なども含めて、この時点では日本にまだ戦争の陰りが色濃く残っていたことが窺える。

そんな日本に、サンフランシスコ講和条約以上に「立ち直り」を印象づけた出来事がある。それは、一九五六(昭和三一)年一二月の国際連合加盟だ。

同年一二月一三日夜、重光葵外相ら政府代表団一行が、国連総会出席のために午後九時四〇分に羽田から米国に向けて飛び立った。わずか五年前、サンフランシスコ講和会議に向かった吉田茂一行が米国を代表するパンアメリカン航空のストラトクルーザーに乗ったのに対して、今回、重光たちが使ったのは自国の日本航空が飛ばすDC－6B。まだ道半ばではあったものの、日本は自らのイニシアティブを取り戻しつつあった。機体に書かれた「ウィングス・オブ・ザ・ニュー・ジャパン」の文字も、それを如実に表しているかのようであった。

こうして「国際社会への復帰」を果たした日本は、グイグイと海外進出に向けて舵を切り始める。現在、国際的な「ジャパン・ブランド」を支えているいくつもの企業が、堰を切って海外進出をスタートさせたのがこの時期だった。

例えば一九五七(昭和三二)年八月には、トヨタ自動車がクラウンをアメリカに向けてサンプル輸出した。これが、

重光外相一行が国連総会へ出発（提供：朝日新聞社）◉重光葵外相、佐藤尚武参院議員を代表とする政府代表団一行12名が乗った日本航空のDC-6Bは、特別機ではなくサンフランシスコ行き定期便のJL604便であったと考えられる。サンフランシスコで米国国内線に乗り換えてニューアーク空港に向かったようで、米国の報道によれば、12月15日に重光一行はニュージャージー州ニューアークに到着している。この写真は、1956（昭和31）年12月13日に羽田で出発時に撮影。左側の窓から見えるのが重光外相である。なお、「ウィングス・オブ・ザ・ニュー・ジャパン」は当時の日本航空国際線の機体に書かれたキャッチフレーズである。

4版● 第28956号 （明治5年創刊） （明治25年3月8日第3種郵便物認可・昭和24年2月17日国鉄特別扱承認）

スルスルと"日の丸"

国連本部で感激の掲揚式

【ニューヨーク国連本部十九日大森実発】十九日午後二時五十分国連本部正面玄関に日本の国旗が掲揚された。日本の国連加盟を祝福してモロッコ、スーダン、チュニジアの新規加盟三国旗とともに日本国旗の掲揚式が挙行されたのである。

まずハンマーシェルド国連事務総長が正面玄関におり立ち、ついで米国のロッジ、インドのメノンなど各国代表が顔をそろえた。重光外相は二十分遅れて到着した。ハ事務総長がマイクの前に立って「一年前の国連は六十ヵ国であったが、いまや日本の加盟を得て八十ヵ国の文字どおりの世界機構となった」と祝辞を述べ、軽く右手をあげて合図をした。

守衛のヒモにたぐられて日の丸がスルスルと掲揚された。日の丸は強風にあおられてハタハタと大きな音を立てている。ついでまっ赤な旗地に黒で星をえがいたモロッコの国旗、紺、黄、緑のスーダンの三色旗が掲揚され、最後に赤地に黒で星を染め抜いたチュニジア国旗があがった。日本代表たちはうれしそうに日の丸を仰ぎ重光、佐藤両代表に和服姿の重光外相の令嬢華子さんを囲んで十数名のニュース・カメラマンが一斉にシャッターを切っていた。

㊤十九日国際社会に復帰して「日の丸」が初めて国連本部前にひるがえった
㊦国連本部前に掲揚される「日の丸」を祝福する左から加瀬レイ子嬢、重光外相、同華子さん、佐藤代表、加瀬国連大使＝いずれもUP特約電送

祝賀レセプション

なごやかな親善風景

【ニューヨーク特電十九日大田敏夫発】重光外相は十九日夜国連本部内の各国代表専用の大食堂に各国代表および国連関係者六百名を招き、日本加盟最初のレセプショ

日本の国連加盟が実現（1956〈昭和31〉年12月20日付『毎日新聞』より／提供：国立国会図書館）◉1956（昭和31）年12月18日（ニューヨーク現地時間）の国連総会で、日本の加盟が満場一致に承認され、日本の本格的な国際社会への復帰が決まった。翌19日午後2時50分には、ハマーシェルド国連事務総長、重光葵外相、重光の令嬢・華子らの見守るなか、国連本部正面玄関にモロッコ、スーダン、チュニジアの新規加盟3国旗とともに日本の国旗が掲揚された。

わが国の国産乗用車対米輸出第一号である。同年一〇月三一日には米国トヨタ自動車販売（トヨタ・モーター・セールス・USA）を設立。この米国トヨタは、翌年一九五八（昭和三三）年七月一〇日に営業を開始している。その一九五八年六月には、ライバルである日産自動車が乗用車の対米輸出を開始。一九六〇（昭和三五）年九月には米国日産を設立して販売を開始した。一九五九（昭和三四）年六月には、本田技研工業も同社初の海外現地法人アメリカン・ホンダ・モーターを米国ロサンゼルスに設立している。

また、同じ一九五九年九月には松下電機（現・パナソニック）が現地法人の販売会社であるアメリカ松下電器（現・パナソニック・ノースアメリカ）を設立し、翌一九六〇年二月にはソニーが米国にソニー・コーポレーション・オブ・アメリカを設立。両社ともすでにトランジスタラジオなどで輸出実績を着実に伸ばしていたが、ここへ来て本格的に海外進出の態勢が整えられていくのである。

先に「戦争の陰りが色濃く残っていた」と紹介した『ゴジラ』でさえも、米俳優レイモンド・バー出演場面を追加撮影した再編集バージョンながら、『怪獣王ゴジラ』として国連加盟一足先の一九五六年四月二七日にすでに米国で公開されていたのだ。日本を取り巻く状況は、それまでと比べて急速に変わりつつあった。

日本航空の国際線もまた、おもに米国の乗客を惹き付けるため「日本らしい」サービスを開始した。いわゆる「和服サービス」だ。

例の第一期スチュワーデス・竹田悠子も「お食事が終わってデザートになってから、スチュワーデスのうち一人だけが着替えるんです」と当時の様子を語っている。おしぼり、ハッピ（法被）・コートとともに日本らしさを前面に押し出した和服サービスは、大いに外国人の乗客たちにアピールしたようだ。しかし、飛行中の機内でこれを行うスチュワーデスにとっては、決して楽なものではなかったのである。

米国向けクラウンのサンプル輸出（提供：トヨタ自動車株式会社）◉1957（昭和32）年8月25日、クラウンの米国向けサンプル輸出の横浜での船積みの様子。この2台はAPL汽船の「プレジデント・クリーブランド」号によって米国へ運ばれ、「米本土に初めて上陸した日本車」となった。右が「クラウン・デラックス」、左が「トヨペット・クラウン」。この時、トヨタ自販の加藤誠之常務らは米国へのトヨタ車輸出の先遣隊として渡米。日本から送られてきたこの2台の見本車で、米国でのお披露目と試験走行を行った。

国際線におけるスチュワーデスの和服サービス（提供：日本航空）◉1954（昭和29）年2月2日の国際線定期便開始と同時にスタートしたスチュワーデスの和服サービスは、まず1953（昭和28）年11月23日の試験飛行でテスト的に実施された。写真は当時の国際線で使用されたDC-6B客室内にて撮影。和服を着ているのは、第1期スチュワーデスの竹田悠子である。なお、和服サービス開始当初、日本航空では着付けができることがスチュワーデスの採用条件となっていた。

◉太平洋上で交差した「歴史の転換点」

民間航空の再開以来、戦後の新しい流儀に翻弄され続けた日本の航空人だったが、この時期、もうひとつの激震が彼らを襲おうとしていた。ジェット旅客機の登場である。

最初のジェット機であるデハビランドＤＨ１０６コメットは、すでに一九五二（昭和二七）年七月八日に試験飛行で羽田に飛来。翌一九五三（昭和二八）年四月三日には、英国海外航空（ＢＯＡＣ）のロンドン〜東京定期便初便として羽田にやって来た。だが、金属疲労による墜落事故を連続して起こしたため、その出足は少々モタついてしまう。それでも一九五九（昭和三四）年九月にパンアメリカン航空のボーイング７０７がサンフランシスコ〜東京線を就航させるや、日本航空の国際線はたちまち大打撃を受けてしまった。

だが日本航空も雌伏の時を経て、同社念願のジェット機ＤＣ－８を手に入れる。同機は一九六〇（昭和三五）年七月二二日、羽田空港に姿を現した。一番機の名は「フジ」。

その「フジ」が東京〜サンフランシスコ線一番機として就航したのは、同年八月一二日のこと。だが同じ八月に、日米を跨いでもうひとつのドラマが生まれようとしていた。

日本郵船の一万二〇〇〇トン級貨客船「氷川丸」が、八月二七日に横浜から最後の航海へと旅立ったのである。『日本の航空１００年』（日本航空協会）に川野光齊が寄稿した『松尾静磨と民間航空再開』という一文に、この出来事がさらりと言及されている。花形航路のシアトル線で戦前から華やかな活躍を続けて来たこの船も、老朽化には勝てなかった。しかも、当時はすでにシアトル線の成績自体芳しくなかった。もはや、海外渡航は航空機が主流の時代だったのだ。

そんな「歴史の転換点」を象徴する出来事が、ほぼ同時期に太平洋上で交差していたのである。

サンフランシスコ空港でのDC-8就航セレモニー（提供：日本航空）●1960（昭和35）年8月12日、日本航空の東京〜サンフランシスコ線が就航。乗客98名を乗せた1番機「フジ」号は、東京国際空港（羽田）を午前10時に出発。ホノルル経由後、現地時間12日の午前8時30分にサンフランシスコに到着した。このDC-8型機は、ファーストクラス36席、ツーリストクラス（現在のエコノミークラス）68席の計104席。特に注目すべきはファーストクラスの「日本間ラウンジ」導入で、その装飾画は日本画の大家である前田青邨氏が描くという力の入れようだった（口絵P13参照）。

氷川丸最後の航海（提供：日本郵船歴史博物館）●1960（昭和35）年8月27日、氷川丸が横浜港を出帆。日本郵船はこれにてシアトル航路および全客船業務からの撤収を決定していたので、これが最後の航海となった。ゆかりの人たちなど258人の乗客を乗せて出発した氷川丸は9月8日にシアトルに入港。9月10日にはバンクーバーに入港した。復航は9月15日にバンクーバーを出港して、9月16日にシアトルに入港、10月1日には横浜に、10月5日には神戸に入港した（貨客の輸送は神戸まで）。現在係船している横浜に入港したのは、10月11日のことだった。

コックピットからの風景❶

着物サービスを支えた男

日本航空国際線で始まった「和服サービス」。だが、それは飛行中の機内で着替えることから、スチュワーデスに多大な負荷を与えるものだった。これを簡便化したいという要望は当初からあったが、具体的に動き出したのは1969(昭和44)年頃のこと。日本航空のジャンボ機導入に伴い、「新型和服」開発を請け負った上野松坂屋・呉服第2課次長兼60類仕入係長の齋賀住夫が、有限会社上野和裁の上野敏男にかけた1本の電話からすべては始まった。機内のトイレで短時間に着替えられる着物……というのがそのオーダーである。それを聞いた上野は、何が必要かを即座に理解した。いわゆる「二部式着物」である。

「二部式着物」とは、上下セパレートの着物のこと。しかし、あくまで正式な訪問着に見えなくてはならない。「結構いっぱい作り直しましたよ。訪問着を何枚もつぶして。日本航空にも10回以上出向きました」と上野は語る。だが、日本航空側が頼んでいた着付けの先生はどうしてもオーケーを出さず、何を求めているかも分からない。開発には1年半～2年ほどかかり、ようやく完成した二部式着物は、❶前下がりの部分を帯の下に巻き込むために、上部の一部分を長くしておく、❷上部の背の部分にギャザーを作って絞る、❸下部を普通に巻くと前が開くので、腰周りの丈を調節する……の3点がポイント。帯は金具で留める付け帯で、おたいこも後から付けるというもの。

しかし、1991(平成3)年3月の和服サービス終了で、二部式着物もその役割を終えたのである。

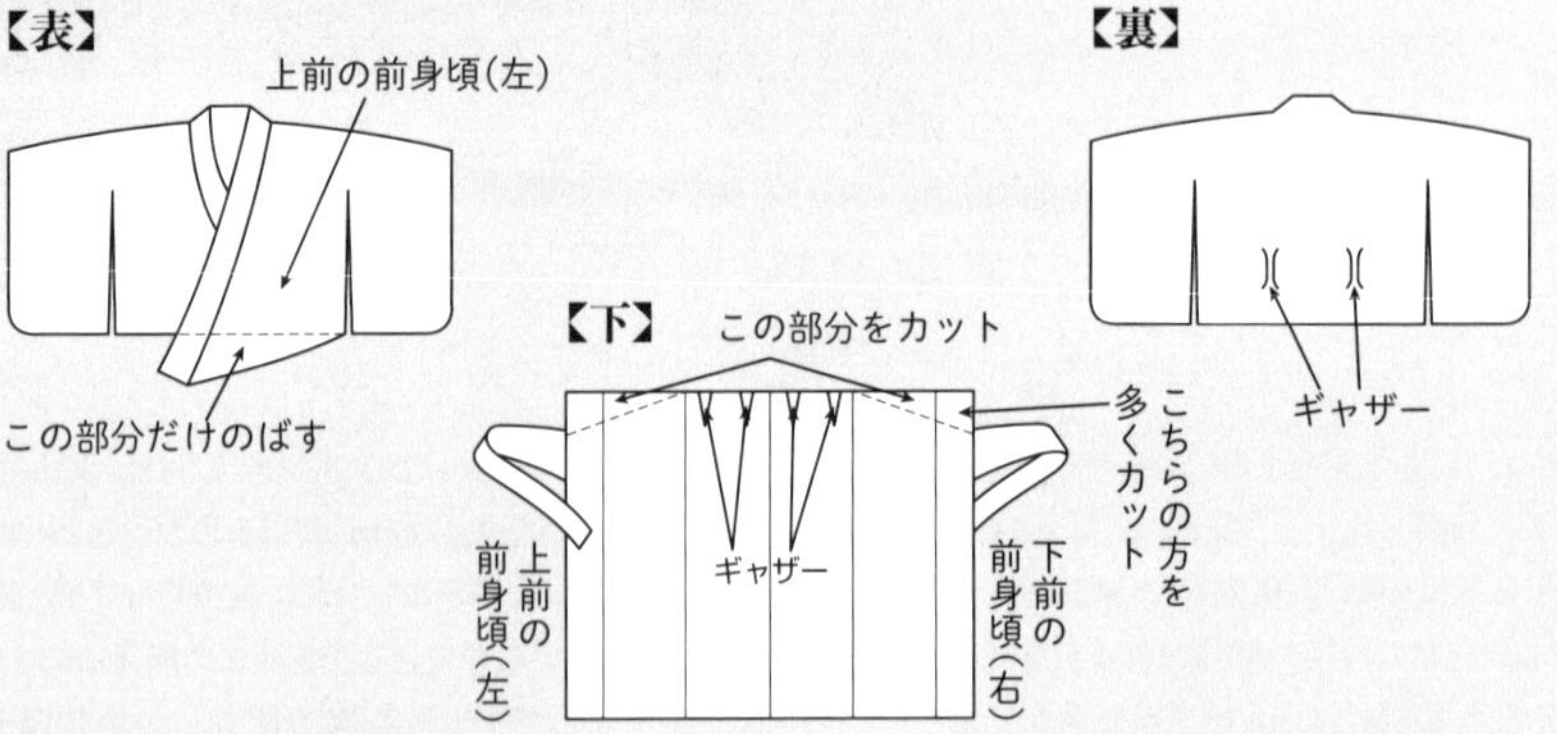

機内用二部式着物の構造(協力:上野敏男／お仕立て処うえの・有限会社上野和裁)

第2部 五輪の季節

羽田空港で行われた国内聖火輸送壮行会(提供:白木洋子)●1964(昭和39)年9月8日、羽田空港で撮影。YS-11「聖火」号(試作2号機)を背景にして、写真一番左で手を叩いているのが全日空・専務の鳥居清次、そこから右へ向かって同・営業部員の国領茂満、スチュワーデスの丸邦子、同・板倉(現・白木)洋子、続く男性3人が日航製関係者(整備士?)で、その右が全日空・整備士の福井祐、同・運航管理者の渡辺聰、日航製パイロットの長谷川栄三、全日空パイロットの飯塚増治郎、同・藤村楠彦、全日空社長の岡崎嘉平太、背中を向けているのが全日空・運航部長の松前未曽雄、その右にいる人々が日本体育大学長の栗本義彦団長をはじめとする国内聖火空輸団である。

第1章　聖火、アジアを翔ぶ

◉世界が「玄関先」まで迫っていた

ここまで振り返ってみると、終戦以降の日本の歩みは、あたかも忌まわしい戦火のなかで失われてしまった大切なものを少しずつ取り戻していこうとする道のりのようにも見える。その過程において、日本にはもうひとつぜひ取り戻したいものがあった。オリンピックである。

一九四〇（昭和一五）年開催予定だったにもかかわらず、「返上」に追い込まれた東京オリンピック。戦後に新たな繁栄を築きつつあった日本にとって、その「奪還」は悲願といってよかった。戦後初の大会である一九四八（昭和二三）年のロンドン大会に招待されなかった日本は、その次に開催された一九五二（昭和二七）年のヘルシンキ大会にやっと参加することができた。その一九五二年に、日本は一九六〇（昭和三五）年の第一七回大会招致を表明していたのだ。あまりの「立ち直り」の早さには驚かされるものの、さすがに一九五五（昭和三〇）年六月のＩＯＣパリ総会では第一回の投票で得票数わずかに四票。この第一七回大会は、ローマ開催に決定した。

しかし日本はこれにめげずに、一九六四（昭和三九）年開催の第一八回大会に名乗りを挙げる。一九五八（昭和三三）年

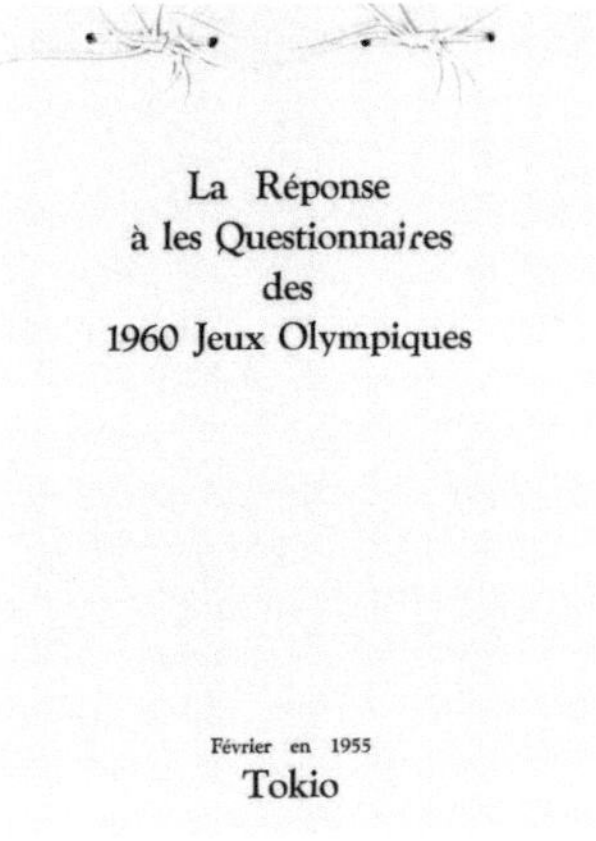
La Réponse
à les Questionnaires
des
1960 Jeux Olympiques

Février en 1955
Tokio

第17回大会に向けてIOCに提出された五輪計画案(IOC - Historical Archives - VIL 1960S - CAND)●最初に日本が招致を表明した1960(昭和35)年開催の第17回大会には、東京の他にローザンヌ、ブリュッセル、ブダペスト、デトロイト、メキシコシティー、ローマが立候補していた。1955(昭和30)年6月のIOCパリ総会において、東京は第1回目の投票で4票の得票にとどまり最下位に沈んだ。だが、すでにその時、日本側は1964(昭和39)年開催の第18回大会の招致を視野に入れていた。

『鉄腕アトム』米国テレビ放映契約を結ぶ(提供:手塚プロダクション)●日本初のテレビアニメシリーズ『鉄腕アトム』は、1963(昭和38)年1月1日よりフジテレビ系にて放映開始。同年3月には原作者で製作会社・虫プロダクション社長の手塚治虫が米国NBCフィルムズ(NBC傘下の配給会社)との契約のため渡米。同月10日には、ニューヨークで試写会が行なわれた。5月にはNBCフィルムズと同作の配給契約が成立。9月7日から米国の独立系テレビ局で放映開始し、好評を博した。次いで『ジャングル大帝』も米国で放映されている。写真の一番右が手塚治虫。

には、東京五輪の前哨戦のごとく第三回アジア競技大会を東京で開催。国際的なビッグイベントを開催できる能力をアピールした。それが功を奏したのか、翌一九五九(昭和三四)年五月のIOCミュンヘン総会では、第一回目の投票で五六票中三四票という圧倒的多数で第一八回大会の開催を勝ち取った。「幻の五輪」の雪辱が現実のものとなる。

前章でも触れたように、この時期には日本の企業も次々と海外進出の試みを始めていた。また一九六三(昭和三八)年九月には、米国で日本製テレビアニメシリーズ『アストロボーイ』が放送開始。ご存じ日本初のテレビアニメ『鉄腕アトム』である。同作はその後、イギリス、フランス、西ドイツ、オーストラリア、台湾、香港、タイ、フィリピン等でも放映されていった。同じ年の一〇月には、毎日放送の人気クイズ番組『アップダウンクイズ』がスタート。このクイズの売りは、一〇問正解者への「日航機で行く夢のハワイ旅行」である。それは明らかに、翌一九六四年四月からの海外渡航自由化を意識した企画であった。

それまで業務渡航や留学だけに限られていた海外渡航が、観光目的でも可能になったのである。一人あたりの滞在費五〇〇ドル(当時の一八万円)以内というワクがあるなど制限もあり、一般庶民にとってはいまだに縁遠いものだったが、それでも世界のハードルは若干は低くなりつつあったわけだ。

その一九六四年こそ、日本が待ちに待ったオリンピック・イヤーだった。世界はまさに日本の「玄関先」まで迫って来ていたのだった。

◉膠着する国外聖火リレー・コース案

一九五八(昭和三三)年に東京で行われた第三回アジア競技大会は、前述のごとく大いに東京五輪開催を意識して開かれたイベントだった。その証拠に、この大会ではひとつの特筆すべき催しが行われていた。それは聖火リレーであ

『アップダウンクイズ』のハワイ旅行招待（提供：毎日放送『アップダウンクイズ』）◉1963（昭和38）年10月6日から毎日放送で放映されていたクイズ番組で、正解するとゴンドラが1段ずつ上昇。10問正解するとハワイ旅行プレゼント。旅客機のタラップを模した階段がゴンドラに据え付けられ、協賛の日本航空スチュワーデスがレイを持って出迎えに行くという演出だった。写真中央のマイクを持っている人物が、司会の小池清。この写真はスチュワーデスが森英恵デザインの5代目制服を着ているところから見て、1970（昭和45）年7月〜1977（昭和52）年9月に撮影されたもの。

第3回アジア競技大会聖火リレー（提供：海上自衛隊　鹿屋航空基地）◉1958（昭和33）年に東京で開かれた第3回アジア競技大会では、初の試みとしてマニラから海上自衛隊の対潜哨戒機P2V-7での空輸を交えた聖火リレーを実施。ちょうど海上自衛隊鹿屋基地の一部を会場に3月20日から4月30日まで「航空科学大博覧会」が開催されており、その付帯イベントとして基地内から本土内の聖火リレーが始まった。写真は同年4月25日、同基地において撮影。背景に「航空科学大博覧会」の入口が見える。走っているのは第一走者となった当時の鹿屋市長・永田良吉。

る。従来、アジア競技大会には聖火リレーなど存在していなかった。それがこの大会から実施することになったのは、もちろんそこに東京五輪の「予行演習」的意味合いがあったからだ。「東京五輪」はもう走り出していた。

ミュンヘンでのＩＯＣ総会で第一八回大会の東京開催が決定した後、それに関わるさまざまなプロジェクトが具体的に動き始めた。例えば東京大会の記録映画については、『羅生門』（一九五〇）以降、国際的名声を確立していたあの黒澤明に監督オファーが出されていた。大いに乗り気になった黒澤は一九六〇（昭和三五）年八月～九月に開催されたローマ・オリンピックに乗り込み、映画製作のための取材を開始。しかし、実際には組織委員会との間で予算の折り合いがつかず、黒澤は降板してしまう（最終的に監督を引き受けたのが市川崑だったことは、広く知られている通り）。

そのローマ大会開催の頃に、東京五輪聖火リレー・プロジェクトに関する最初期のプランも立ち上がっていた。東京オリンピック組織委員会の下部組織として聖火リレー特別委員会が発足したが、この特別委員会が一九六二（昭和三七）年八月一八日に出した『中間報告書』で、東京大会の聖火リレー計画の成り立ちについて言及している。それによると、聖火リレーの最初期プランを提唱したのは、戦前から舞踊家、振付師、演出家として国際的に知られていた伊藤道郎だった。

一九六一（昭和三六）年一一月に惜しくも死去した伊藤は、生前に東京五輪の開閉会式の演出も依頼されていた人物である。ローマ・オリンピック前後の段階で、伊藤は「古代のシルクロードを経由してリレーする」大スケールの聖火リレー構想を提唱していたのだ。だが、中華人民共和国が台湾問題で反オリンピック的姿勢をとっている状況下で、この構想を実現するのには無理があった。その他に多大な困難が予想され、この案は断念せざるを得なくなる。

そんな折、偶然、朝日新聞社がオリンピアからユーラシア大陸を西から東へ陸路ジープで走破する計画を立案。それに組織委員会が協賛して、事務局参事の麻生武治を隊長として参加させることになった。こうして東京オリンピック聖火リレーコース踏査隊は、一九六一年六月二三日にギリシャのオリンピアを出発。ほぼ半年をかけてシンガポー

聖火リレーコース踏査隊（『東京オリンピック／オリンピック東京大会組織委員会会報5』1961年7月20日発行〈オリンピック東京大会組織委員会〉より／日本体育協会資料室所蔵）◉朝日新聞社主催による東京オリンピック聖火リレーコース踏査隊一行は1961（昭和36）年6月23日、ギリシャのオリンピアを出発。メンバーは麻生武治、矢田喜美雄、小林一郎、安達教三、土屋雅春、森西栄一の6人で、2台のジープに分乗してシンガポールまでのコースを約半年かけて調査した。写真は1日目の行程を終了し、ギリシャの首都アテネにやって来た踏査隊一行。

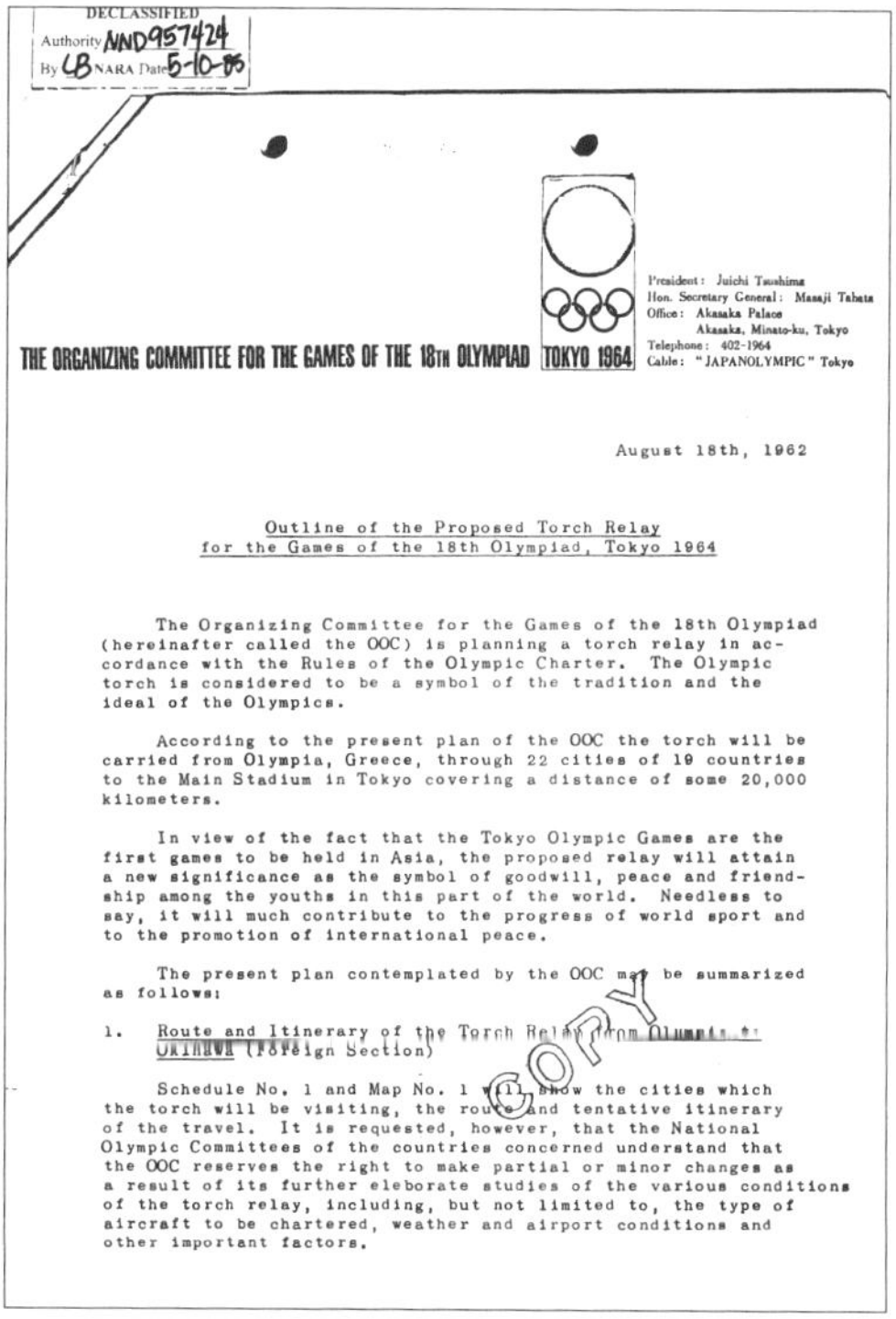
DECLASSIFIED
Authority NND957424
By LB NARA Date 5-10-85

THE ORGANIZING COMMITTEE FOR THE GAMES OF THE 18TH OLYMPIAD TOKYO 1964

President: Juichi Tsushima
Hon. Secretary General: Masaji Tabata
Office: Akasaka Palace
Akasaka, Minato-ku, Tokyo
Telephone: 402-1964
Cable: "JAPANOLYMPIC" Tokyo

August 18th, 1962

Outline of the Proposed Torch Relay
for the Games of the 18th Olympiad, Tokyo 1964

The Organizing Committee for the Games of the 18th Olympiad (hereinafter called the OOC) is planning a torch relay in accordance with the Rules of the Olympic Charter. The Olympic torch is considered to be a symbol of the tradition and the ideal of the Olympics.

According to the present plan of the OOC the torch will be carried from Olympia, Greece, through 22 cities of 19 countries to the Main Stadium in Tokyo covering a distance of some 20,000 kilometers.

In view of the fact that the Tokyo Olympic Games are the first games to be held in Asia, the proposed relay will attain a new significance as the symbol of goodwill, peace and friendship among the youths in this part of the world. Needless to say, it will much contribute to the progress of world sport and to the promotion of international peace.

The present plan contemplated by the OOC may be summarized as follows:

1. Route and Itinerary of the Torch Relay from Olympia to Okinawa (Foreign Section)

Schedule No. 1 and Map No. 1 will show the cities which the torch will be visiting, the route and tentative itinerary of the travel. It is requested, however, that the National Olympic Committees of the countries concerned understand that the OOC reserves the right to make partial or minor changes as a result of its further eleborate studies of the various conditions of the torch relay, including, but not limited to, the type of aircraft to be chartered, weather and airport conditions and other important factors.

COPY

関係各国に送られた聖火リレーに関する概要（提供：沖縄県公文書館）◉組織委員会より聖火リレー関係各国に送られたと見られる、1962（昭和37）年8月18日付の文書。内容はいわゆる「1962年8月4日案」の聖火リレー訪問地とスケジュール、さらに使用されるトーチ、ホルダー、聖火灯の説明（ただし第3回アジア競技大会で使用されたものの図が掲載され、それらが改良されると説明されていた）。この書類は沖縄での聖火リレー協力を要請するために、沖縄を統治していた米国側に提出されたもので、沖縄県公文書館がアメリカ国務省文書より複写したものである。

ルまで走破して、陸路案の体験的検討を試みた。しかしそこから導き出された結論は、走者による陸路案は困難であるという厳しいものだった。

こうなると、とるべき道は「空輸」しかない。そこで一九六二年三月、組織委員会総務委員の高島文雄が競技部員の森西栄一を帯同して踏査隊が通過した各地を歴訪。一月以内でアテネから日本までをできる限り直線的にリレーすることを骨子とした空輸案を携え、現地の感触を探った。

この高島という人物はアジア競技連盟の名誉主事でもあり、例の第三回アジア競技大会の際にすでにアジアの参加各国を歴訪して状況調査を行っている(P126参照)。アジア諸国に「顔の利く」人物なのだ。そんな高島の経験と人脈が活かされたか、空輸案は各地で好感触を得た。こうして、具体的に航空機を使用しての聖火リレーのプランが始動することになった。

まずは聖火リレー実施のために、組織委員会内に聖火リレー特別委員会が発足。同年七月四日に開かれたその第一回会合では、前出の高島文雄が委員長に選出される。この時、「アテネからアジア各国を現状で可能の範囲の国々を歴訪する」ことが明文化され、「日本の最初の着陸地点は沖縄とする」ということも決定していた。またほぼ同時に、国外でのリレーを検討する「国外小委員会」、国内でのリレーに関する「国内小委員会」、さらに聖火のためのトーチ、聖火灯などの設計、開発に関わる「技術小委員会」の三つが聖火リレー特別委員会の下に発足。特に国外小委員会において、訪問地に関する検討が行われた。そのなかで決定した訪問地は、次の通りである。

❖一九六二年八月四日案

アテネ〈ギリシャ〉、イスタンブールとアンカラ〈トルコ〉、ベイルート〈レバノン〉、ダマスカス〈シリア〉、バグダッド〈イラク〉、テヘラン〈イラン〉、カブール〈アフガニスタン〉、ラホール〈西パキスタン〉、ニューデリー〈インド〉、

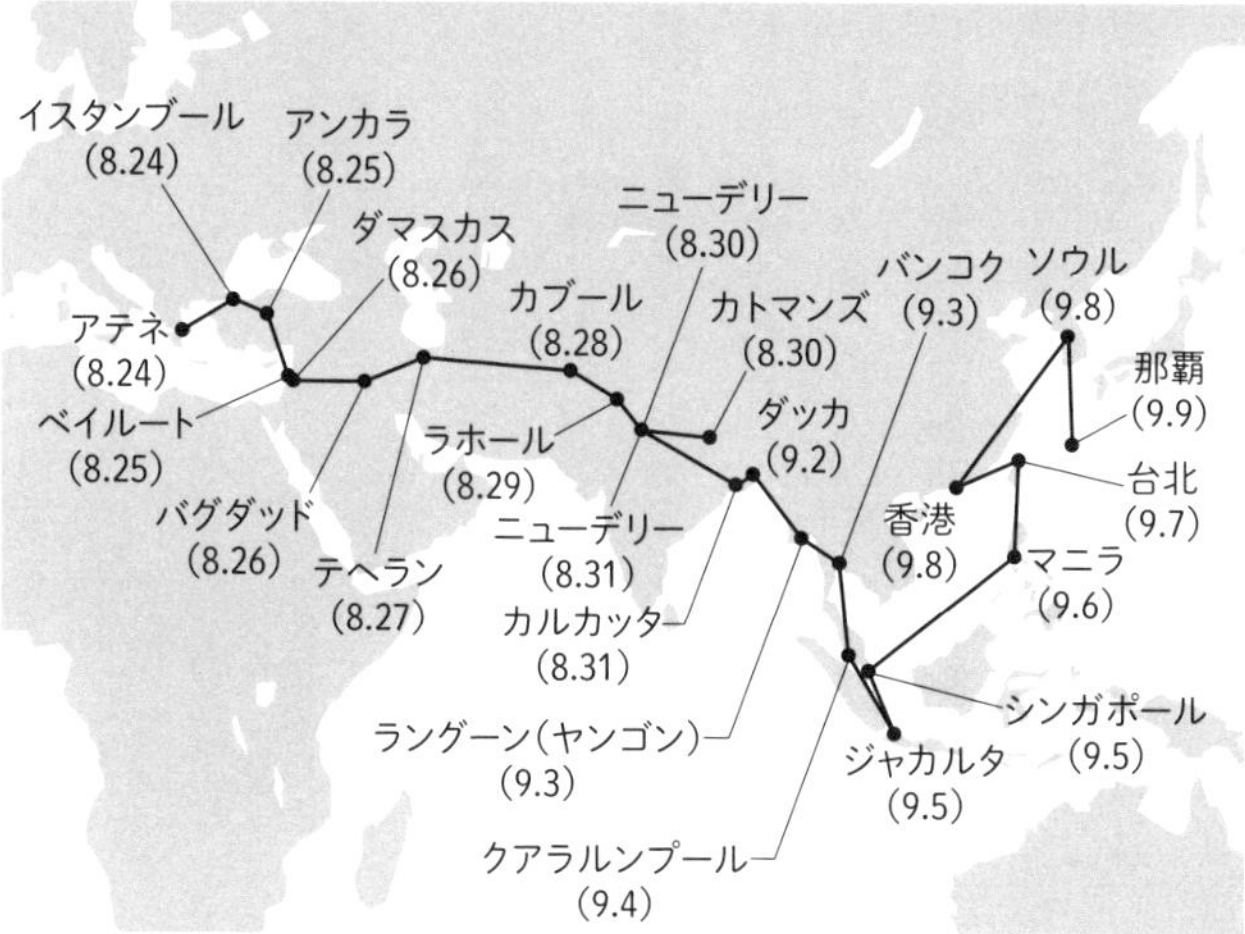

国外聖火リレー・コース 1962年8月4日案◉1962(昭和37)年8月4日の聖火リレー特別委員会・第2回国外小委員会において固まったと思われる初期の国外リレー・コース。アテネ〜沖縄間で21都市への歴訪を予定したプランである。都市名の下のカッコ内は予定された到着日の日付で、同年8月18日提出の聖火リレー特別委員会『中間報告書』記載内容を参考にした。

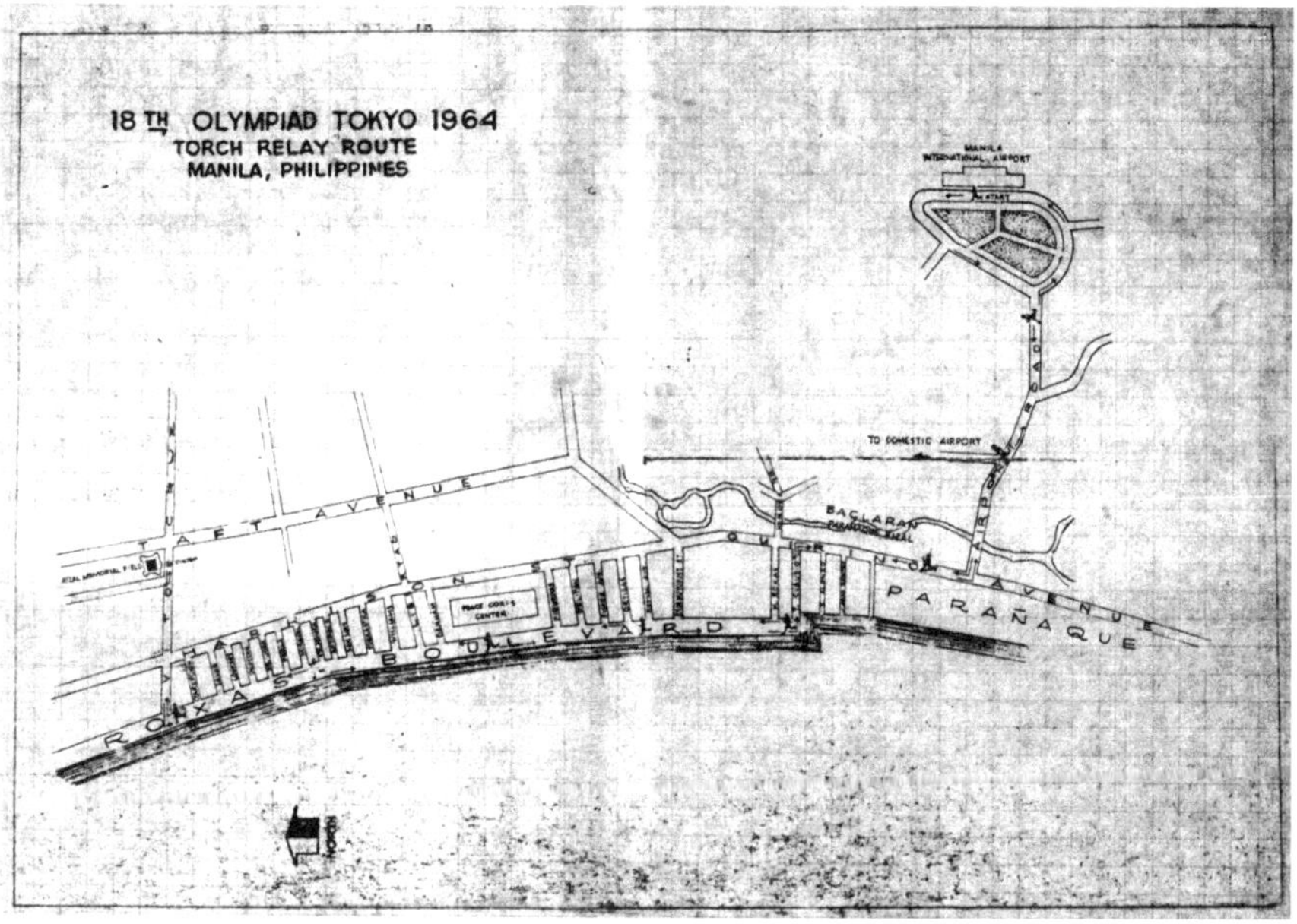

国外小委員会資料の訪問予定地マニラ市街図(提供:秩父宮記念スポーツ博物館・図書館)◉右上に飛び出たような場所がマニラ国際空港。1964(昭和39)年5月19日の第8回聖火リレー特別委員会の資料によれば、空港でセレモニー後にリレー開始。地図左端の小さく黒い正方形に描かれた「リサール・メモリアル・スタジアム」(地図上では「リサール・メモリアル・フィールド」と表記)に向かい、そこで歓迎式典を行う予定だった。なお、このスタジアムは本書で後にもう一度、あるエピソードのなかで登場する(P192参照)。

カトマンズ〈ネパール〉、ニューデリー（再）とカルカッタ〈インド〉、ダッカ〈東パキスタン（現・バングラデシュ）〉、ラングーン（現・ヤンゴン）〈ビルマ（現・ミャンマー）〉、バンコク〈タイ〉、クアラルンプール〈マラヤ（マレーシア）〉、ジャカルタ〈インドネシア〉、シンガポール、マニラ〈フィリピン〉、台北〈中華民国〉、香港、ソウル〈韓国〉、沖縄（地名は資料の表記のまま。カッコ内注記は著者による）。

いくつかの訪問地に多少の変更はあったものの、基本的な初期の聖火リレー案はこのかたちをとっている。これは一九六二年八月四日の第二回国外委員会で決定し、同年八月一八日の聖火リレー特別委員会『中間報告書』にまとめられて組織委員会へと送られたものだが、その原型はすでに同年三月に高島が現地歴訪を行った段階で持参していた案にあったようだ。

だがこの後、聖火リレー・コースについての議論は長く膠着状態となる。詳しくは後述するが、その大きな理由には空輸に使用する航空機の問題があった（P130参照）。機種が決定しないため、そこで生じる制約（離着陸に要する滑走路の長さ等）も含めて具体的な検討ができなかったのだ。そのためか、一二月二七日の聖火リレー特別委員会『第一次答申』もほぼ進展のない内容となった。

そんな状況に業を煮やしたか、組織委員会側から異議が唱えられた。前々から訪問都市が多過ぎるという意見が出ており、組織委員会では聖火リレー特別委員会に対して再検討を促していた。実際の話、金額がかかり過ぎるのである。翌一九六三（昭和三八）年八月二日の第四五回組織委員会会合でも、彼らの意思が「特別委員会の審議に反映していない」と厳しい意見が飛ぶ。もはや待ったなし。

新たなコース案が浮かび上がったのは、それから間もなくのこと。同年八月一六日の第五回国外小委員会で、新たな国外聖火コースが提案されたようだ。

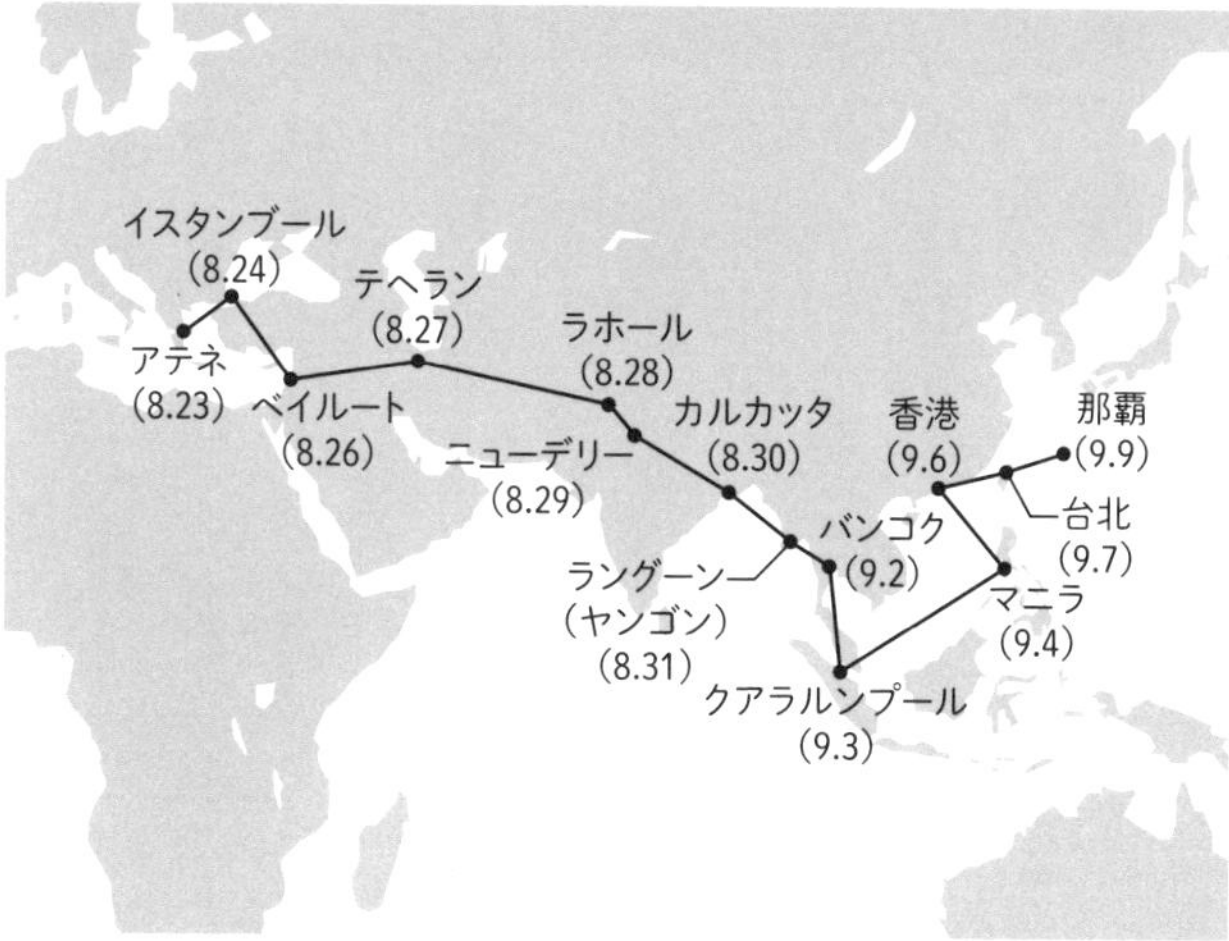

国外聖火リレー・コース1963年8月16日案◉1963(昭和38)年8月16日の聖火リレー特別委員会・第5回国外小委員会に提出されたと思われる国外コース案で、アテネ〜沖縄間で11都市への歴訪を予定した、前案から10都市減らしたプランに変更。これが最終決定案となった。都市名の下のカッコ内の日付は実際の到着日。なお、聖火輸送特別機の着陸は行わないので地図上には描かれていないが、ニューデリーに到着後に分火した聖火をネパールの代表者に渡し、首都カトマンズで式典を終えた後にカルカッタで合火している。

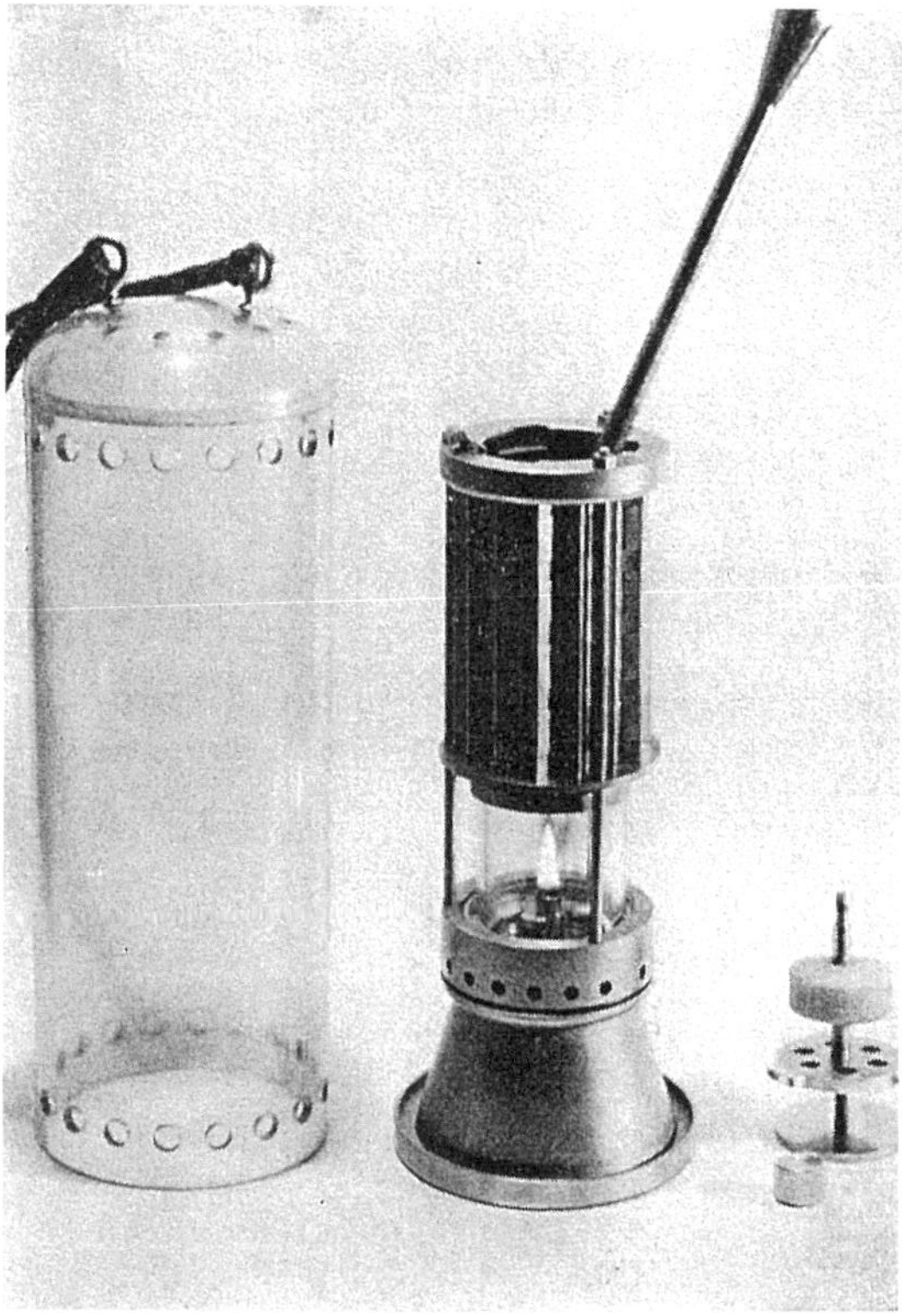

1964年東京オリンピックの聖火灯(「第18回オリンピック競技大会　東京1964　公式報告書　上」〈オリンピック東京大会組織委員会〉より)◉聖火灯はカンテラの一種のようなもので、第3回アジア競技大会の際に作られたものを、その時の開発者である東京大学工学部教授の安東新午自らが改良。本多電機株式会社が制作した。デザインは、戦後日本を代表するインダストリアル・デザイナーの柳宗理。高さ34cm、直径12cmの円筒形で、4トン車が乗っても壊れないといわれるポリカーボネート製。灯油を燃料としているが、安全性を考慮して発火点の高いものを使用している。

者による)。

❖一九六三年八月一六日案

アテネ〈ギリシャ〉、イスタンブール〈トルコ〉、ベイルート〈レバノン〉、テヘラン〈イラン〉、ラホール〈西パキスタン〉、ニューデリー〈インド〉、ラングーン(現・ヤンゴン)〈ビルマ(現・ミャンマー)〉、バンコク〈タイ〉、クアラルンプール〈マレーシア〉、マニラ〈フィリピン〉、香港、台北〈中華民国〉、沖縄(地名は資料の表記のまま。カッコ内注記は著者による)。

このコース案は同年九月二一日の第六回聖火リレー特別委員会に提出されたが、それによると、度重なる政変やクーデターで不安定なシリアや一九六一年より第一次クルド・イラク戦争が続いているイラク、同年五月に軍人の朴正熙(後の大統領)による軍部クーデターが起きて軍政が敷かれた韓国などの「政情不安な国や、直線的コースから著しく外れる国を除外した」案ということのようだ。これが同年一〇月一日の聖火リレー特別委員会『第三次答申』に踏襲され、一〇月二日の第四七回組織委員会で全員異議なく承認。聖火リレー本番まで一年を切ったこの時点に至って、ようやく国外聖火リレー・コースは決定をみたのであった。

同時に聖火リレー特別委員会の技術小委員会では、聖火を無事に空輸するための「聖火灯」の開発が進められていた。聖火灯は、すでに第三回アジア競技大会の際に東京大学工学部教授で燃料工学の権威である安東新午によって研究され、本多電機株式会社によって制作されたものが存在していた。今回はこれに安東教授自らが改良を加え、本番に備えることになった。

国外空輸に使う航空機の運航については、一九六二年七月の資料ですでに民間機の使用が検討されていた(P126参照)ので、これまでの国際線の経験から日本航空が担当することが検討されていたはずである。一九六三年に入って

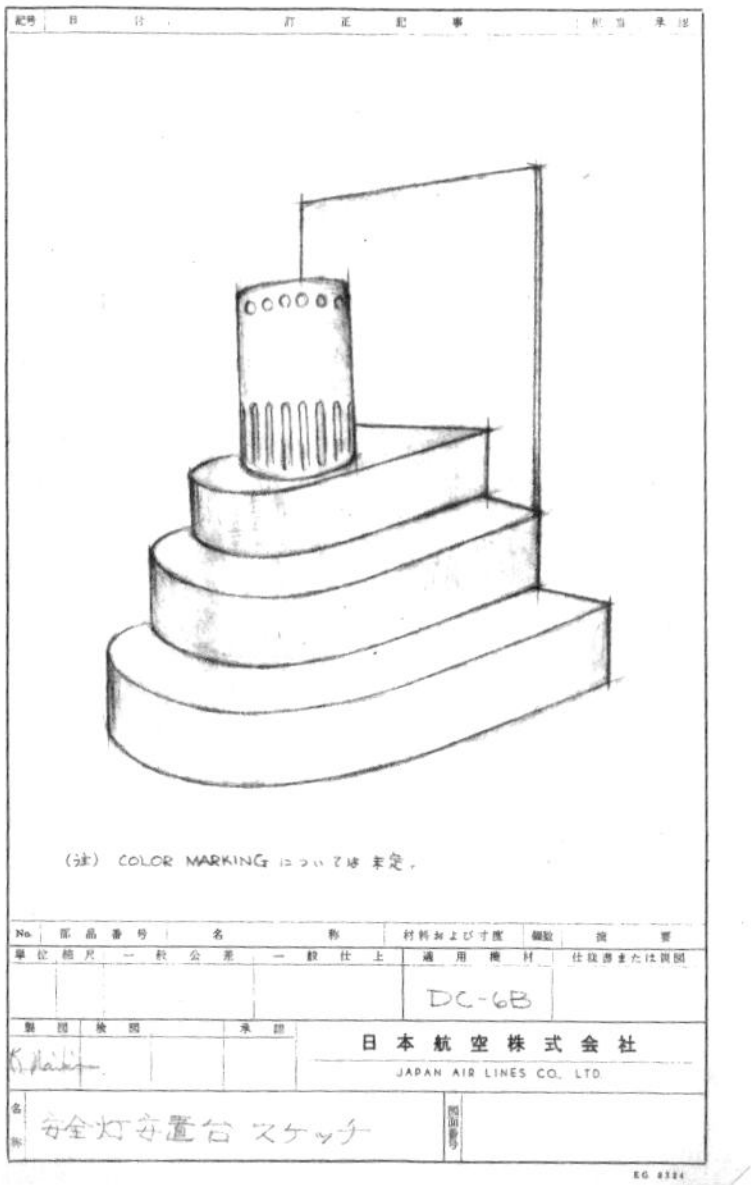

聖火安置台の設計スケッチ(右)と完成品(左)(提供:秩父宮記念スポーツ博物館・図書館〈右〉、日本航空〈左〉)◉右は聖火灯を安置するための台の設計用スケッチで、設計者である日本航空客室技術課の内貴邦彦のサイン入り。完成した聖火台は航空機の機内中央部に設けられ、ここに3つの聖火灯が置かれた。ただし聖火灯は上下動に弱く、エア・ポケットに入った時に消えてしまう可能性があったため、最悪の事態に備えてカイロにも火を点して万全を期した。

オリンピック聖火国外現地調査団の事前調査(提供:熊田美喜/協力:阿部美織、阿部芳伸、阿部哲也)◉国外聖火リレーでの航空機運航を担当する日本航空の手配で、1964(昭和39)年4月5日よりオリンピック聖火国外現地調査団による訪問予定地への事前調査を実施。聖火リレー特別委員会・委員長の高島文雄以下3人というメンバーで12都市を廻った。写真はマレーシアのクアラルンプール空港で撮影されたもの。左側が日本航空の航整企画課に所属し、後に聖火空輸派遣団の団員に委嘱されることになる熊田周之助(P120参照)。この写真は熊田が所蔵していたものである。

からは民間機に一本化されたので、同社の担当はほぼ確定的だった。一九六四(昭和三九)年四月には「オリンピック聖火国外現地調査団」の面々が羽田を出発し、実際の寄港地を回って事前調査を実施。こうしていよいよ国外聖火リレーの本番である一九六四年八月一四日を迎えたのである。

◉うそのように順調な国外聖火リレー

一九六四(昭和三九)年八月一四日、羽田空港。いよいよこの日、日本航空のDC－6B「シティ・オブ・トウキョウ」号が聖火を受け取るためにギリシャへ旅立つことになった。出発に先立ち、午前七時から空港ターミナル二階の特別室で、この聖火空輸プロジェクトに派遣される一行のために壮行会を開催。さらに七時半から「シティ・オブ・トウキョウ」号の前で聖火灯授与式が行われた。組織委員会事務総長の与謝野秀から聖火灯を受け取ったのは、ここまでの準備段階で聖火リレー特別委員会の委員長を務め、今回の聖火空輸派遣団でも団長となった高島文雄である。この時に高島が受け取ったものを含めて合計三基の聖火灯を携えた派遣団一行は、そのまま機上の人となる。また、この聖火空輸派遣団とは別に今回の空輸に際して日本航空聖火空輸特別派遣団が編成され、森田勝人団長(P116参照)をはじめとする一五人のスタッフが運航を支えることになった。こうして「シティ・オブ・トウキョウ」号は、午前八時一〇分に羽田を出発した。

同機はタイのバンコク、パキスタンのカラチ、サウジアラビアのダーランを経て、一八日午後四時五〇分(日本時間午後一一時五〇分)にギリシャのアテネに到着。それとは別に組織委員会会長の安川第五郎も一八日夜にアテネ入りして、オリンピアでの採火式に備えることになった。

二一日午前一〇時四五分(日本時間午後五時四五分)には、オリンピアで採火式が行われる。ここからギリシャ国内で

聖火輸送に携わった日本航空クルー（『おおぞら』1964年9月号〈日本航空〉より／提供：日本航空）◉「シティ・オブ・トウキョウ」号を前に勢揃いした日本航空クルー。左から航空機関士の佐藤卓三、同・神尾稚男、機長の増子富雄、同・大川五郎、同・富田多喜雄、聖火台を挟んでパーサーの浜田陽、同・安芸昌男、同・横尾政夫、スチュワーデス（当時の名称はホステス）の加治木（現・柴田）洋子。ここに団長の森田勝人らを加えた総勢15人が、日本航空聖火空輸特別派遣団であった。

羽田空港出発前の聖火灯授与式（提供：日本航空）◉1964（昭和39）年8月14日、出発直前に行われたセレモニー。組織委員会事務総長の与謝野秀（左）から聖火空輸派遣団の団長である高島文雄（右）に聖火灯が手渡される。高島の後方には後に詳しく触れる聖火空輸派遣団メンバーの中島茂と熊田周之助がおり、与謝野の左側には東京都副知事の鈴木俊一（後の東京都知事）らしき姿も見える。1964年8月14日付『朝日新聞』夕刊によれば、「オリンピック組織委員会、報道団など四十七人」が「シティ・オブ・トウキョウ」号に乗り込んだ。

聖火空輸派遣団がアテネに到着（提供：日本航空）◉1964（昭和39）年8月18日、アテネのヘレニコン空港（現在は新空港開港に伴い廃港）に到着した聖火空輸派遣団ら一行。一番左の制服の男性は、日本航空聖火空輸特別派遣団の団長である森田勝人。その左が聖火空輸派遣団・団長の高島文雄。出迎えているのが、ギリシャ・オリンピック委員会のラパス総務主事。その右で聖火灯を持っているサングラスの男性が、聖火空輸派遣団・聖火係の中島茂。右端の女性2人は、ギリシャのナショナル・フラッグ・キャリアであるオリンピック航空のスチュワーデスと見られる。

オリンピアでの聖火採火式（提供：熊田美喜／協力：阿部美織、阿部芳伸、阿部哲也）◉1964（昭和39）年8月21日10時45分（日本時間午後5時45分）、ギリシャ・オリンピアのヘラ神殿跡にて行われた採火式の様子。巫女に扮した女優のアレカ・カッツエリらによって採火された聖火は、3月6日に王位を継承したばかりのギリシャ国王コンスタンティノス2世に手渡された。後年、コンスタンティノス2世は1967（昭和42）年のクーデターによって軍政化したギリシャを脱出。さらに1974（昭和49）年には君主制が廃止されたため、結果的にギリシャ最後の国王となってしまう。したがって、これが最初で最後の採火式参加となった。

ベイルート空港での聖火リレー開始の様子（提供：熊田美喜／協力：阿部美織、阿部芳伸、阿部哲也）◉レバノンのベイルート国際空港で、1964（昭和39）年8月24日に撮影。同年5月19日に開かれた第8回聖火リレー特別委員会の資料によれば、午後4時半過ぎに祝砲が鳴って軍楽隊が演奏する中、市内スポーツ・シティの水球場まで聖火リレーがスタート。その後、「クーベルタン通り」の命名も行われる予定となっていた。

ラホールでの歓迎式典（提供：熊田美喜／協力：阿部美織、阿部芳伸、阿部哲也）◉パキスタンのラホールにて1964（昭和39）年8月27日に撮影。中央に座っている聖火空輸派遣団・団長の高島文雄が首に首飾りをかけていることから、到着直後の午後5時過ぎに行われた空港での歓迎式典と思われる。

マニラ空港での到着風景（提供：熊田美喜／協力：阿部美織、阿部芳伸、阿部哲也）◉1964（昭和39）年9月3日午後4時半過ぎ、フィリピンのマニラ空港での式典の模様。背景には日本航空の「シティ・オブ・トウキョウ」号が見える。マイクに向かってスピーチをしようとしているのが聖火空輸派遣団・団長の高島文雄（メガネの人物）、右が団員で聖火係の中島茂（サングラスの人物）。

の聖火リレーが開始。この聖火は二二日夜にギリシャの最終走者によってアテネのヘレニコン空港に届けられ、ギリシャ・オリンピック委員会のラパス総務主事を経て安川会長に手渡された。ここからは日本側の管轄である。聖火トーチはさらに高島団長から空輸団聖火係の中島茂（P156参照）の手に渡り、聖火灯二基に点火された。この聖火灯は空港特別室に安置され、出発までギリシャ軍の兵士が警護。また日本側は、さらに予備の聖火灯一基、カイロ三個にも分火して万全を期した。翌二三日朝に聖火は「シティ・オブ・トウキョウ」号に移され、午後二時一五分（日本時間午後九時一五分）に一行はアテネを離陸。いよいよ距離にして空輸一万五五〇八キロ、地上七三二キロ、海上三キロの合計一万六二四三キロにおよぶ、国外聖火リレーの旅がスタート。早速、同日の午後五時（日本時間二四日午前〇時）には、最初の訪問地であるイスタンブールのイルシュルコイ空港に無事到着した。

ここからは訪問地へ到着、セレモニーと聖火リレーと歓迎会、そして次の訪問地へ出発……が延々と続く。日本とは縁遠い土地が多く、しかもインターネットもメールもなかった一九六〇年代半ばだけに、多少の誤算やトラブルは想定内。例えば八月二四日夕方に着いたイスタンブールの次の訪問地・レバノンのベイルートでは、約六分間しか点火しない聖火トーチについて現地ではなぜか一四分間走れるとデマが蔓延。ランナーがゆっくり走っているために副走車から「速く走れ」と怒鳴らなければならず、逆に苦情が殺到する始末。また九月二日夕方に到着したマレーシアのクアラルンプールでは、リレー中にトーチが消えたとの連絡が入って関係者は真っ青になるが、実は走り終えた走者の見間違えであると分かって安心するという一幕もあった。ただ、八月三〇日に着いたビルマ（現・ミャンマー）の最大都市ラングーン（現・ヤンゴン）では、現地スタッフが万一に備えて伴走のバイクに予備トーチを積む用意周到ぶりだったというから、空輸派遣団の面々もいつもピリピリしていた訳ではなかったようだ。そもそもまだ地球がそれほど狭くはなかったこの時代に、これだけ大規模なプロジェクトを行ってこの程度のトラブルしかなかったというのは、むしろ奇跡的というべきだろう。そのくらい、国外聖火リレーは順調に日程をこなしていたのである。

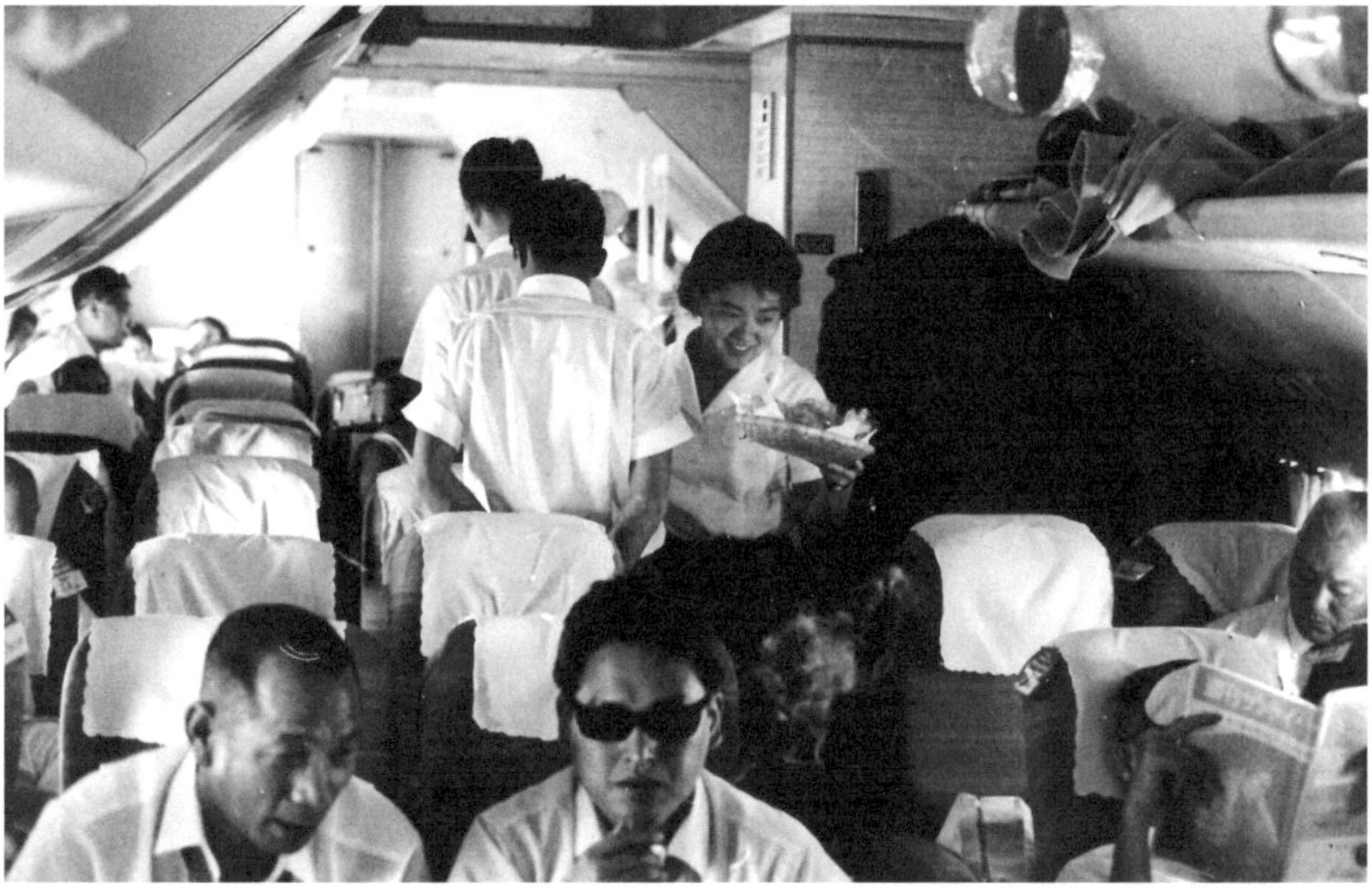

「シティ・オブ・トウキョウ」号客室内の様子（提供：池田宏子、池田剛）◉中央にはスチュワーデスの加治木洋子。写真一番左に聖火空輸派遣団・団員で聖火係の中島茂。中島のすぐ前に聖火台が設けられている。画面左端には日本航空聖火空輸特別派遣団の森田勝人団長の顔も見える（P289参照）。

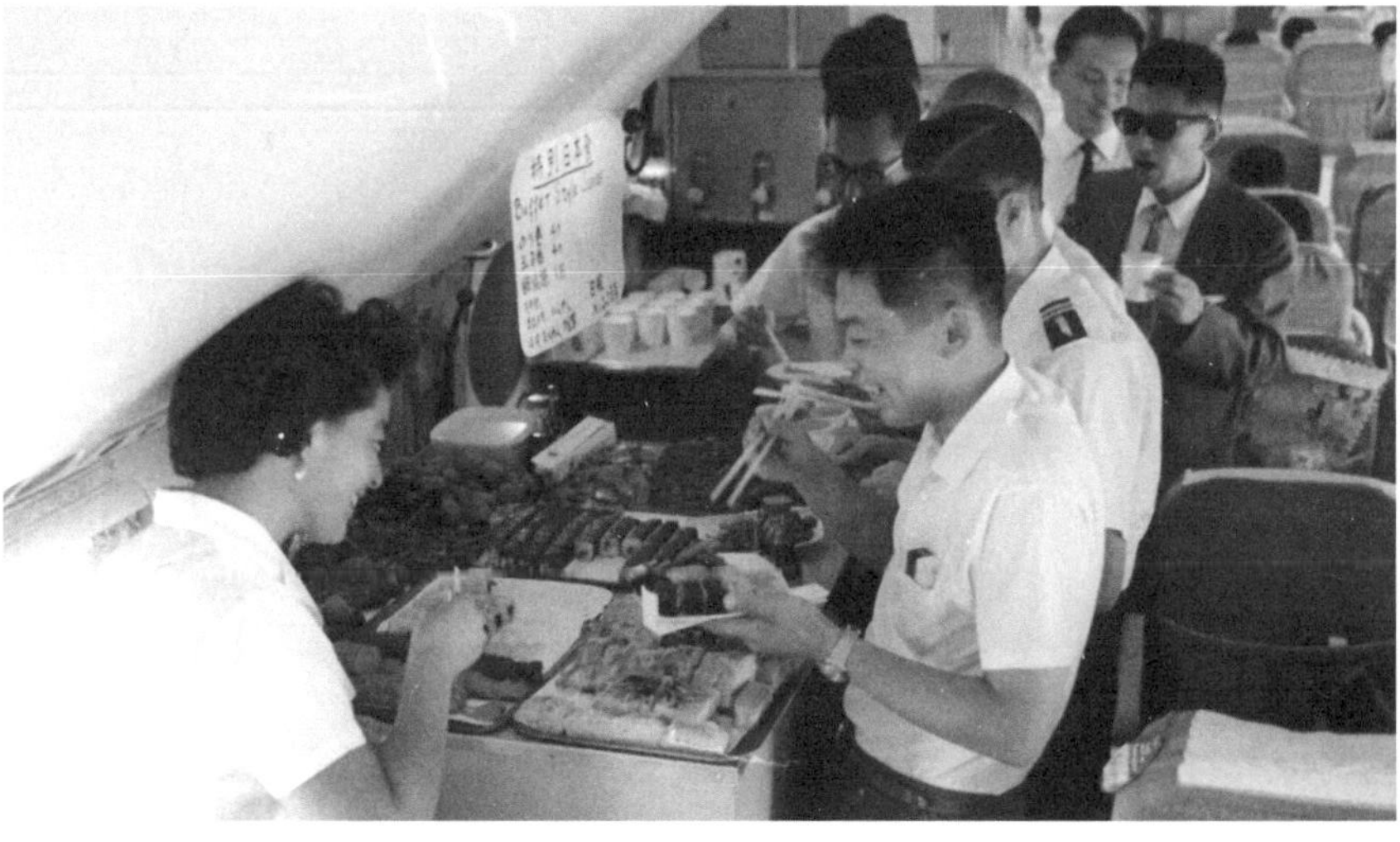

機内での日本食サービス（提供：池田宏子、池田剛）◉日本航空バンコク支店によって提供された特別日本食のサービス。日程から考えて、1964（昭和39）年8月31日～9月2日あたりの撮影と思われる。空輸派遣団メンバーに日本食を配っているのが、スチュワーデスの加治木洋子。

うそのように順調だった。「シティ・オブ・トウキョウ」号が香港に到着するまでは……。

◉聖火に襲いかかる不運の連鎖

一九六四（昭和三九）年九月四日午後六時二一分（香港夏期時間のため日本時間同じ）、聖火輸送特別機「シティ・オブ・トウキョウ」号は断続的な強い雨に煙る香港啓徳空港に着陸した。

ここまでほぼトラブルなしで順調に続いて来た聖火空輸だったが、やはりそうは問屋が卸さない。折から香港には台風一七号（ルビー台風）が東から徐々に接近中。マニラから香港に向かう際に大回りで避けて飛んで来たものの、天候は今後も予断を許さない状況だった。

それでも当初は、関係者全員が事態を重く見てはいなかった。一九六四年九月六日付『読売新聞』によれば、派遣団は到着早々に香港航空気象台と打ち合わせを行った。その時の話では台風は香港島南の一八六キロのところを通るため、飛行機の係留は必要ないとのことだった。

香港での聖火行事は大歓迎のなか粛々と進み、聖火は啓徳空港で香港オリンピック委員会のサレス会長に渡され、さらに現地の第一走者の手に渡って聖火リレーがスタート。九龍地区を南西に走り抜けて、九龍の船着き場へ。そこから香港総督専用のランチに載せられ、国外聖火リレー中で唯一の水上移動を行って香港島に渡る。シティ・ホール（香港大會堂）に到着して、本日の予定を終了。聖火はその後、シティ・ホール内の音楽ホールに移され、ここで一夜を明かすことになっていた。

ところがその夜、状況が一変する。台風一七号が徐々に猛威を奮い出したのだ。九月五日付の香港の新聞『工商晩報』によると、香港島と九龍地区との水上交通が四日の午後一一時頃に中断。九月五日付『読売新聞』夕刊によれば、

工商日報　星期五　中華民國五十三年九月四日

世運聖火今午到港

全港盛大歡迎
今晚通宵燃點
明日轉運台北

世運聖火到港迎送傳遞路綫圖

聖火の香港訪問を報じる新聞記事（1964〈昭和39〉年9月4日付『香港工商日報』より／Image courtesy of the Robert H. N. Ho Family. Clips of the Kung Sheung Daily News are archival documents of the Hong Kong Central Library）●大見出しで「聖火が本日午後、香港に到着」と伝える新聞記事。この時点では、聖火は翌日5日に台北に送られることになっていた。右側の地図は聖火リレー・ルート。地図の最も上部に啓徳空港が描かれ、そこから地図を下に降りていき九龍地区を通過。九龍船着場からさらに地図では下方の香港島に渡ってシティ・ホール（香港大會堂）に辿り着くまでが往路であった。

第三頁　農曆甲辰年七月廿九日　工商晚報　星期六　中華民國五十三年九月五日

世運聖火抵港

圖片說明

香港での聖火リレーを伝える新聞記事（1964〈昭和39〉年9月5日付『工商晩報』より／Image courtesy of the Robert H. N. Ho Family. Clips of the Kung Sheung Evening News are archival documents of the Hong Kong Central Library）●1964（昭和39）年9月4日の聖火リレーの様子。写真は右上から左下の順で、❶4日の第7走者（最終走者）の張乾文が、シティ・ホールの聖火台に点火。❷高島文雄団長の目の前で、香港オリンピック委員会のサレス会長が第1走者に聖火を渡す。❸聖火がクイーンズロードを通過。❹第3走者から第4走者へと渡る聖火。❺聖火の煙が沿道になびく様子。❻香港総督デイビッド・トレンチによる歓迎のスピーチ。❼空港到着時の歓迎のブラスバンド演奏。

気象庁調べで台風一七号は五日午前九時現在、香港の南東一五〇キロにあり、五日夜には香港東側の大陸を通過の見込みで、半径一〇〇キロ以内の海上は風速二五メートル以上の暴風雨となっていた。さらに同じ『読売新聞』夕刊によると、五日午後一時、日本航空本社に香港支店から連絡が入る。それによると啓徳空港が五日朝から六日午前零時まで閉鎖となったため、「シティ・オブ・トウキョウ」号の出発は二四時間延期されることになったという。つまり、当初予定されていた五日午後〇時四五分から翌六日の同時刻へと変更されたのだ。

これを受けて、国内で聖火を待ち構えていた関係者たちも大慌てで動き出した。まずは、国外リレーの終点であるとともに国内リレーの出発点ともなる沖縄が問題となった。以下はすべて九月五日付け『読売新聞』夕刊の記事によるものだが、香港に足止めをくった聖火空輸派遣団では「日程がつまった場合、本土内のリレーの予備日がいっぱいなので、沖縄の日程をつめることがありうるとの事前の相談はしてある。最悪の場合には、沖縄に火をおろすだけで、飛行機は本土に向かうことも考えられていた」と語っていたとのこと。しかし、沖縄ではそうは思っていなかった。聖火リレーのために、これまで万難を排して準備をして来たのだ。そう簡単に「日程をつめる」わけにはいかない。一方、聖火出迎えのために五日午後一時四五分、羽田から沖縄に向かったオリンピック組織委員会の与謝野秀事務総長は、「沖縄出発の日時はおくれた分だけ延ばすことになるだろう。国内のコースは二～三日の余裕がとってあるから、ここで調整できる見通しだ」などと今後の見通しを語っていた。だが、この発言もどうやら楽観的に過ぎる言葉だったらしい。さらに香港の気象台当局の発表では、「台風の速度がおそく、停滞しそうなので、聖火は六日中に出発できないかもしれない」とも報じられていて、状況は予断を許さなかった。

当時、日本航空から聖火空輸派遣団の団員に委嘱されていた熊田周之助のメモによれば、香港オリンピック委員会のサレス会長は聖火の足止めに際して「聖火は香港に一時間でも長くステイしたいのだ。喜ぶべき現象」などと語っていたようだ。これがいつの段階での発言だったかは分からないが、サレス会長の無邪気なコメントは、その後、日本側関係者たちに重くのしかかってくるのである。

そんなサレス会長の発言とは裏腹に、沖縄では緊迫したやりとりが行われていた。五日午後五時半から那覇市東急ホテルで、同日沖縄入りしたオリンピック組織委事務総長の与謝野秀、東京都副知事の鈴木俊一らと沖縄聖火リレー実行委員長の当間重剛らが善後策に関する打合せを行っていたのだ。案の定、この会談は難航。二四時間遅れて沖縄の全日程四日間を予定どおりやってほしいという沖縄の要望と、沖縄の日程を一日短縮しなければ後の日程に支障が出るという国内リレー関係者の意見という相反する主張では、調整に手間取るのも無理はない。結局、午後七時二〇分に当間委員長から「沖縄に一日遅れで着く聖火は、予定通り九日朝に鹿児島に出発。沖縄滞在が一日短縮されることで島内を回りきれない分は、分火によって予定のコースを走る」と発表。折衷案というべきか妥協案というべきか、カトマンズでうまくいった「分火」という奥の手を使うことになったのである。

ところがやっと話がまとまったところに、関係者に冷水を浴びせるような出来事が持ち上がった。九月六日付『読売新聞』によると、五日午後九時三〇分に日本航空聖火空輸特別派遣団の団長である森田勝人から日本航空本社に緊急連絡が入った。何と「シティ・オブ・トウキョウ」号の補助翼(エルロン)と操縦系統が破損して、飛行不能になったというのだ。

同『読売新聞』と一九六四年九月七日付『毎日新聞』、そしてJALカード会員誌『AGORA』二〇〇〇年九月号の記事を総合すると、当時の切羽詰まった状況が生々しく伝わって来る。それによると、五日朝八時頃より風が強くなってきたため、聖火空輸派遣団は「シティ・オブ・トウキョウ」号を格納庫に入れてもらえるように空港側と交渉。しかし、当時はまだイギリス植民地だった香港では「イギリス系の飛行機が優先」のために入れてもらえず、暴風雨のなかで「シティ・オブ・トウキョウ」号は野ざらし状態になってしまった。やむなく日本航空香港支店の久賀太整備主任らが同機に乗り込み、八時間にわたってエンジンをかけながら機首を風に向け続けた。しかし、奮闘空しく瞬間最大風速五五メートルの強風で飛んできた異物が翼を直撃。補助翼の一部が破損したらしい。強風のなかで点検した結果、予想以上の破損で飛行不能と分かったとのことだった。

よりによって、このタイミングでこのアクシデント。日本航空はただちにコンベアCV880Mジェット機「アヤメ」号を緊急手配し、代替機として香港へ向け出発させることを決定した。ここでのジェット機投入は、少しでも早く香港入りするためだ。

こうして翌六日の午前六時一二分、穂苅明治機長が操縦する代替機「アヤメ」号は、「シティ・オブ・トウキョウ」号の部品を積んで羽田を出発。同日午前九時五七分、香港啓徳空港に到着した。

それから間もない午前一〇時三〇分、香港シティ・ホール紀念花園に設けられた聖火壇の前には、東京オリンピックに参加する国の国旗がずらりと掲げられた。ここからは九月七日付の香港の新聞『華僑日報』の記述に従って語っていくが、この日はちょうど日曜日で天候も青空になってすっかり回復したため、市民たちが大勢集まって来た。一〇時四〇分にはシティ・ホール前に香港オリンピック委員会のサレス会長と秘書の梁兆綿が到着。ブラスバンドの演奏や五色のユニフォームの体操チームの演技も始まり、一一時には聖火空輸派遣団の高島文雄団長も到着。いよいよこれから聖火リレーが再開されることになった。四日に行われたコースを逆走して、啓徳空港まで聖火をつないでいくのである。午後〇時一五分には啓徳空港に最終ランナーの蘇錦棠が登場。香港オリンピック委員会のサリス会長の手を経て、再び高島文雄をはじめとする日本側に聖火が戻って来た。

天候はすこぶる良好。代替のジェット機は待機している。聖火も手元に戻った。もはや何の心配もない。派遣団の一行は、空港内のレストランで現地の接待を受けた。香港の高級日本料理店「金田中」から日本人ウェイトレスも派遣され、日本酒や寿司が振る舞われた。香港出発予定は、同日午後二時四五分。それまでのしばしの憩いの時である。

やがて一行は、コンベアCV880M「アヤメ」号に乗り込んで一路台北をめざす。ここで操縦桿を握るのは、「シ

港九水陸交通十一時後停頓

欲知颶風消息勿問天文

可問諮詢

林黛劇照展覽

明日免券入場

ルビー台風（1964年台風17号）の影響を伝える新聞記事（1964〈昭和39〉年9月5日付『工商晩報』より／Image courtesy of the Robert H. N. Ho Family. Clips of the Kung Sheung Evening News are archival documents of the Hong Kong Central Library）●1964（昭和39）年9月4日、ルビー台風に襲われつつある香港の状況。写真上は、香港島の海岸通り「高士打道」を高波が直撃して、人通りもなく静まり返っている様子。写真下は、香港島の「灣仔」にある「洛克道」という道路が浸水して、駐車中のクルマがダメージを受けている様子。

聖火空輸派遣団の集合写真（提供：熊田美喜／協力：阿部美織、阿部芳伸、阿部哲也）●さまざまな点から見て、1964（昭和39）年9月6日に香港啓徳空港にて、一行が「トウキョウ」号使用を断念して降りる際に撮影された可能性が高い。左から2人目の帽子を手に持った人物が日本航空聖火空輸特別派遣団の森田勝人団長、その後ろから顔を出しているのが日本航空から聖火空輸派遣団の団員に委嘱された熊田周之助、その右にいる2人のサングラスをかけた人物のうち右側が聖火係の中島茂、さらにその右に、二人おいて聖火空輸派遣団の高島文雄団長の顔が見える。

ティ・オブ・トウキョウ」号に引き続いての富田多喜男機長。聖火台を移すわけにいかないので、派遣団・聖火係の中島茂が聖火灯を手で抱えていくことになった。いよいよ出発である。

ところが何たる不運か、ここでまたトラブルである。離陸体勢に入った「アヤメ」号が滑走路入口近くまで出て来た時、主翼の二番エンジン（飛行機側から見て左から二番目）一基が突如不調に陥ってしまった。ただちに離陸を中止した「アヤメ」号は、滑走路で立ち往生することになってしまう。

派遣団一行はとりあえず「アヤメ」号から降りて、再び空港内のレストランで待機。整備士たちはその場での修理を試みたものの、短時間での復旧は無理だと分かった。万事休す。

いよいよ追いつめられた派遣団が白羽の矢を立てたのは、香港～東京定期便（ＪＬ七〇二便）の機材として啓徳空港にいた「カエデ」号。故障した代替機「アヤメ」号と同じ、コンベアＣＶ８８０Ｍ型のジェット機である。派遣団一行は改めて「カエデ」号に乗り込み、六日午後五時三分（日本時間同じ）に啓徳空港を出発。同日午後五時二五分（日本時間午後六時二五分）、台湾の台北・松山空港に予定から二六時間以上遅れて無事到着した。それは香港到着から囚われていた不運の連鎖から、ついに派遣団一行が解き放たれた瞬間だった。

なお、九月六日付『読売新聞』が「香港五日発＝ＡＦＰ」電として伝えたところでは、この台風一七号による香港の被害は死者一五人、行方不明二五人、負傷者二五四人に及んだ。また、九月七日付『朝日新聞』によれば、「シティ・オブ・トウキョウ」号は六日夜にはほぼ整備を終え、七日早朝に台北に飛ぶことになっていた。こうして台北に到着した「シティ・オブ・トウキョウ」号に派遣団が再び乗り換え、一路、沖縄の那覇へ。

七日正午には、「シティ・オブ・トウキョウ」号の勇姿が沖縄・那覇空港に姿を現したのである。

聖火の日本側への引き渡しと香港出発を報じる新聞記事（1964〈昭和39〉年9月7日付『香港工商日報』より／Image courtesy of the Robert H. N. Ho Family. Clips of the Kung Sheung Daily News are archival documents of the Hong Kong Central Library）◉1964（昭和39）年9月6日に啓徳空港にて撮影。上は、聖火空輸派遣団の高島文雄団長に聖火が返還される様子。下は、派遣団が「カエデ」号に乗り込む様子で、上段は左が高島団長、右が中島茂、下段の右が熊田周之助。

「カエデ」号機内での聖火（提供：池田宏子、池田剛）◉ちょうど啓徳空港にいたコンベアCV880M「カエデ」号が、第2の代替機に起用された。「トウキョウ」号に据え付けられた聖火台を移設することはできず、聖火灯を聖火空輸派遣団・聖火係の中島茂が手で持って運ぶこととなった。

沖縄・那覇空港に到着した「シティ・オブ・トウキョウ」号（提供：沖縄県公文書館）◉1964（昭和39）年9月7日の正午、約三〇〇〇ともいわれる群衆が見守るなかを聖火空輸特別機DC-6B「シティ・オブ・トウキョウ」号が着陸。だが、まず「シティ・オブ・トウキョウ」号の周囲にはアメリカ兵とその家族たちが取り巻き、続いて沖縄の人々もなだれ込んだ。歓迎の演奏を行っているブラスバンドは、アメリカ空軍軍楽隊の面々。

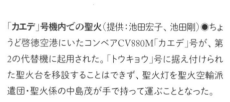

●聖火を熱望していた人々

午前一一時四五分、那覇空港は送迎デッキを含め三〇〇〇人ともいわれる群衆が鈴なりになっていたが、なぜか不思議な静寂に包まれていた。やがて日本航空のタラップがエプロンに引き出され、約一〇分後には南の空を見つめる人々の「見えたぞ」というささやきが伝わる。やがてそれは圧倒的な万歳の声に替わっていた……。一九六四（昭和三九）年九月七日付『読売新聞』夕刊の記事からは、「シティ・オブ・トウキョウ」那覇空港到着が巻き起こした凄まじい歓迎ぶりが窺い知れる。その時に人々が見せた歓喜の爆発は、今日の我々には想像がつきにくいことかもしれない。

終戦後（正確にはアメリカ軍による占領以降）、沖縄はアメリカの統治下にあった。四半世紀以上の間、沖縄は日本にとって「外国」同然の状態となっていたのだ。

一九五二（昭和二七）年四月には沖縄住民側の政府として「琉球政府」が設立されたが、実際の権限は米国民政府（USCAR）が握っていて、実際の沖縄住民たちの権利は限られたものだった。

本土との行き来にパスポートが必要であったこと、円ではなくドルが通貨として使われていたこと、クルマが「右側通行」で走っていたこと……。それらのことは、今日の人々は知識として知っているかもしれないが、事実として今ひとつ実感がわきにくい。

一九五四（昭和二九）年には日本航空が東京～沖縄線を開設。当時は米軍が那覇飛行場を改修中だったため、民間機は嘉手納飛行場に発着した。さらに一九六一（昭和三六）年には、全日空が鹿児島～那覇線の運行を開始。だが、これらはいずれも「国際線」の扱いだった。前述のごとくパスポートが必要で、空港で入出国の手続きをする必要があった。日本であって日本でない場所だったのだ。だからこそ、日本であることのアイデンティティーが重要だった。

沖縄第1走者に聖火が手渡される（提供：熊田美喜／協力：阿部美織、阿部芳伸、阿部哲也）◉沖縄、那覇空港にて、1964（昭和39）年9月7日午後0時40分に撮影。「シティ・オブ・トウキョウ」号の到着後、聖火は聖火空輸派遣団・団長の高島文雄、同・聖火係の中島茂、そして沖縄聖火リレー実行委員長の当間重剛の手を経て、沖縄聖火リレー第1走者の宮城勇選手（当時、琉球大4年）の手に渡った。写真で聖火トーチを掲げているのは第1走者の宮城選手。その左に見える後ろ姿は当間重剛実行委員長。聖火空輸派遣団の熊田周之助が所蔵していた写真である。

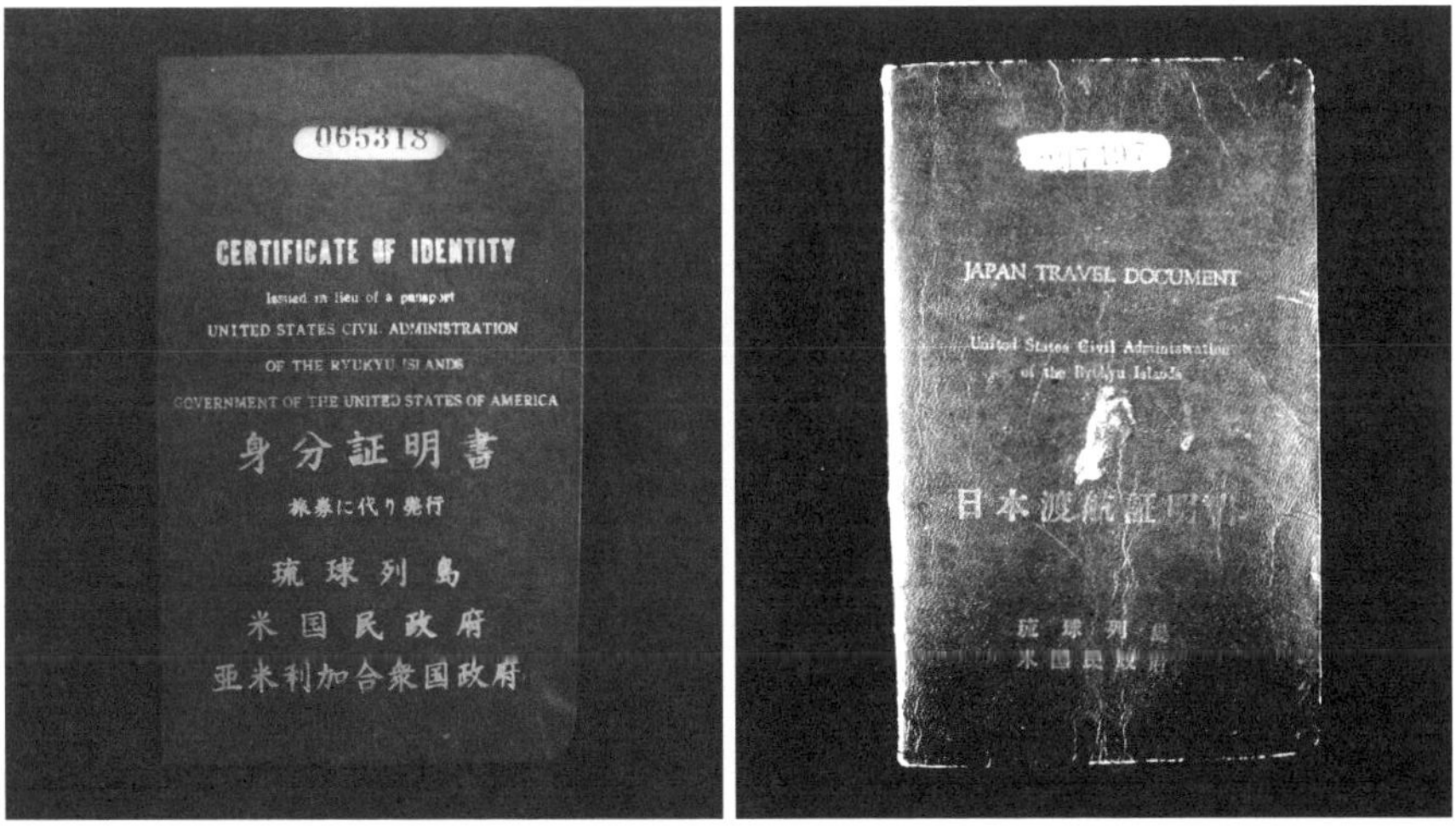

沖縄の各種パスポート（提供：沖縄県立博物館・美術館）◉右は「日本渡航証明書」で小豆色のハードカバー仕様。沖縄から日本本土に行く場合に必要。左が「身分証明書」で紺色のハードカバー仕様。沖縄から日本以外の外国に行く場合に必要。いずれもアメリカ合衆国政府の出先機関である「琉球列島米国民政府（USCAR）」によって発給された。逆に日本本土から沖縄に渡航するためには、日本の総理府（現・内閣府）発行による身分証明書が必要だった。

戦後間もなくの沖縄の通貨「B円」（提供：沖縄県立博物館・美術館）◉アメリカ統治下の沖縄では1948（昭和23）年から「B円」が法定通貨となり、1ドル＝120・B円という為替レートが設定された。さらに1958（昭和33）年、沖縄の通貨は「B円」から「ドル」へと変更された（当時のドルと円の為替レートは「1ドル＝360円」）。

B円からドルへの通貨交換（提供：沖縄県公文書館）◉1958（昭和33）年、沖縄の通貨が「B円」から「ドル」へと切り替えられる際の、銀行窓口（？）での交換の様子。この後、沖縄の人々は本土復帰時の1972（昭和47）年にも、ドルから円への交換という同じ煩わしさを再び味わうことになる。この写真は1958年9月16日の撮影。

クルマが右側通行だった沖縄の道路（提供：朝日新聞社）◉アメリカ統治下の沖縄では、道路交通もアメリカ同様に自動車は「右側通行」となっていた。写真は1976（昭和51）年4月6日、沖縄県那覇市国際通りにて撮影。これについても本土復帰に伴い、日本本土と同様の「左側通行」に変更する必要に迫られる。実際の交通区分改正は1978（昭和53）年7月だったが、この改正により約300億円の所要経費がかかったといわれ、事故の多発などさまざまな混乱が生じた。

日本航空の東京〜沖縄線開設（提供：日本航空）◉1954（昭和29）年2月5日午後4時、羽田空港を出発する東京〜沖縄線1番機、DC-6B「シティ・オブ・ナラ」号。この飛行機は、同社太平洋線の米国サンフランシスコ側からの1番機として、同日午後1時過ぎに羽田に到着したばかり（日本側からの一番機は2月2日に羽田を出発した「シティ・オブ・トウキョウ」号。P050、P068参照）。乗客は荒川茂久二航空局長ら9人の招待客と11人の有償客だった。同機は同日午後8時42分に沖縄の嘉手納飛行場に到着。当時、那覇飛行場では北側の干潟の埋め立て工事が進行中で、完成する同年11月まで沖縄への乗り入れは那覇ではなく嘉手納飛行場となっていた。ちなみに写真の3人の女性の一番左は、当時、東京で活動していた琉球舞踊家の平良リヱ子。

香港で台風のため聖火空輪の日程が狂った際、沖縄聖火リレー実行委員長の当間重剛らがあくまで沖縄での聖火リレーの日程を短縮せずに完遂することを主張した理由は、ここにあったのである。

実際にリレーを日程短縮なしで行うことに決まった後も、沖縄ではこの土地ならではのさまざまな問題が生じていた。例えば九月七日付『読売新聞』によれば、「分火」した聖火を沖縄でリレーした後にどうするかという話になった時、アメリカ側の聖火リレー実行委員が現実的な言葉でこういい放ったという。「消せばいい」……。このようなアメリカ側との感情的な温度差を、沖縄の人々は日々感じさせられていたのではないだろうか。

また、九月五日付『読売新聞』では、式典の際にまず星条旗を揚げて次に日の丸……となっていた段取りを、現地の人々が「開催国である日本に敬意を表して」という理屈で日の丸を先に揚げるように変えたというエピソードを紹介している。そもそもこんなことに神経を使わなければならないこと自体が普通ではないのだが、実は沖縄では、日本国旗を自由に公けの場所に掲揚することすらできなかった。当時の沖縄の人々が「東京オリンピック」の聖火をかくも歓迎した理由、どうしても日程を譲れなかった理由が、ここからも窺えるだろう。

前出の『AGORA』二〇〇〇年九月号の記事には、那覇空港に到着した際の記者会見で日本航空聖火空輪特別派遣団の団長である森田勝人が放ったコメントが、予想外に沖縄の人々に大歓迎されたという話が書かれている。この時、森田は安堵感から「やっと日本に帰ってまいりました」と何の気なしに語ったが、これがなぜか大ウケして本人は大いに驚いたという話である。だが、それも何ら不思議ではない。当時の沖縄の人々が抱いていた感情を考えれば、至極当然のことだったのである。

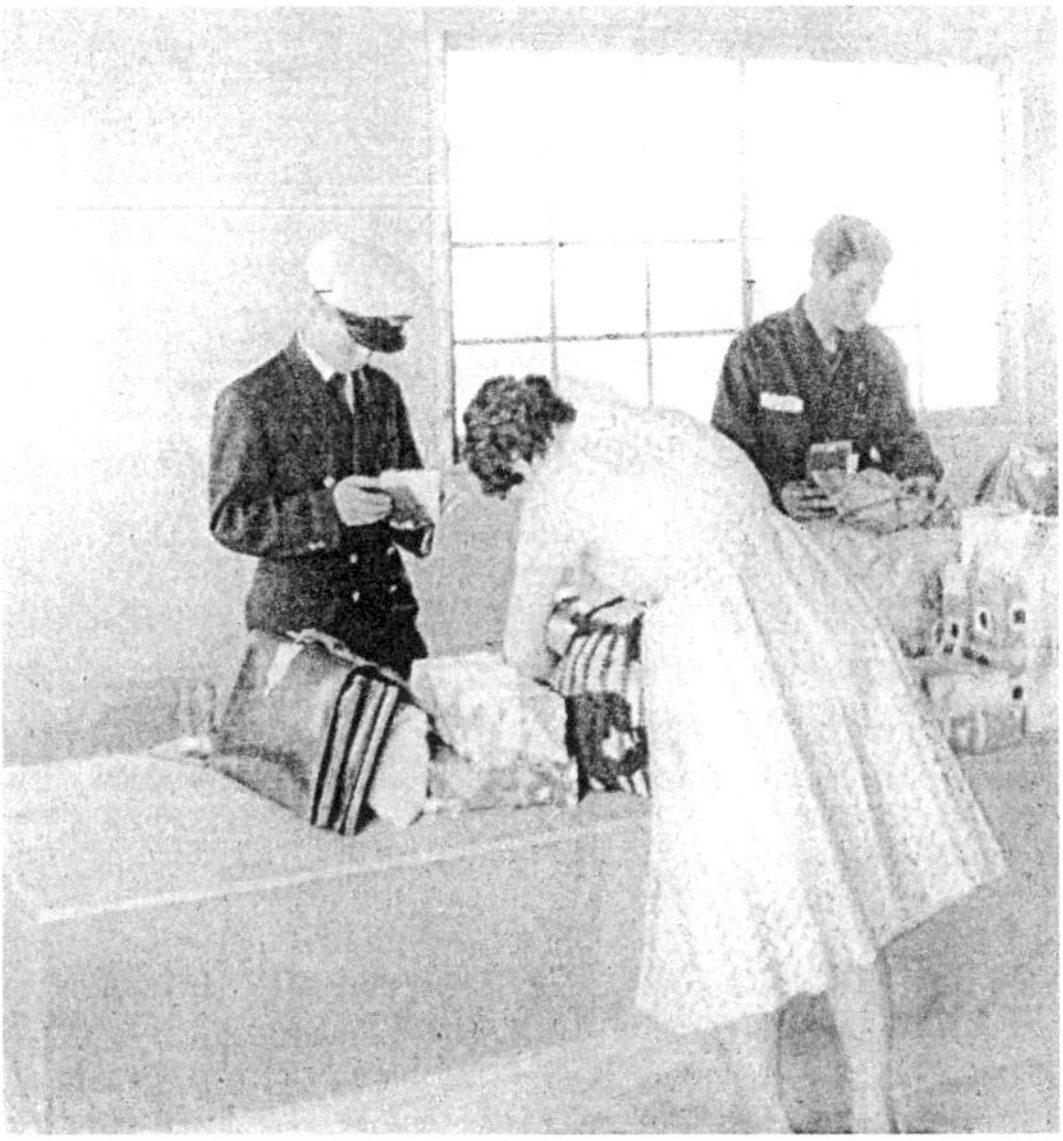

那覇線の手続きをする乗客（『大空へ二十年』〈全日本空輸株式会社〉より／提供：ANA）◉1961（昭和36）年9月23日には日本航空に次いで、全日空が鹿児島～那覇線の運航を開始。しかし、いずれも本土復帰前の沖縄線は「国際線」であり、「入国」「出国」手続きが必要だった。これはその全日空の那覇線における手続き風景である。おそらく鹿児島空港で1961年に撮影。

奥武山競技場での聖火点灯（提供：沖縄県公文書館）◉1964（昭和39）年9月7日、第3走者の宮城康次選手（当時、首里高3年）が那覇空港から約4キロ離れた奥武山競技場に入場。同競技場には朝から市民がつめかけ、午前11時の開門時刻にはすでに2万人の観衆で満員。この競技場には聖火台が設けられ、宮城選手が火を点した。聖火台の背後には日章旗、五輪旗、そして当時、沖縄を統治していたアメリカの星条旗が掲げられている。

◉国外聖火空輸の紳士録

沖縄への到着でめでたく次の段階へと進んだ聖火リレーだが、ここで改めて国外における聖火空輸に貢献した何人かの人々に注目してみたい。すでに本書のなかで、何度も登場した人々でもある。

そのなかでも筆頭に挙げるにふさわしい人物は、日本航空側の聖火空輸特別派遣団で団長を務めた森田勝人だろう。森田はかつて「凄腕パイロット」として、知る人ぞ知る人物だった。

森田は一九〇六(明治三九)年、六人兄弟の三男坊として大分県に生まれた。やがて旧制中学卒業後、第三期航空局海軍依託操縦生として霞ヶ浦海軍航空隊に学び、一九二五(大正一四)年一〇月卒業。一九二九(昭和四)年には、創設間もない日本航空輸送にパイロットとして入社。つまり、森田は日本航空初の日本人機長となった江島三郎(P071参照)の先輩だったわけだ。その後、日本航空輸送が大日本航空に改組されて終戦に至るまでパイロットとして活躍。その間、海外ルート(中国・韓国・東南アジアなど)の開拓にも従事した。一九四五(昭和二〇)年のフィリピン失陥時には、すでに米国空軍に制空権を奪われていたにもかかわらず一〇日間の決死的飛行を行い、フィリピン北部から多数の日本兵を無事に故国に連れ帰ったとも伝えられている。これによって一部ではその大胆不敵な飛行ぶりが賞賛され、一躍「伝説の人」となったようである。

戦後は前述の通り日本人パイロットが航空機を操縦することが禁じられたものの、「日本進駐に関する事務を促進する」ことに関するGHQ特命によって日本国内で日本人パイロットによる「緑十字飛行」が開始され、そこに大日本航空乗員として森田勝人も参加した。だがそれも長くは続かず、森田は東急池上線の長原駅そばに店を出し、乾物やお茶などを売って生計を立てるようになる。『航空情報』第六集・一九五二(昭和二七)年四月号収録『パーサーを囲ん

海軍依託操縦生時代の森田勝人(『第三期航空局海軍依託操縦生　卒業紀念』大正拾四年拾月〈霞ヶ浦海軍航空隊〉より/提供:森田皓一)◉おそらく1925(大正14)年頃、霞ヶ浦海軍航空隊において撮影。背後の飛行機はフランス製の複葉戦闘機ニューポール24。なお、霞ヶ浦海軍航空隊は1921(大正10)年11月に開設された。

徐州陥落後の取材に同行した森田勝人(提供:森田皓一)◉徐州会戦における徐州陥落後の1938(昭和13)年5月25日、北支那方面軍司令官の寺内寿一大将と中支那派遣軍司令官の畑俊六大将が揃って徐州入城式を行った際の会見の取材のため、森田は同盟通信の借り上げ(チャーター)機を操縦した。機材は中島AT-2(P012参照)。写真はその徐州にて、中央の人物が森田である。

で『座談会』（P042参照）で森田の肩書きが「商業」となっていたのは、そのためである。

そんな森田が同年二月、設立間もない日本航空に入社することになったのは、いかなる心境の変化だったのか。今となっては、それを知る由もない。だが森田自身は、戦後は一切操縦桿を握ることはなかった。前出の座談会『パーサーを囲んで』でも戦前と戦後の民間航空事情のギャップを語っていた森田は、そこに適応することの難しさを誰よりも分かっていたのかもしれない。

入社してすぐに大阪支所次長となった森田は、一九五三（昭和二八）年末には運航部長に任命される。一九六三（昭和三八）年一〇月からは航整副本部長兼運航部長となり、これが日本航空における最終キャリアとなった。森田が日本航空聖火空輸特別派遣団の団長となったのは、この直後だった。

日頃のルーティン・コースでの運航とは異なり、一発勝負の臨機応変な対応を迫られる聖火空輸において、森田の「伝説のパイロット」としての豊富な経験と度胸が買われたのだろうか。

そして、ここでもうひとりの「団長」を紹介しよう。聖火空輸派遣団の団長である高島文雄だ。この人物こそが、今回の東京オリンピック国外聖火空輸全体のリーダーである。

一八九〇（明治二三）年、東京生まれ。東京大学卒業後、大日本体育協会第二代会長であった岸清一に師事して弁護士となり、岸主宰の岸法律事務所に所属。同時に大日本体育協会とも関わりを持つようになる。一九二八（昭和三）年のアムステルダム・オリンピックの際には日本選手団の役員として現地入りし、以降は体協きっての「国際派」として活躍するようになった。翌一九二九（昭和四）年には大日本体育協会名誉主事に就任。一九四〇（昭和一五）年開催予定だった「幻の東京オリンピック」準備の際には、体協内の組織委員会委員にも選出されている。

戦後も日本体育協会理事やIOC委員などを歴任し、特に終戦直後には体協の国際担当部門の委員長に就任した。アジア競技連盟（AGF）名誉主事でもあり、第三回アジア競技大会の際には事前にアジアの参加各国を歴訪して状況

日本航空聖火空輸特別派遣団の森田勝人団長（提供：日本航空）●東京五輪・国外聖火リレーの空輸にあたって、日本航空では聖火空輸特別派遣団を編成。その団長となったのが、当時、同社の航整副本部長兼運航部長だった森田であった。写真で敬礼をしている人物が森田勝人。その右で手を振っているのが、聖火空輸派遣団の団長である高島文雄。1964（昭和39）年8月23日、アテネのヘレニコン空港出発直前に撮影されたものと思われる。その後、森田は1965（昭和40）年5月に空港グランドサービス常務取締役に就任し、在任中の1975（昭和50）年3月11日に逝去。69歳だった。

誕生日を祝われる高島文雄（提供：熊田美喜／協力：阿部美織、阿部芳伸、阿部哲也）●「シティ・オブ・トウキョウ」号機内で高島文雄団長の誕生日を祝う様子。ケーキを切っているのが高島で、その右にいるのは熊田周之助。諸般の事情から実際の誕生日より遅れ、1964（昭和39）年8月23日にアテネを出発した直後に撮影されたものと思われる。この写真は、派遣団の団員である熊田が所蔵していたもの。なお、高島は1968（昭和43）年7月2日、胃潰瘍のため東京・九段坂病院で死去。享年72。

戦前の高島文雄（『第十回オリムピック大會日本代表一行名簿』〈財団法人大日本體育協會〉より／日本体育協会資料室所蔵）●高島は日本代表の一員として、1932（昭和7）年のロサンゼルス・オリンピックに派遣された。当時の肩書きは大日本体育協会名誉主事。

調査を行った。こうした経験が活かされ、一九六四（昭和三九）年の東京オリンピックの際には聖火リレー特別委員会の委員長となる（P090参照）。その延長線上で、聖火空輸派遣団の団長に選ばれた。それも納得のキャリアである。

最後にもうひとり、日本航空から聖火空輸派遣団に委嘱された熊田周之助をご紹介したい。

熊田は一九二八年七月一八日、東京都墨田区生まれ。アメリカ・ミズーリ州セントルイスのワシントン大学での留学経験などを経て、一九五六（昭和三一）年に日本航空に入社する。

熊田と東京五輪との関わりがどこから始まったかは定かでないが、一九六四（昭和三九）年四月には事前調査などのために聖火リレー国外訪問予定地を訪れたオリンピック聖火国外現地調査団に参加。当時の熊田は航整企画課に所属していたが、おそらくここで同調査団に加わっていた高島にスカウトされ、同年七月二五日に聖火空輸派遣団の団員に委嘱されたと思われる。

同派遣団での熊田は、高島団長の秘書兼通訳的な仕事をしていたようだ。熊田の夫人である熊田美喜によれば、目的地に着くとタラップを真っ先に降りて、現地の関係者と高島のその日の行動について打合せするような役回りだったとのこと。また、日本航空社員でありながら委嘱されて組織委員会側に参加していたことから、国外リレーの間、両者の潤滑油的な役割を果たした可能性も想像できる。

さらに熊田と東京五輪との縁はそこでは切れず、同年九月中旬より日本航空東京空港支店・次長室に設置されたオリンピック・ハンドリング・センター（ＯＨＣ）のメンバーに抜擢。他の整備、運送サービス、機材補給等のベテランとともに、選手団を乗せて羽田に飛来する各国のチャーター機を捌く仕事に追われることになった。熊田もまた、東京五輪に選ばれし者のひとりだったのだろう。

そしてさらに……今回の聖火空輸にはもうひとりの知られざる人物が大きな役割を果たしていた。その人物の貢献については、後ほど改めてじっくりと語っていきたい。

日本航空入社直後の熊田周之助（提供：熊田美喜／協力：阿部美織、阿部芳伸、阿部哲也）◉熊田は1956（昭和31）年に日本航空に入社。この写真はその入社1～2年目に撮影された写真。背景には羽田の飛行場が見える。なお、後年の熊田は1985（昭和60）年6月に日本航空からニッコー・インフライト・ケータリング・カンパニー（NICC）に移籍し、同社社長としてロサンゼルスに駐在。1989年8月には同社を退社。ロサンゼルスが気に入った熊田はその後もロスにとどまり、2社の顧問を務めていたが1995（平成7）年12月28日にリタイア。ロス在住のまま、1996（平成8）年6月にこの世を去った。享年67。

オリンピック・ハンドリング・センターでの熊田周之助（提供：熊田美喜／協力：阿部美織、阿部芳伸、阿部哲也）◉熊田は1964（昭和39）年9月中旬より、オリンピック・ハンドリング・センター（OHC）に招集された。当時、選手団の特別チャーター機用の臨時スポットとしてJALジェットハンガーを使用、馬等を載せた便には26、27番スポットが確保されていた。OHCではこれら特別便のスケジュールの作成や到着後の機長との料金契約、さらにはクルーのホテルの予約等までを協力。1日大抵1便から5便、多い日には12便もあったという。総勢9人のOHCで扱った特別便は合計145便のうちの約76便。1便あたり1000ドル、合計約8万ドルが扱われた。10月31日に一応その編成は解かれて構成員5名に縮小、11月19日まで仕事は続いた。写真はソ連アエロフロート機長と熊田。

第2章 国産機で聖火を空輸せよ

●ＹＳ－11に課せられたタイムリミット

東京五輪の聖火国内空輸にあの戦後初の国産旅客機ＹＳ－11が使用されたことは、一般にも広く知られている事実だ。その話の発端は、一九五七(昭和三二)年にさかのぼる。日本の航空機製造解禁より五年経ったこの年、木村秀政日本大学教授を技術委員長にして財団法人輸送機設計研究協会が設立されたことがＹＳ－11開発のスタートだ。ここに堀越二郎、太田稔、菊原静男、土井武夫という優れた人材が参加。彼らは、後に「五人のサムライ」として呼ばれることになる。

さらに一九五九(昭和三四)年に設立された日本航空機製造株式会社(日航製)がこのプロジェクトを引き継ぎ、本格的にＹＳ－11の開発が始まったのである。だがおそらくこの時点では、ＹＳ－11周辺には「聖火」の「せ」の字もなかったはずだ。

こうして進められていったＹＳ－11の開発だが、日航製では生産設備を持っていなかった。製造そのものは、機体会社および部品会社が行っていたのだ。前・中部胴体は新三菱重工業(現・三菱重工業)、主翼・ナセル(エンジンの覆い)

YS-11を設計した人々（提供：三菱重工業株式会社）◉YS-11の設計には、戦前の航空産業を支えた人材が参加した。この写真には「五人のサムライ」と呼ばれた人々のうち4人が写っている。左から土井武夫、太田稔、堀越二郎、木村秀政（日本大学教授）の各氏。1962（昭和37）年8月30日、YS-11初飛行の日に撮影。ちなみに、初飛行に使われた試作1号機は現在、成田の航空科学博物館に展示されている。

製造中のYS-11試作機（提供：三菱重工業株式会社）◉小牧南工場で製造中の試作1号機（奥）と2号機（手前）。なお、YS-11の「YS」とは輸送機設計研究協会の輸送の「Y」、設計の「S」の略であり、「11」は、エンジンと翼の設計でそれぞれ1番目の案を採用したことから「11」（いちいち）と呼ばれたことに由来する。

は川崎航空機工業（現・川崎重工業）、尾翼は富士重工業、後部胴体は新明和工業、補助翼・フラップは日本飛行機、操縦座席等は昭和飛行機……というかたちで、それぞれ分業体制で進んでいたのである。

そのなかの一社である新三菱重工業から出向していたひとりに、日航製・飛行整備部の整備課で電子機器系統やエアコン関係をおもに手がけていた和久光男がいる。和久は二〇〇九年のインタビューで、当時を振り返ってこう語っている。「みんな初めてですからね。全日空がYSと同系統のターボプロップ・エンジンを使ったバイカウントを持っていたんで、見せてもらいに行ったりしました」

それでも何とかかたちになって、一九六二（昭和三七）年八月三〇日に試作一号機が初飛行に成功する。後は順調に「商品」として送りだすためのレールが敷かれたように思えたが、事はそれほど単純ではなかった。正式に飛ばすにはまず型式証明をとらなければならないのだが、それどころではない。振動や横方向の不安定性、舵の効きの悪さなどが発覚。性能面で問題山積の状態だった。

「型式証明をとって初めて、やっと飛行機は一般で使えるんですからね。それまでは飛行機ではないんですから」と和久。「結局は、経験のなさによるものだったのかな」

そんな訳でYS-11の開発は迷走し始めるのだが、そんな状況を見越していたのか、YS-11にある「ミッション」が与えられたという話がある。これについて証言したのは、やはり日航製でYS-11開発に関わった山之内憲夫だ。東京大学工学部航空学科卒で一九六三（昭和三八）年四月に日航製に入社。入った当初は電気装備関係を手がけていた人物である。

「設計部長の東條輝雄さんが、YS-11を聖火飛行に使う案を推したと思います」と山之内は語る。「本来は初飛行から一年ぐらいで型式証明を取れているはず。日本で型式証明を出したことがないので、審査官の方も慎重だったんです。それでズルズル延びることを、東條さんは心配していた」

試験飛行中の和久光男（提供：和久光男／協力：和久淑子）◉試験飛行中、機内で緊急脱出用のパラシュートを身につけている和久光男。試作2号機にて撮影。和久によると、1号機にはトイレもなく「おまる」持参で乗り込んだという。ただし2号機に乗った時も、トイレを掃除しなくてはならないので使うなといわれたそうである。ちなみに、和久光男夫人・淑子の証言によれば、YS-11のテスト飛行に搭乗すると1フライトにつき900円の特別手当がついたとのことである。

初飛行時のYS-11（提供：三菱重工業株式会社）◉1962（昭和37）年8月30日、名古屋空港での初飛行の様子。これを受けて同年10月には全日空が20機の購入予備契約を交わすが、YS-11の開発はここからがイバラの道だった。結局、全日空は待ちきれずにフォッカーF27フレンドシップを導入。YS-11の前途には暗雲が垂れ込めてしまう。

実際には型式証明の取得云々の前に、肝心のＹＳ－11の性能そのものに赤信号が灯っていた。東條はむしろ、日航製の開発日程自体が延びていくことを心配していたのかもしれない。だからそこにくさびを打つためにも、聖火輸送という「タイムリミット」を掲げる必要があった。

「後になって東條さんは言ってたんです」と山之内。「あれはうまくいったな、ってね」

●当初は国外使用が検討されていたＹＳ－11

東京オリンピックにおける聖火リレーにおいて、国外空輸がＤＣ－６Ｂ、国内空輸がＹＳ－11と決定した過程については、今日ほとんど知られていない。

その発端としては、東京オリンピック聖火リレーコース踏査隊が一九六一（昭和三六）年六月から半年をかけて、陸路を走破したことが挙げられる。その結果、陸路案は困難であるという結論が出た。一九六二（昭和三七）年三月、これを受けた高島文雄らが、リレー・コースの「初期空輸案」を携えて各国を歴訪。ここから聖火を空輸するプランが具体化したと見られる（P090参照）。

その後、東京五輪組織委員会の下に聖火リレー特別委員会が発足。同年七月四日にはその第一回会合が開かれた。ここでは、まだどんな航空機を使うかという議論はなされていなかったようだ。

だがこの翌日である七月五日の日付で、注目すべき書類が作成されている。その名も『Ｐ２ＶとＹＳ－11の比較』。ここで早くも「ＹＳ－11」の名前が挙がっているのである。

「日本航空機製造」の便せんに手書きされたこの書類は、日航製が早い段階から東京五輪組織委員会と関わりを持っていた証拠だ。ただし、この段階で前項に出て来た東條輝雄によるプッシュが行われたとは考えにくい。まだＹＳ－

対潜哨戒機P2V-7（提供：海上自衛隊）◉米国ロッキード社が製造した対潜哨戒機で、1956（昭和31）年よりアメリカから日本の海上自衛隊に16機が供与された。西側各国の軍隊に採用された機体でもある。ただし一連の聖火空輸関連資料のなかでは、与圧していないために高高度飛行を行う場合には酸素吸入が必要となる点や収容できる乗客数が少ない点が、常にウィークポイントとして指摘されていた。

YS-11試作1号機の安全祈願（提供：三菱重工業株式会社）◉1962（昭和37）年8月1日、YS-11試作1号機の安全祈願の模様。この機体は機首の先端に細長い標準ピトー管（大気の動圧と静圧を測るための長い棒）が付いているため、そこにしめ飾りを飾っている。試作1号機は同年7月11日にロールアウトし、8月30日には初飛行を実現した。

11は初飛行前で、型式証明云々の前の段階だった。ここは単純に、「戦後初の国産旅客機」を国際的イベントに使いたいという発想だったのだろう。

むしろここで注目すべきなのは、ＹＳ－11による聖火輸送が「国外」での使用を前提に検討されていたことである。それは、もうひとつ名前が出ていた「Ｐ２Ｖ」について考えてみると明らかになってくる。この「Ｐ２Ｖ」は、海上自衛隊の対潜哨戒機「Ｐ２Ｖ－７」のこと。この書類で引き合いに出されている理由は、このＰ２Ｖ－７が例の第三回アジア競技大会で聖火輸送に使用されたからである（P087参照）。

前述の通り、このアジア大会は東京五輪を大いに意識した大会であった。聖火リレーもその例外ではない。だとすると、聖火を空輸した航空機も東京五輪を視野に置いて使われたに違いない。

『第三回アジア競技大会報告書』（財団法人日本体育協会）を見てみると、この時にＰ２Ｖ－７が使われた事情が透けて見えてくる。この時は前回開催地のフィリピン・マニラで採火され、そこから沖縄の那覇まで空輸。沖縄本島一周リレーの後に再度空輸されて岩国空港に検疫のため立ち寄り、また空輸で鹿児島県の海上自衛隊鹿屋基地に着陸。そこから本土リレーが始まるという段取りだった。その間の空輸がＰ２Ｖ－７で行われた訳だが、当初は自衛隊機を用いずにマニラ～香港をフィリピン航空で、香港～沖縄～福岡（板付）を日本航空で運ぶことも検討されていた。しかし聖火を民間機内に持ち込むことは航空法上極めて難しいため、自衛隊機を使用することになったというのだ。

確かに民間機への「火」「可燃物」などの持ち込みには、本来は厳しい制限がある。この時に正確にはどのような検討が行われたか不明だが、例えば昭和二七年七月三一日運輸省令第五六号の『航空法施行規則』を見ると、「輸送禁止の物件」として第一九四条第一項の三号に「引火性液体」という項目がある。聖火を運ぶための聖火灯は、まさにこの項目に該当するはずだ。

では、航空機では運べないのか……というと、そこには例外がある。自衛隊機なら自衛隊法の下で飛ばせるので、航空法の規制からはずれる。P2V－7使用の発想は、ここから出て来たものだ。

ただ、例の『報告書』には続きがあった。P2V－7使用の話そのものは円滑に運んだが、「国際的な手続にはかなりの苦心が払われた」というのである。

この時には軍用機である自衛隊機を使用するため、フィリピン政府、アメリカ空軍、琉球政府（沖縄駐留アメリカ空軍を含む）等との間でさまざまな手続きを行う必要があった。そのたった三者相手の手続きだけでも、「かなりの苦心」だったようだ。何か国も股に掛ける東京五輪の聖火輸送に、軍用機以外に民間機が選択肢に挙がったというのは、おそらくこのあたりの事情が関係しているのだろう。

だが、そもそも民間機は聖火輸送ができないはずではないか。いかに軍用機だと海外との手続きが煩雑だとしても、なぜ東京五輪で再び民間機を使う話が浮上してきたのか……。その秘密も、先に挙げた『航空法施行規則』のなかにあった。第一九四条第二項の五号で、次のような例外が挙げられているのだ。それは「航空機以外の輸送手段を用いることが不可能又は不適当である場合において、国土交通大臣（当時は運輸大臣）の承認を受けて輸送する物件」……つまり、航空機でないと運べないもので大臣の認可が得られた場合ならば、民間機でも危険品を運べるのである。

東京五輪の聖火輸送では、一〇か国以上の訪問地相手に対応することになる。軍用機輸送の手続きは、間違いなく煩雑を極めるであろう。ならば、ここは民間機で……と考えるのも無理はない。しかもちょうど初の国産機が誕生するのなら、その「世界デビュー」に聖火リレーはこれ以上ないチャンスだ……。そこから海外輸送にYS－11使用という話が出て来ても、不思議はないのである。

例えば、聖火リレー特別委員会の下にできた国外小委員会の第二回会合（一九六二年八月四日）資料には、「使用航空機は可能な限り国産機であることが望ましい」という文言がある。YS－11の使用を検討した最初期の形跡だが、それが「国外小委員会」で議論されたという事実が、国外使用前提であったことの何よりの証拠だ。

この後、同年八月一八日の聖火リレー特別委員会の『中間報告書』にも、YS-11とP2V-7の使用が検討されていることが明記される。そこにはYS-11の方が「熱望されている」とまで書いてあるのだが、同時に「聖火リレーの実施までに完全に使用可能であるか否か」が問題だ……とクギを刺すのも忘れていない。この段階では、確実なことは一九六二年末まで分からないとされていたのだ。

そんな一九六二年八月三〇日、ついにYS-11が初飛行に成功するのである。

●YS-11使用にトドメを刺した「プロ集団」

YS-11の初飛行が実現し、聖火の国外空輸プランもこれで一気に進むと誰もが思ったであろう一九六二(昭和三七)年後半。実際には、空輸プランはなぜか事実上の膠着状態へと突入してしまう。YS-11の開発そのものが迷走を始めていて、型式証明取得の目鼻がつかなくなったからだ。

だから同年一二月一五日の第三回聖火リレー特別委員会に至っても、「空路で聖火を運ぶための飛行機は可能ならば国産輸送機YS-11が望ましい」とまったく進展がなかった。この時も同日付で「競技部式典課」名義の『航空機YS-11とP2V-7の比較』なる書類が提出され、YS-11の優位性をアピール。少なくともこの段階までは、特別委員会はYS-11使用に傾いていたと思われる。

この書類に限らずP2V-7に対してのYS-11の売りは、まず❶与圧客室である、ということが挙げられる。与圧でなければ高い高度が飛べず、結果的にスピードも上がらないからである。そして、❷乗せられる人数も六〇人対七人とYS-11が圧勝。さらに❸離着陸に必要な距離が圧倒的に短い、という利点もあった。特にこの離着陸のための距離は大きなポイントで、これによっては訪問地の選択にも影響が出て来る。一九六〇年代半ばのアジア各国の空港事情は今日ほど恵まれたものではなく、どこでも長い滑走路を持っていた訳ではなかったからだ。したがって聖火空輸におけるYS－11の去就が定まらないうちには、国外コースの決定もままならないという状況に陥っていた。

そんな聖火リレー特別委員会の事情を知ってか知らずか、日航製側からは奇妙な資料が提出されていた。これも第三回聖火リレー特別委員会に提出されたもので、日航製の便せんに書かれた『聖火輸送のためのYS－11について』という文書だ。手書きで書かれたこの文書では、まず「第二号機と第三号機とも三九（一九六四）年五月までに聖火輸送用のための設備を完了します」と、聖火空輸に二機を使用する予定であることが明記されている。仮にYS－11の型式証明等が聖火輸送に間に合ったとしても、出来たばかりの飛行機では長道中で何があるか分からない。そこで二機並行して飛ばす「雁行飛行」が計画されていたのである。さらにこの文書ではYS－11のメリットが列挙されており、例えば「性能」については「ネパールの首都カトマンズなどは滑走路が短くてDC－3型しか降りられないのですが、YS－11の離着陸には充分な長さがあります」と、例の離着陸の距離を自賛していた。だが、問題はそれ以外のアピールポイントだ。客室の広さや快適さを訴えるくだりで「酷熱地獄の飛行場からひんやりしたYS－11に乗り込み、充分に冷えたアイスコーヒーなどを飲んでいるうちにヒマラヤに……ということになると思います」などと書いているのはご愛嬌として、操縦に関して「どなたが運航されても操縦は五、六時間もあればマスターできますので、YS－11になれるための特別な大げさな訓練は必要としません。トヨペットからセドリックに乗りかえるようなもの」などとあまりに楽天的過ぎる説明をしているのだ。これは、日航製関係者の焦りだったのだろうか。

さすがにこの説明は素人目にも危うい印象を与えたのか、あるいはYS－11の進行状況を危ぶむ声が内外からも上がってきたのか、同機の聖火空輸に関してやんわりと疑念を差し挟む意見も出て来た。同じ第三回聖火リレー特別委員会に提出された資料で、文部省から提出された『聖火リレーの（国外）の予備調査について』という書類がそれだ。ここでは訪問予定地について周辺環境や滑走路、気象状況などを調査しておくとともに、予備飛行を行って耐熱試験などを行う必要性を語っている。耐熱試験は聖火空輸本番と同じ季節にしなければ意味がないので一九六三（昭和三八）年八月の決行が想定されたのだが、この文書では「OOC（組織委員会）が予備飛行を計画している時期には外国での飛行は不可能である。YS－11機は昭和三九（一九六四）年四月にならねば海外飛行は可能とはならない」と問題点をズバリと指摘している。新造の航空機ならば聖火空輸一年前にテスト飛行をしておく必要があるが、その時期にはYS－11は間に合わない……とはっきり言い切っているのである。端的にいって、YS－11による国外聖火輸送の問題はこの一点に尽きる。この文書の作成者は不明だが、聖火リレー関連で文部省から特別委員会に派遣されている特別委員会メンバーで、後に聖火空輸派遣団で聖火係を務めることになる中島茂が書いた可能性が極めて高い（P156参照）。

それらとほぼ同時期に、当の日本航空機製造の荘田泰蔵社長からも聖火リレー特別委員会の高島文雄委員長宛てに一通の文書が送られている。日付は同年一二月二六日。内容はすでにYS－11のさまざまな飛行試験が進行中であり、「今後の生産計画からみてYS－11を昭和三九（一九六四）年四月以降において、貴委員会がご計画中の聖火輸送にご使用いただくことは充分可能」と伝え、「聖火輸送には、何卒YS－11をご採用下さいますようお願い申し上げます」と訴える内容である。このような文書がこのタイミングで特別委員会に送られているということは、YS－11による聖火輸送に対して聖火スタッフから何らかの不安が訴えられ始めたのだろうか。

こうした空気を反映したのか、同年一二月二七日提出の聖火リレー特別委員会『第一次答申』には「使用飛行機は国産機が望ましいが機種についてはさらに慎重に協議する」という一文が入れられた。YS－11の聖火空輸について、明らかに一歩退いた表現となっているのだ。さらに同日に行われた組織委員会の第三六回会合においては、ついに委員のなかから「国産機というより民間機ということに比重をおくべきだ」という発言が飛び出す。確かに、そもそもYS－11とP2V－7の二択しかないのは不自然なのだ。これに対して組織委員会の事務次長である松沢一鶴は「出来るだけYS－11を使用したい」と答弁したが、すでに状況は大きく動き出していた。

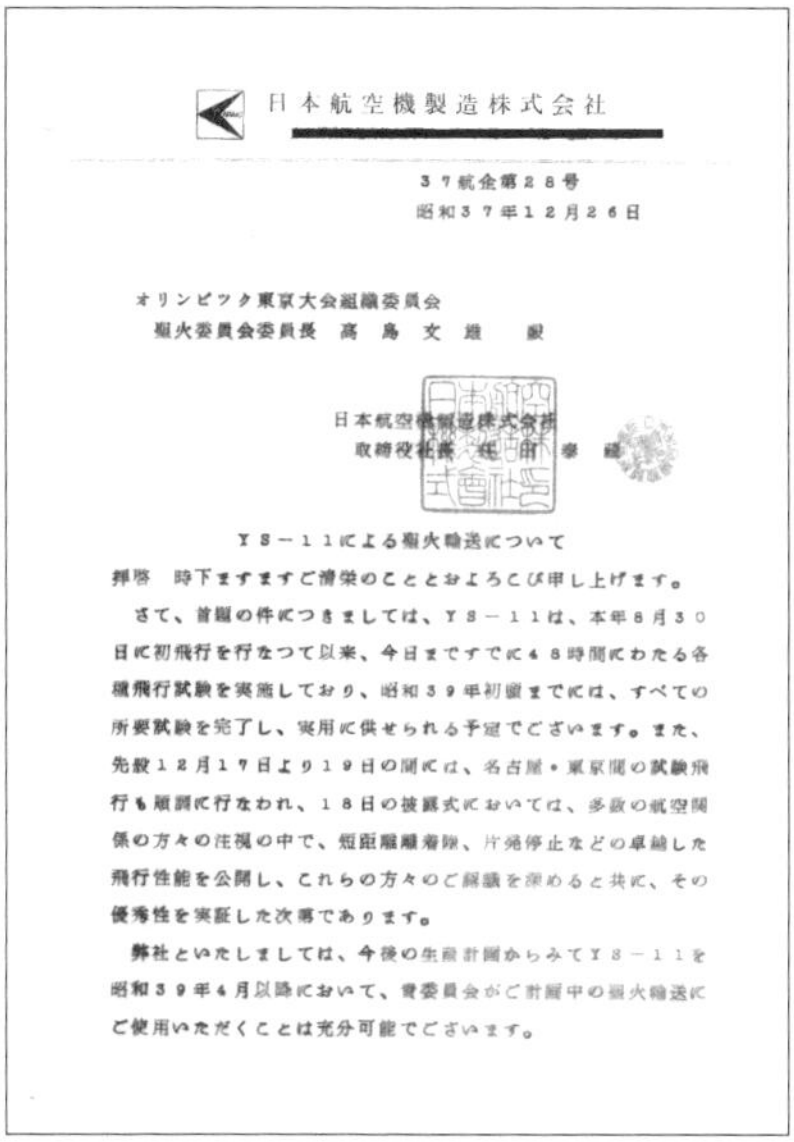

日本航空機製造株式会社

３７航企第２８号
昭和３７年１２月２６日

オリンピック東京大会組織委員会
聖火委員会委員長　高　島　文　雄　殿

日本航空機製造株式会社
取締役社長　荘　田　泰　蔵

ＹＳ－１１による聖火輸送について

拝啓　時下ますますご清栄のこととおよろこび申し上げます。

さて、首題の件につきましては、ＹＳ－１１は、本年８月３０日に初飛行を行なつて以来、今日まですでに４８時間にわたる各種飛行試験を実施しており、昭和３９年初頭までには、すべての所要試験を完了し、実用に供せられる予定でございます。また、先般１２月１７日より１９日の間には、名古屋・東京間の試験飛行も順調に行なわれ、１８日の披露式においては、多数の航空関係の方々の注視の中で、短距離離着陸、片発停止などの卓越した飛行性能を公開し、これらの方々のご認識を深めると共に、その優秀性を実証した次第であります。

弊社といたしましては、今後の生産計画からみてＹＳ－１１を昭和３９年４月以降において、貴委員会がご計画中の聖火輸送にご使用いただくことは充分可能でございます。

YS-11聖火輸送に関する日本航空機製造の文書（提供：秩父宮記念スポーツ博物館・図書館）◉日本航空機製造の荘田泰蔵社長から聖火リレー特別委員会の高島文雄委員長宛てに送られた、1962（昭和37）年12月26日付の文書。同社の社判まで押された正式なもので、聖火輸送へのYS-11の採用を改めて強く訴える内容となっている。同年8月30日に初飛行を終えたばかりだったが早くも数々の問題点が指摘されていたこともあり、あえてこのような文書を送らねばならなかったのかもしれない。

組織委員会事務次長だった松沢一鶴（提供：沖縄県公文書館）◉松沢一鶴（1900～1965）は1921（大正10）年第5回極東選手権上海大会440ヤード自由形競泳で優勝した水泳選手であり、1932（昭和7）年ロス五輪と1936（昭和11）年ベルリン五輪で日本代表水泳監督を務め、1941（昭和16）年に大日本体育協会事務局長に就任。戦後も体協で要職を歴任した。1958（昭和33）年第3回アジア競技大会組織委員会では式典委員長などで活躍。1964（昭和39）年東京五輪では当初、組織委員会事務次長を務めたが、1962（昭和37）年11月になぜか参事に異動した。この写真は1964年 9月11日に那覇空港にて撮影。中央で聖火灯を持つのが松沢。その左後方は聖火沖縄リレー実行委員会・米側委員長のウィリアム・R・ライリー米軍大佐、右は同実行委員長の当間重剛（P105、P111参照）である。

翌一九六三（昭和三八）年三月一九日、聖火リレー委員会の国外小委員会第四回会合において、『オリンピック東京大会聖火リレーに使用する航空機について』なる文書が提出された。そこには「聖火空輸専門委員会」という組織を新たに設けて、聖火輸送の使用機種を決定する方針が打ち出されていたのだ。間もなくこの聖火空輸専門委員会が正式に立ち上がり、その第一回会合が一九六三年四月一八日に開かれる。それは全日本航空事業連合会会長で日本航空社長でもあった松尾静麿を委員長に、防衛庁を含めた官民合同の航空関係者で構成された頭脳集団だった。いわば「航空のプロ」によるドリームチームである。早速、この専門委員会は次々と具体的な資料を提示し始める。

同年五月二〇日付の『聖火空輸幹事会の研究報告および問題点』では「一九六四年七月六日〜一八日までの一三日間で極東地域だけでもYS−11による現地飛行を実施する必要がある」と提案。それを追いかけて提出された『聖火空輸見積説明書』においては、「あくまでYS−11の使用前提」として極東地域でのテスト飛行、エンジン空輸なども含めて一億一四三九万円もの合計金額を計上。さらに九月二日付の『聖火空輸飛行比較表』では他の民間機も検討対象として扱い、YS−11二機、YS−11とDC−6B併用、DC−6B一機、DC−8一機……などでかかる費用を比較した。特に最後の比較表で、DC−6B一機なら費用が約二五〇〇万円と明快な数字が出て来たのは、大きな決め手となったのではないか。聖火空輸専門委員会が繰り出す数々の資料が、徐々にジワジワと効いて来た。

こうして聖火リレー特別委員会が同年一〇月一日に提出した『第三次答申』では、ついに「聖火リレーの空輸に使用する航空機は、日本航空株式会社所有のダグラス式DC−6B型一機をチャーターしてこれにあてる」と一転。翌一〇月二日に開かれた第四七回組織委員会会合で、これが「全員異議なく承認」されることになった。この時点で、YS−11による聖火国外輸送の線は完全に消滅。「プロ集団」である聖火空輸専門委員会は、結局、かなり前の段階から難しい状況だったYS−11使用について決定的にトドメを刺す役割を果たしたのである。

そしてこの時点では、まだ国内空輸における機種の選定は話題にのぼっていなかった。

聖火空輸専門委員会の委員長を務めた松尾静磨(提供:日本航空)◉聖火国外輸送の機種決定にあたってイニシアティブをとった聖火空輸専門委員会の委員長は、当時、全日本航空事業連合会会長で日本航空社長でもあった松尾静磨であった。写真は、日本航空世界一周線西廻り第一便ニューヨーク到着の際に、ケネディ空港にて1967(昭和42)年3月7日に撮影されたもの。

DC-6B「シティ・オブ・トウキョウ」号の塗装(提供:日本航空)◉東京五輪だから「トウキョウ」号がふさわしいという理由で聖火輸送に同機が採用されたという話が一般には伝えられているが、実際にはそんな単純な理由ではなかった。「シティ・オブ・トウキョウ」号が日本航空のDC-6Bの中でも最も古い1番機であったため、当時快調だった6番機(「シティ・オブ・ナゴヤ」)を急遽「トウキョウ」号と改名して使用したあたりからも、ネーミングが理由ではなかったことは明らかだ。この写真では、機首に描かれた「トウキョウ」の文字の下に元の「ナゴヤ」の文字が透けて見えている。アテネのヘレニコン空港にて、おそらく1964(昭和39)年8月18日に撮影。

●薄氷を踏む思いの聖火国内空輸

組織委員会内で聖火空輸に関する暗闘が繰り広げられていた一方で、日航製の開発スタッフたちは何とかＹＳ－11を文字通り「テイクオフ」させようと必死の努力を重ねていた。初飛行を実現させたはいいが、重大な問題が次々発覚してしまったからだ。

「舵のことやら問題点が大きすぎて、飛行機を大きく変えなければならなくなった」と、先に登場した山之内憲夫もこの頃の事情について次のように語る。「特に上反角の改修の影響は大きくて、そうした問題の克服で時間がかかってしまったんです」

「上反角というんですが、主翼の角度が飛行機の安定には重要なんです。それが最初の設計では二度ほど浅かった」と、やはり先に登場した和久光男も二〇〇九年のインタビューで語っている。「フラフラして安定が良くないので、途中で角度を上げることになった。仕方なく主翼の根元の部分にくさびを打ち込んで、翼を吊り上げたんです。その後は、最初から直して作りましたけどね（笑）」

同時に、ＹＳ－11を「旅客機らしく」するための試みも進められた。客室などの内装である。それらを手がけたのが、大丸百貨店の装工事業部だ。たまたま同社が全日空のバイカウント機でカーテン生地のデザインを手がけていたのが縁で、すでにＹＳ－11を予約していた全日空が同社に話を持ちかけたのだ。『株式会社大丸装工事業部20年の歩み』には、一九六三（昭和三八）年三月のプレゼン時に関する同社装工事業部設計課長の川崎浩の証言が残されている。「昼食をはさんで延々五時間、日本航空機製造、三菱重工の営業、技術陣を前にしての説明は全く冷汗ものであった」

確かにバイカウントのカーテンには関わったものの、飛行機の内装など初めてなのだから無理もない。それでも大

機体の疲労強度試験（提供：和久光男／協力：和久淑子）◉YS-11の試作0-2号機（試作2号機とは別物）を使用し、調布飛行場の航空技術研究所調布分室（現・JAXA調布航空宇宙センター飛行場分室）で1962（昭和37）年7月より主翼と胴体とに分けて疲労強度試験を実施した。大きな水槽に沈めて水圧を加えて試験し、主翼は1963（昭和38）年末、胴体は1965（昭和40）年1月末に終了。主脚についても、同試験を1964（昭和39）年3月中旬から10月末にかけて実施している。

YS-11試作1号機の機内（提供：和久光男／協力：和久淑子）◉試作1号機の機内は内装がなされていないむき出しのままの殺風景な状態で、試験機材などが雑然と置かれていた。試作2号機についてはすでに客室に旅客機の内装が施されていたが、その後、全日空からのダメ出しを受けて大丸装工事業部がやり直すことになる。

丸装工事業部はＹＳの内装基本設計の契約をとりつけ、同社から川崎と内田次彦、篠田富士男の三名が日航製に出向して作業にあたることになった。

「私が入る前に設計されてたインテリアは評判が悪くてね」と山之内も語る。「私が入った時にはインテリアの設計を大丸にお願いしてそこからチームが来ていましたね」

あの全日空スチュワーデス一期生の北野蓉子（P043参照）がＹＳ－11に関わっていたのも、ちょうどこの頃のことであった。北野は一九六〇（昭和三五）年にスチュワーデス監督となり、一九六三年には地上職となって乗務からは退いていた。このあたりの事情については二〇〇七年七月一七日から一九日の『日本経済新聞』夕刊に連載されたコラム『五〇年　空一筋』に詳しいが、北野本人は泣く泣くスチュワーデスの一線から退きながら、結果的に同社の女性社員として先駆者的なポジションに立ち始めていた。そんな彼女のＹＳ－11評価は、こと内装に限れば極めて辛口である。

「ＹＳが試作機だったころ、私は客室やギャレー（厨房）の内装について全日空代表としてアドバイザーをしていました。そのころのＹＳときたら（中略）ギャレーのテーブルが角張っていてＣＡがけがをしかねないなど、全日空が導入した英国製ビッカース・バイカウント機などと比べ、どうにもやぼったい」と、かなり厳しいコメントが並ぶ。

「インテリア、キャビンに関しては我々は設計も使ったこともないですからね」と、この件に関しては山之内も不備を率直に認めている。「その意味では意識にすごく差がありました」

こうして、北野はかつてスチュワーデスとして乗務した経験を生かして、日航製や大丸側とやりとりしながらＹＳ－11の開発に貢献した。彼女はすでに、そんな立場の人間になっていたのである。

一方、まだ日航製に入社間もない山之内は、すでに名古屋にいた。入社から二か月ぐらい後に飛行試験の要員として名古屋勤務を言い渡され、一九六三年六月から飛行試験で開発の最前線に駆り出されたのである。だが山之内は、その頃はまだ聖火空輸の話を聞いていなかったという。「二号機の飛行試験の主任でしたから、二号機というと俺の飛行機という感じでした。だからもし二号機で聖火飛行の話があったなら、少なくとも知っていたはず。でも、言われた覚えはないですね」

実際には同年四月一八日に聖火空輸専門委員会がスタートして、ちょうどYS－11の聖火空輸に暗雲が垂れ込めてきた時期だった。現場には聖火の話など流れてくるはずもなかったかもしれない。この後、同年一〇月二日に開かれた第四七回組織委員会会合で、DC－6Bの使用が承認されることになり、ここでYS－11による聖火輸送の命運は完全に尽きたかに見えた。

実際、年が明けた一九六四（昭和三九）年三月二三日の第四六回国会・オリンピック東京大会準備促進特別委員会において、組織委員会事務総長の与謝野秀が参考人として「沖縄からは全日本空輸の飛行機をチャーターして空輸する」と証言しているが、そこにYS－11の名前はない。同年三月二五日発行の『東京オリンピック／オリンピック東京大会組織委員会会報二三』でも、「鹿児島、宮崎、札幌の三都市に、全日本空輸の飛行機（機種未定）で向かう」という表現だ。確かに一度ケチがついたYS－11を国内聖火輸送で再浮上させるという話は、なかなか出て来にくい状況だっただろう。では、何がその再浮上のトリガーとなったのか。おそらくここで、山之内が証言した設計部長の東條輝雄による例の「プッシュ」が行われたのではないか。

実際のところ、その頃には東條が「プッシュ」しても大丈夫な環境が着々と整いつつあった。

「昭和三九（一九六四）年の四月か五月には、型式証明がこういうスケジュール（八月）で取れそうだと分かっていました」と山之内は語る。「六月くらいになったら一号機の飛行試験も全部クリアしていましたし。その時にはもう問題ないと技術屋としては思っていましたから」

こうして、YS－11の実用飛行試験が各地で行われることになる。それを受けてか、国内聖火空輸計画でもYS－11が再浮上を果たした。『社報　全日空』一九六四年八月号・No.63（八月一日発行）には、聖火の国内空輸について「その使用機にはF－27と共に、YS－11を日航製よりチャーターして使用することになった」と明記されているのだ。

ついに、悲願であるYS－11による聖火空輸が実現する。ただ、ひとつだけ問題があった。この段階ではYS－11単独ではなく、フォッカーF－27フレンドシップと併用となっていたのだ。YS－11は、まだ全幅の信頼を勝ち取ってはいなかったのである。

これには少々無理からぬところがある。この国内空輸で立ち寄る空港は、那覇、鹿児島、宮崎、千歳の四か所。当時の滑走路の長さは、那覇については当時の米軍資料を入手できないので確定はできないが、おそらく二五〇〇メートル超。宮崎は一五〇〇メートル、千歳は二七〇〇メートルだった。ところが鹿児島だけが、一〇八〇メートルと微妙な長さだったのだ。しかも、鹿児島空港には少々ハンデがあった。当時の鹿児島空港は霧島市にある現在のそれではなく、鹿児島市鴨池にあった別の空港なのである。中村浩美が書いた『YS－11　世界を翔けた日本の翼』(祥伝社)によると、「市街地にも近く、また進入路に近接して工場の煙突もあった」という。先に挙げた『社報　全日空』一九六四年八月号にはYS－11の離陸滑走路長が(最大離陸重量において)八八〇メートルと記されているが、まだ試験続行中の段階ではいささか不安があったとしてもおかしくない。

さらに少々シビアな見方をすれば、型式証明取得の見込みが立ったというのはあくまで日航製の視点で、全日空や組織委員会からすればYS－11が大丈夫である確証はなかった。だとすると、フレンドシップをいざという時のために確保しておこうと考えるのは、ごく自然なことかもしれない。

では、YS－11とフレンドシップの併用はどのように行われる予定だったのか。これについては、文部省から聖火リレー特別委員会に送り込まれた中島茂の所蔵品に奇跡的にその詳細が残されていた。日本航空と日本交通公社が聖火空輸派遣団メンバーに配った『オリンピック聖火空輸特別便に関する実施要項』という内部資料に、中島本人とおぼしき人物が赤ボールペンでメモを記入していたのだ(P289参照)。それによると、YS－11とフレンドシップが二機と

耐寒試験での山之内憲夫（提供：山之内憲夫）◉1963（昭和38）年1月から1964（昭和39）年7月にかけて、飛行試験をはじめとするYS-11の各種試験が実施された。この写真は、札幌千歳空港にて1964年2月24日から29日まで行われた耐寒試験にて撮影。耐寒試験には試作2号機が使用されたので、同機の飛行試験主任である山之内が試験に参加した。なお、同年7月20日から8月4日までは各地で実用飛行試験が実施され、8月31日には試作2号機の耐空証明が取得された。

フォッカーF-27フレンドシップ（提供：ANA）◉全日空が1961（昭和36）年7月より導入したターボ・プロップ機。一時期は全日空の旅客の約半数を同機で運んでいたといわれ、同機を世界最多の25機保有するほどの信頼を置いていた。写真は1961年6月16日、フレンドシップ1番機がオランダから羽田に到着した様子。同機の前にいるのは操縦してきた日高恵三郎（P040参照）、石崎秀夫の両機長、出迎えたデ・フォークト駐日オランダ大使と大使館員の令嬢たち。このフライトは全日空の操縦士のみで行われ、途中でル・ブルジェで行われたパリ航空ショーにも飛び入り参加した。

も沖縄へ行き、そこで聖火を受け取る。そして、フレンドシップが朝七時に先行で出発して鹿児島へ到着。YS－11は朝八時に出発して宮崎に一〇時五〇分に到着。フレンドシップは鹿児島から再び出発して一一時に宮崎に到着し、ここで聖火も合流……という流れになっていた。だがフレンドシップの出番はここまでで、同機は宮崎から帰還。後はYS－11単独で空輸を続ける計画である。別の書類にも同様なメモが見られるが、そこには「フレンドシップ代金」の文字もあった。確かに、これだけの出番ではフレンドシップがもったいない。

その二機併用プランに待ったがかかったのが、一九六四年七月二二日のこと。この日、YS－11は試験飛行で鹿児島空港に着陸。これによって、同機の鹿児島空港への離着陸に支障がないことが証明された。そこで全日空は同年八月一一日、満を持して聖火輸送国内コースの運航スケジュールや乗員などを発表。同時にYS－11の型式証明が取れる見通しがついたことと、聖火国内空輸を「YS－11単独」で行うことも内外にアピールした。それは聖火空輸派遣団が日本航空のDC－6B「シティ・オブ・トウキョウ」号で羽田から出発する、わずか三日前のことだった。

同年八月二五日には、ついに待望の型式証明を取得。「シティ・オブ・トウキョウ」号はすでに聖火を積んでアテネを出発しており、その時には国外聖火リレー二番目の訪問都市であるレバノンのベイルートに着いていた。まさに薄氷を踏む思いである。

九月三日には、本番に備えて「聖火」号と命名されたYS－11試作二号機が公開テスト飛行を実施。この時には、全日空スチュワーデスも含めて本番と同じクルーが乗務した。「シティ・オブ・トウキョウ」号は、もう日本から目と鼻の先のフィリピン・マニラにいた。

こうして幾多の困難を乗り越え、ついにYS－11は聖火の国内空輸の日を迎えたのである。

型式証明を取得したYS-11（提供：和久光男／協力：和久淑子）◉1964（昭和39）年8月25日、YS-11はようやく型式証明を取得した。すでにYS-11試作2号機には全日空のマーキングが施され、東京五輪エンブレムも付けられている。なお、山之内憲夫によれば五輪エンブレムはペイントされたものではなく、巨大ステッカーを機体に貼ったものだったという。写真は愛知県西春日井郡豊山村の三菱重工小牧工場第5格納庫にて、同日に撮影。

聖火空輸の公開テスト飛行（提供：三菱重工業株式会社）◉1964（昭和39）年9月3日、公開テスト飛行の日の写真と思われる。名古屋の小牧空港での撮影で、背景の中央に見えるのは小牧山。後方には航空自衛隊のF-104戦闘機も見える。陽の高さなどから考えて、鹿児島から給油などのために戻って来た時のものと思われる。この日は、本番と同じく全日空クルーも乗務。多数の報道陣も機内を見学しており、この小牧と羽田で多くの取材を受けていたようだ。

◉「聖火」号、日本列島を北上

「実は、私は内示を受ける前に新聞記事で知ったんですよ」と語るのは、全日空スチュワーデスの板倉（現・白木）洋子だ。「神戸の西宮から出て来た私の従姉が、新聞に名前が出てると記事に赤線を引いて届けてくれて、それで初めて自分が聖火のフライトに乗ることを知りました」

その新聞は一九六四（昭和三九）年八月一二日付『日本経済新聞』で、九月九日の聖火フライトについての発表を記事にしたものだ。聖火国内空輸をYS－11一本で行うという例の発表である。

その発表の後は、展開が早かった。九月三日の公開テスト飛行を経て、いよいよ本番へ。スチュワーデスを除く全日空クルーは事前に名古屋へ向かい、その日を迎えた。

九月八日の早朝、全日空マークとロゴ、東京五輪エンブレムを機体に付けたYS－11試作二号機が、その名も「聖火」号と銘打たれて名古屋・小牧空港を後にした。めざすは羽田空港である。

羽田では盛大な壮行会が行われ、スチュワーデスや栗本義彦団長（聖火国内リレー小委員長でもある）率いる組織委員会・国内聖火空輸団らが合流。東京消防庁のブラスバンド演奏と五輪旗を手にした羽田小学校の学童らの見送りのなか、午前一〇時二〇分に羽田空港を出発。その後、鹿児島での給油を経て、「聖火」号は午後四時半に那覇空港に到着した。板倉はその時の印象を、次のように語っている。「JALさんが運んだ聖火が島内をリレーしていたので、空港は静かでしたね」

九月七日に「シティ・オブ・トウキョウ」号が運んで来た聖火は島内をリレー中だったが、八日夕方に「分火」した火を聖火灯に移し、聖火空輸派遣団・聖火係の中島茂とともにクルマで那覇市へ戻っていた。「聖火」号で那覇入りした

「聖火」号、羽田を出発（提供：三菱重工業株式会社）◉1964（昭和39）年9月8日、羽田空港にて離陸に先立ち午前10時より壮行会があり、岡崎嘉平太全日空社長、国内聖火空輸団の栗本義彦団長らがあいさつ。国内聖火空輸団と操縦を受け持つ全日空側乗務員、日航製社員ら総勢21人の一行は、胸にそろいの五輪マークをつけ、その上に全日空スチュワーデスから安全祈願の黄色い菊の花を付けてもらって機上の人となった。

琉球政府主席室に置かれた聖火灯（提供：沖縄県公文書館）◉1964（昭和39）年9月8日、すでにリレー進行中の聖火から「分火」した火を聖火灯に移し、聖火空輸派遣団・聖火係の中島茂がクルマで那覇市へ移動。その火は翌日のYS-11「聖火」号による本土空輸に備えて、琉球政府の主席室に一晩安置された。写真は聖火灯が置かれた主席室と、当時の行政主席である大田政作。

出発を前にした聖火フライト関係者たち（提供：白木洋子）◉1964（昭和39）年9月8日、羽田空港にて。左から、日航製パイロット長谷川栄三、全日空・運航部長の松前未曽雄、日航製社長の荘田泰蔵、全日空パイロットの飯塚増治郎、一人おいて全日空パイロットの藤村楠彦、スチュワーデスの丸邦子、同・板倉洋子。実際にはもう一人、日航製パイロットの沼口正彦も乗務していたらしいが、なぜか新聞記事や数々の書籍などでは沼口の記述はなく、当日の写真にもまったく写っていない。『社報　全日空』1964年9月号No.64は沼口の乗務に触れた数少ない資料のひとつだが、ここには「但し、沼田（注・沼口の誤記）操縦士は国内空輸にのみ従事」という記述がある。

日航製整備士と板倉スチュワーデス（提供：白木洋子）◉左から、全日空スチュワーデスの板倉洋子、日航製整備士の洲浜（現・日野山）勉、同じく山口一行。3名ともYS-11による聖火フライトに参加したメンバーである。撮影は1964（昭和39）年9月3日の公開テスト飛行か8日の本番のどちらかで、同時に撮影された写真にモノレールが写り込んでいることから場所は羽田空港と思われる。

日航製社員旅行の記念写真（提供：山之内憲夫）◉1972（昭和47）年、鈴鹿国定公園の富士見岩展望台にて撮影。当時、YS-11量産機の飛行試験を行っていた人々による、名古屋事務所の社員旅行の様子である。一番左のサングラスの人物が、知られざる「聖火輸送第4のパイロット」沼口正彦。その一人おいた右のネクタイの人物が長谷川栄三パイロット。中央で石の上に座っている人物が聖火輸送に同行した整備の山口一行、そのすぐ左で座っているのが和久光男、しゃがんでいる人物の一番右が飛行整備部飛行課長の近藤計三パイロット。当時、名古屋技術課課長代理だった山之内憲夫は、石に座っている山口一行の後方斜め右上に顔を見せている。

YS-11「聖火」号機内の様子（提供：ANA）◉YS-11客室内の聖火台は、大丸百貨店室内装工部と全日空の耐空性管理課が共同で設計・製作。特に全日空・耐空性管理課長の松本武治郎が心血を注いで作ったといわれている。また山之内の証言によると、聖火台製作には日航製が少なからず関わっていたともいう。ちなみにこの写真は、国内聖火空輸団とともに羽田から乗り込んだ組織委員会参事の松沢一鶴らしき人物（写真手前一番右）が写っていること、さらに聖火台にまだ聖火灯が置かれていないなどから、1964（昭和39）年9月8日に那覇に向かっている途中で撮影されたものと思われる。

一行は明日に備え、この夜は市内の東急ホテルに一泊である。

こうして迎えた九日早朝六時四〇分、聖火が中島の手で那覇空港に運ばれて来た。国内聖火空輸団団長の栗本義彦による挨拶の後、「聖火」号は午前六時五八分に出発する。

『社報　全日空』一九六四年一〇月号・No.65には、この日のフライトに搭乗した営業部員の国領茂満による『聖火をみつめて』という手記が掲載されている。それによると、国領にとってはここからがまさに戦争だった。搭乗客のチェック、鹿児島で途中降機する客の荷物のチェック、そして入国書類の作成……。先にも述べたように、いまだ「外国」であった沖縄との行き来では、「CIQ」（出入国手続に関わる行政機関）の厄介になる必要があった。前日、沖縄入りした時も同様の手続きはあったが、その時には時間的にも精神的にも余裕があった。だが、この日は聖火輸送の本番である。鹿児島到着後、分刻みのスケジュールが決まっている。さらに、航空自衛隊のジェット練習機T－33のエスコートが始まると、報道陣は右往左往してまるで言う事を聞かない。

午前八時三九分、「聖火」号は鹿児島空港に到着。だが、国領は入管に提出する書類を記入したりパスポートを揃えたりで、空港での歓迎式典を見ている暇などなかった。これがあまりにも大変だったせいか、国領の手記はその大半が鹿児島での入国手続きのエピソードに費やされている。

この鹿児島で、聖火は再び分火されて第一コース開始。国領たちの奮闘のおかげで、「聖火」号は歓迎式典終了前に定刻で離陸できた。午前九時五五分には宮崎空港に到着して、ここでも華やかな式典の後に第二コースが開始する。次の目的地は札幌・千歳空港だが、その前に名古屋に立ち寄って給油である。名古屋では華やかなセレモニーがある訳でもなく、ホッとするひとときだったようだ。

名古屋離陸後は、日本海側の航路を飛んで一路千歳をめざす。しかし、あいにくと日本海側上空には前線があり、天候が悪かった。それでも札幌到着時刻の関係で、悪気流のなかをフライト。これが激しく揺れた。記者たちはひと

那覇空港での「聖火」号（提供：白木洋子）◉1964（昭和39）年9月9日朝、那覇空港にて出発を前にしたYS-11「聖火」号。前夜、沖縄入りした国内聖火空輸団とクルーの一行は、ここで聖火空輸派遣団・聖火係の中島茂が運んで来た聖火灯を積み込んで、一路鹿児島へと出発した。

鹿児島空港でのセレモニー（提供：ANA）◉1964（昭和39）年9月9日、鹿児島空港のセレモニーで聖火トーチを手渡された本土第1走者・鹿児島高校体育助手の高橋律子。

「聖火」号をエスコートする練習機T-33（提供：白木洋子）◉鹿児島湾上空に差し掛かるあたりで、鹿屋基地から飛来してきた航空自衛隊のジェット練習機T-33が「聖火」号をエスコートした。

たまりもなく、スチュワーデスの板倉洋子さえダウンしてしまう。

「前日からの緊張と寝不足で私も気分が悪くなりました」と板倉。「何とか一通りの客室業務をこなしましたが、我慢できなくなり後部席で毛布をかぶって三〇分ほどダウンしてしまいましたね」

それでも青森を過ぎ、津軽海峡上空に差し掛かる頃には青空も見えて来た。室蘭上空あたりでは、航空自衛隊のF－86Dが数機飛来。YS－11の両側で翼を振りながらエスコートした。

「パイロットの顔がハッキリ見える近さで飛んでいました」と板倉。「私もさっきまで気分が悪かったことも忘れて、夢中でエスコート機の写真を撮っていました」

こうして午後三時五五分には、第三・四コースの起点・札幌千歳空港に到着。ミッション無事完了である。夕暮れの千歳空港を後に、「聖火」号は太平洋側上空を一路羽田空港に向かった。羽田到着は、夜七時過ぎのことである。

「帰路は皆様無事に大役を務めた安堵感で、柔らかな空気が機内を包んでいました」と板倉は回想する。「早朝の沖縄から一五時間近くの勤務でしたが、疲れより無事終えられたことで頭の中がカラッポになった感じでしたね」

しかし、実は聖火空輸はこれで終わりではなかった。沖縄で「分火」された聖火が、まだリレーを続行していたのである。当初、アメリカ側聖火リレー実行委員からリレー終了後は「消せばいい」などと心ないことをいわれたりもした聖火だったが、結局、沖縄でのリレー日程をすべて終えた後、組織委員会参事の松沢一鶴の手で日本航空の那覇～福岡定期便「トワダ」号に載せられた。「トワダ」号は那覇を九月一一日午後三時五〇分に出発して、福岡板付飛行場に午後五時一五分に到着。その夜、熊本県庁に運ばれて、翌一二日に聖火は無事に進行中の第一コースに合流した。これにてすべて完結。一九六〇（昭和三五）年頃の伊藤道郎によるシルクロード走破プランに始まり、途中にYS－11開発などのさまざまな要素を挟みつつ、アテネを出発する長い旅をスタートさせた東京オリンピック聖火の空輸プロジェクトは、この日をもってめでたく終了したのであった。

千歳空港での「聖火」号（提供：白木洋子）◉1964（昭和39）年9月9日の到着時には霧雨だった千歳空港だが、「聖火」号は詰めかけた約1万人の歓迎のなかを無事に着陸。空輸派遣団団長代理の野沢要助から千歳高校二年生の小仲恵子が聖火灯を受け取り、北海道知事の町村金五を経て第1走者の自衛隊員・笹野弘康に手渡された。写真は、そのセレモニーを「聖火」号に付けられたタラップから見つめるスチュワーデスの丸邦子と板倉洋子（左から）。手前を歩いているのは、セレモニーでのファンファーレ演奏などを担当した陸上自衛隊第一特科団音楽隊の面々。

沖縄でのリレーを終えた聖火を福岡へ空輸（提供：沖縄県公文書館）◉「分火」され沖縄に残された聖火は、聖火沖縄リレー実行委員会・米側委員長のウィリアム・R・ライリー米軍大佐（右）から組織委員会参事の松沢一鶴（左）に渡された。1964（昭和39）年9月11日、那覇空港にて撮影。背景に見えるのは、聖火を福岡板付飛行場に運ぶDC-8「トワダ」号。交通史研究家の曽我誉旨生氏の調べによれば、これは那覇～福岡定期便のJL904便と考えられる。本来はコンベアCV880で運航されていたが、この時は何らかの理由でDC-8で運航されていたようだ。

第3章　知られざる聖火空輸

◉札幌・長野と変わる聖火事情

華々しく行われた東京五輪の聖火リレーだったが、日本ではその後、一九七二（昭和四七）年の札幌、一九九八（平成一〇）年の長野と二度も冬季オリンピックがあった。だが、これらの聖火リレーについて語られることは極めて少ない。まして、空輸については推して知るべしだ。

札幌五輪では、日本航空のジェット機ＤＣ－８がアテネからの空輸に使われた。ただし、これは特別機ではなく定期便。一九七一年一二月二九日パリ発南廻り東京行きＪＬ四六二便を、今回のみ特別にアテネおよび沖縄に臨時寄港させたものだ。翌一九七二年五月の沖縄の本土復帰（P212参照）も見据えた聖火輸送であった。

島内の聖火リレーを経て、年明けの沖縄からの空輸は全日空のボーイング727－200が担当。こちらもジェット機に「昇格」した以外は東京大会と同じだ。ただし、この時は西日本での聖火リレーは行わないことになっていたので、ダイレクトに羽田に着陸。一旦、聖火は東京の国立競技場に運ばれ、その後、本州内を北上するリレーが始まった。しかし、実は飛行機の出番はもう一度あった。青函連絡船「大雪丸」で函館に運ばれた聖火は、ここで三つに「分

札幌五輪聖火を羽田に運んだ全日空ボーイング727（『全日空社報』1972年2月号・No.150より／提供：ANA）◉1972（昭和47）年1月1日午前9時50分、那覇空港を出発した全日空ボーイング727-200は、同日午後0時30分に羽田に到着した。機長は神田好武（P040参照）と飯塚増治郎（P146参照）。

札幌五輪聖火を運ぶ日本航空DC-8（1971〈昭和46〉年12月31日付け『工商晩報』より／Image courtesy of the Robert H. N. Ho Family. Clips of the Kung Sheung Evening News are archival documents of the Hong Kong Central Library）◉1971（昭和46）年12月29日、聖火を乗せた日本航空DC-8はにアテネ・ヘレニコン空港を出発して、30日午後8時30分に沖縄・那覇空港に到着。写真は同機が香港に立ち寄った様子。

セスナで運ばれる聖火（提供：朝日新聞社）◉1972（昭和47）年1月20日午前11時過ぎ、聖火を乗せて函館空港から稚内と釧路に向かう横浜航空の2機のセスナ402A。横浜航空は横浜訓盲学院航空事業部として1952（昭和27）年に設立。盲学校との関係は、同校理事長の息子ふたりにパイロット経験があったことによる。当初は不定期路線や遊覧飛行などの運航を行っていたが、1966（昭和41）年に紋別～札幌・丘珠空港線で定期便運航を開始。しかし、1972年5月30日に「そよかぜ」号墜落事故が発生して運航停止、1974（昭和49）年には日本近距離航空（現・エアーニッポン）に吸収された。聖火輸送は、横浜航空最後の栄光だったのである。

火」。そのうちふたつが、函館空港から空路で稚内と釧路に運ばれたのだ。運んだのは、横浜航空の双発レシプロ機セスナ402-A。こんな聖火空輸が北海道で行われていたことを、今日覚えている人はどれくらいいるだろうか。

また長野五輪では、日本航空が一九九七(平成九)年一二月一七日に成田出発フランクフルト経由アテネ行きで、ボーイング747特別便(JL五四一七便)を運航。二二日にはアテネ発(JL五四一八便)で聖火を空輸。二三日に成田に到着した聖火は東京で年越し。一九九八年一月四日に三つに「分火」されて羽田から千歳、鹿児島、那覇に空輸された。

問題はここからである。過去の東京五輪と札幌五輪での慣例から考えて、当然、国外がJALなら国内はANA……と思いきや、実はそうではなかった。千歳、鹿児島、那覇のいずれも、JALの国内線定期便を使って運ばれたようなのだ。これは果たしてどういうことなのか。なぜ東京五輪や札幌五輪の時のように、国内輸送においてはANAが担当しなかったのだろうか。

明確な結論は出せないが、これには近年のオリンピック事情が深く関係しているようだ。

一九八四(昭和五九)年のロサンゼルス五輪では、組織委員会の委員長ピーター・ユベロスがスポンサー契約で一業種一社に限定することで、より高額の協賛金を得る方式を考案。その方式をIOCが参考にして、以後のオリンピックで踏襲していった。それまでは、いわゆるオフィシャル・スポンサー等の規定は今ほど厳密ではなかったのである。実際、JALは東京五輪でも札幌五輪でも「オフィシャル・エアライン」だったが、前述のように国内輸送ではANAが協力するなど比較的緩い側面もあった。しかし、「ロス五輪以後」の長野ではそれが許されなくなった……ということなのだろうか。当然のことながら、長野の「オフィシャル・エアライン」はJAL一社のみである。国内の聖火輸送もすべてJALで、定期便を使って実施……となった経緯は、そんなところなのではないだろうか。

来たる二〇二〇年の東京大会ではANAとJALが「オフィシャルエアラインパートナー」となり、オリンピック・パラリンピックのスポンサーとしては異例な同業種二社共存となった。二〇二〇年東京大会は、航空二社の「共存」と

長野の聖火が新千歳に到着（提供：朝日新聞社）●1998（平成10）年1月4日午後9時40分、日本航空の羽田～新千歳定期便（JL527便）で新千歳空港に到着した聖火。聖火は国土交通大臣の許可（P129参照）を得て、特製の容器に納められたカイロ（ハクキンカイロ製）で運ばれた。ちなみに羽田～鹿児島は1月5日付『南日本新聞』によると同日午後8時過ぎに到着。東京～那覇も1月5日付『沖縄タイムス』によると同夜に到着している。沖縄への聖火空輸はこれで3度目だったが、この時は元ボクサーで俳優の赤井英和が聖火ランナーとして走るなど、あの東京五輪の時とはかなり雰囲気が異なるものとなった。

ANAとJALが2020年東京大会のオフィシャルパートナーに決定（『トラベル Watch』より／撮影：村上俊一／提供：株式会社インプレス）●ANAとJALは2020年東京オリンピック・パラリンピックの「オフィシャルパートナー」に決定し、2015（平成27）年6月5日にその契約調印式が行われた。写真は両社の客室乗務員。本来、東京2020スポンサーシップは「一業種一社」を原則としているが、IOCと協議のうえで特例として2社共存となった。ちなみにANAは、オリンピック・パラリンピックにおける「オフィシャルエアライン」は初めてである。

いう点に注目しても興味深いのではないだろうか。

◉五輪を側面から支えた「ミスター聖火」

ここまで読んでくださった方々は、文中に何度もその名前が登場しながら、まだ詳しく触れられていない人物がひとりいることにお気づきかもしれない。ここでは、その人物を改めてクローズアップしたい。東京五輪の聖火空輸派遣団で聖火係を務めた男、中島茂である。

中島茂は一九一四(大正三)年八月一〇日、佐賀県生まれ。東京高等師範学校を卒業して、旧制佐賀高校などで教鞭を執る。戦後、一九四八(昭和二三)年からは佐賀県の体育保健課長を務め、一九五〇(昭和二五)年に文部省入り。これが中島がオリンピックと関わる下地になった。

そのキッカケは、一九五八(昭和三三)年の第三回アジア競技大会。東京で開催されたこの大会では初めて聖火リレーが導入されたが、その聖火をマニラから日本へ運ぶための聖火派遣団の一員に選出され、式典委員会のトーチ・リレー委員会委員、開会式・閉会式などに関わる式典部の聖火係も担当。その尽力ぶりが注目された。

一九六四(昭和三九)年の東京五輪では聖火リレーに関して当初から深く関わりを持ち、一九六〇(昭和三五)年のローマ大会を事前視察。オリンピアでの採火式からローマでの開会式まで、事細かく観察して東京での「本番」に備えた。殊に開会式についてはプログラムに細かく書き込みをして、詳細を記録していた(口絵P03参照)。その後、中島は聖火空輸派遣団・聖火係のほかに式典副本部長も務め、東京五輪開会式・閉会式の中枢的な役割も担うことになる。もし中島がいなかったなら、あの開・閉会式はまったく違ったものになっていたかもしれない。

聖火リレーのプランニングでは常に中心にいて、聖火リレー特別委員会の下部組織である「国外小委員会」、「国内

ダーランでの東京五輪・聖火空輸派遣団（提供：池田宏子、池田剛）◉アテネに向かう往路の途中、サウジアラビアのダーランでおそらく1964（昭和39）年8月17日～18日に撮影。中央の帽子とサングラスの人物が中島。左端には、カメラを持った日本航空・熊田周之助の姿も見える。写真ウラに書かれたメモによると、気温が50度に達していたようだ。

ローマ五輪聖火採火式での中島茂と井上靖（提供：池田宏子、池田剛）◉1960（昭和35）年8月12日、中島はギリシャのオリンピアで行われたローマ・オリンピックのための聖火採火式を見学。写真は、毎日新聞社の依頼で取材に訪れていた作家の井上靖とのツーショットである。

日　新　聞　　昭和39年9月8日　火曜日　12版▲　(14)

昼夜を問わぬ給油

招待も断って事前調査

国外リレー陰の功労者

空輸団聖火係の中島さん

主将に小

沖縄での中島に取材した新聞記事（1964〈昭和39〉年9月8日付『朝日新聞』より／提供：国立国会図書館）◉那覇の宿舎で浴衣姿で久しぶりにくつろぐ中島に取材した、国外聖火リレーの裏話を綴った新聞記事。「各国の聖火リレー計画が事前にキャッチできず、ぶっつけ本番の連続だったのには参った」というコメントに、中島の苦労がにじむ。

小委員会」、「技術小委員会」のすべてに参加していた人物でもあった。聖火空輸派遣団に選ばれたのは必然だった。

だがリレー本番での激務は、壮絶を極めていた。一九六四年九月八日付『朝日新聞』には、沖縄で中島に取材した記事が掲載されている。それによると、中島は他の派遣団員がレセプションに招待されている間、ひとりでタクシーを飛ばして翌日のコースを下見。聖火灯には昼夜問わず八時間ごとに給油しなければならず、腹巻きのなかには聖火のカイロを入れるという念の入れよう。リレーの準備による過労で片目の網膜をいためて、晴天時にはサングラスを手放せなくなった。屋外での写真で常にサングラス姿なのは、そのせいである。実は沖縄到着後もYS−11による国内空輸に参加したが、国外空輸派遣団の中島はあくまで前面には立たなかった。まさに「陰の功労者」なのである。

その後、一九六九(昭和四四)年に日本体育協会の事務局長に就任。翌一九七〇(昭和四五)年四月に体協に入った佐藤則夫(現・蕨市体育協会副会長)はこう語っている。「カラダも大きく一見取っ付きにくい印象でしたが、入ったばかりの若い人間にも気さくに話しかけてくれましたよ」

一九七二(昭和四七)年の札幌五輪では、中島は聖火リレー小委員長や式典専門委員会委員を務める。この時も聖火採火派遣団のメンバーとして、アテネ〜沖縄〜羽田間で聖火を守り続けた。

「真面目は真面目なんですが、ざっくばらんな人」と佐藤。「女性職員にお茶ちょうだいと言っては茶碗を持って来させて、そこに自分でウイスキーを注いで昼間から飲んでましたね」

一九七四(昭和四九)年には体協を去り、国立競技場の理事と日本体育施設協会の理事を兼任。その後、文部省在籍時から講師をしていた二松學舍大学の教授となるが、七〇歳前後で退職した。

サマランチＩＯＣ会長が一九九一(平成三)年に長野を訪れた時に特別列車に乗って来たと聞いて、隠居後の中島がいたく腹を立てていたというのも、いかにもこの人らしいエピソードであろう。

両五輪に真に貢献した中島こそ、「ミスター聖火」と呼ぶにふさわしい人物ではないだろうか。

日本体育協会・事務局長時代の中島茂（提供：佐藤則夫）●右は1970（昭和45）年5月30日に撮影された那須高原での職員旅行の写真、左は1971（昭和46）年1月4日に撮影された毎年恒例の仕事初めの写真である。体協を去った後は、国立競技場の理事と日本体育施設協会の理事を兼任した。

札幌五輪の聖火を持つ中島（提供：ANA）●1972（昭和47）年1月1日、全日空ボーイング727-200が那覇空港から羽田に到着。同機から聖火灯を持って降りてくる中島茂（サングラスの人物）。左端は聖火採火派遣団団長で札幌五輪組織委員会副会長の竹田恒徳、中島の右にいる聖火灯を持った人物は同・組織委員会委員の青木半治。

第4章　空に五輪を描いた男たち

◉極めて難度の高いチャレンジ

ここまでは東京オリンピックの聖火空輸について語ってきたが、この大会ではもうひとつ、飛行機が大役を果たした場面があった。ご存じ、航空自衛隊ブルーインパルスによる五輪パフォーマンスである。

そのプランの発端がいつ頃だったかについては、資料や証言によってさまざまだ。そのなかでも具体性のある『オリンピック東京大会と政府機関等の協力』（文部省）によれば、アイディア自体は一九六〇（昭和三五）〜一九六一（昭和三六）年ごろから航空自衛隊内で取りざたされており、一九六二（昭和三七）年初頭から第一航空団で可能性を研究し始め、同時に五色の煙の開発にも着手したという。そこで具体化してきたのが、ブルーインパルスの起用だ。

「ブルーインパルスは、昭和三五（一九六〇）年に正式チームができたんです」と語るのは、五輪を描いたブルーインパルスで五番機を担当した藤縄忠（当時二尉）だ。「その数年前、航空自衛隊が出来たばかりの頃、パイロットの方が選ばれてアメリカに飛行機を習いに行くんですよね。そこでサンダーバードやらのショーを見る機会があった。帰国後に自分たちもやろうと少しずつやり始めたんです」

F-86F時代のブルーインパルス（提供：航空自衛隊）◉1960（昭和35）年8月、浜松基地第1航空団第2飛行隊内に「空中機動研究班」として誕生した、アクロバット飛行（展示飛行と呼ぶ）を行う航空自衛隊の専門チーム。宮城県松島基地の第4航空団に所属する「第11飛行隊」が正式名称である。初代機体であるF-86Fはアメリカから供与された当時の主力戦闘機。

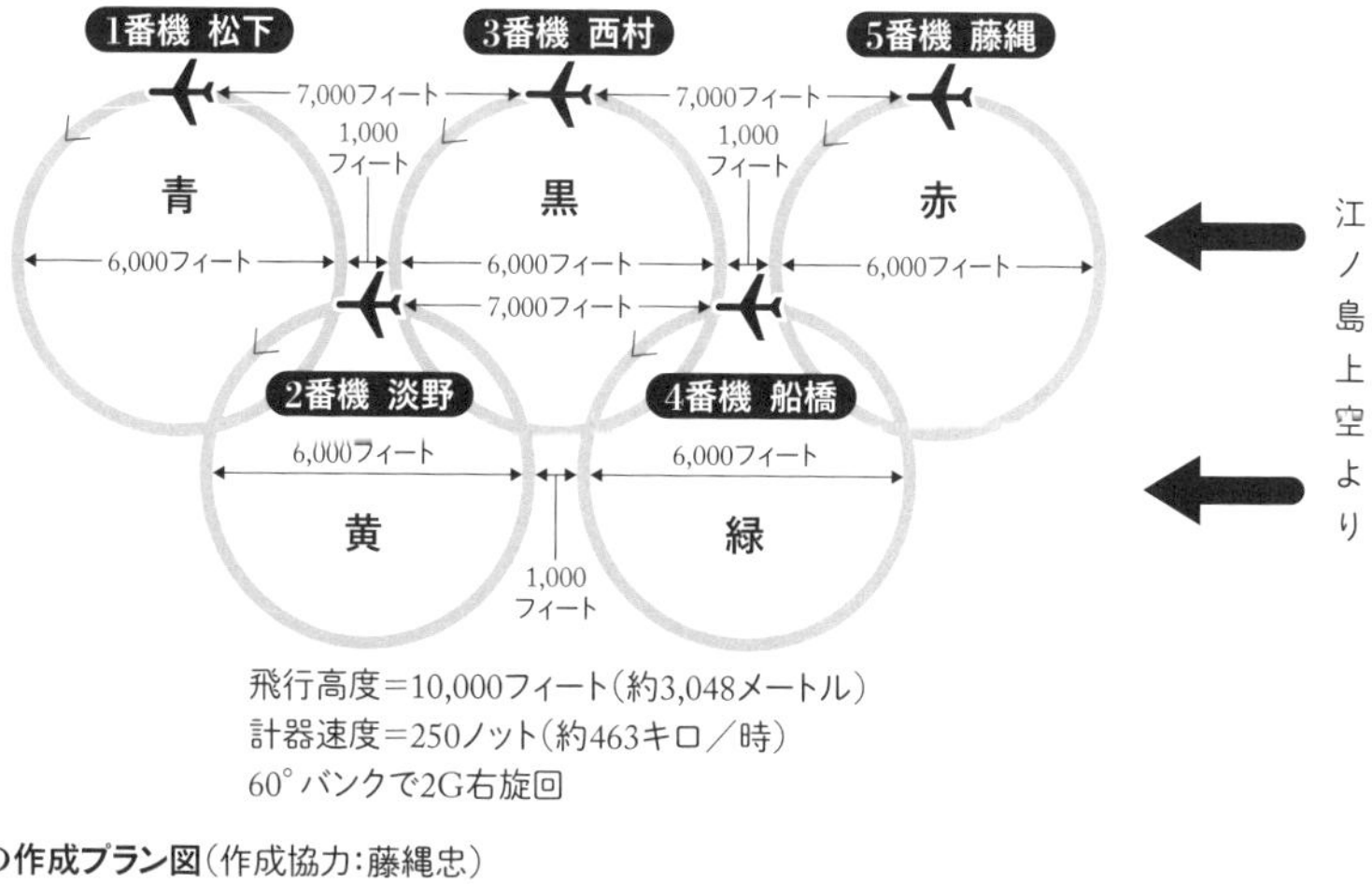

五輪の作成プラン図（作成協力：藤縄忠）

やがて一九五九（昭和三四）年の夏頃に、そこに五輪を描いた時の隊長である松下治英（当時一尉）が入り、同年秋には藤縄と西村克重（当時二尉）が入る……。一九六三（昭和三八）年春には、すでに五輪を描いた時のメンバーとなっていた。

一方、その頃には五輪パフォーマンス実現の目処も立っていたようだ。前出『オリンピック東京大会と政府機関等の協力』には、一九六三年五月に航空自衛隊浜松基地に組織委員会の式典関係者を招いて研究成果を発表し、その結果、同年七月に五輪飛行の実施が決定すると書かれている。ただ、最初はトンデモ案も飛び出していた。

「縦に輪を描くという話が出てきたんです。水平じゃなくて垂れ幕みたいにね」と藤縄は当時を振り返る。「でも、飛行機が上昇するとスピードが減る。旋回半径がどんどん変わっちゃう。まん丸にならずに楕円になっちゃう。だから、さすがにそんなのできっこないよと」

そんな五輪案があのかたちに定まってきたのは、試行錯誤の産物だと藤縄は語る。「ロイヤルボックスから天皇陛下がちょっと視線を上げたところに入るようにと考えたわけです。それで高度、スピードを考えて煮詰めていった」

しかも難しいのは、すべてを目測で行わなければならないことだ。F‐86の射撃用レーダーでは、お互いが離れ過ぎていて使えない。しかし一番機を目標に飛んでも、豆粒よりも小さくしか見えない。

さらに空に五輪を描く困難さは、距離の取り方だけではない。そもそも真円を描くこと自体が難しいのである。詳しくは図AとBをご参照いただきたいが、スピード、重力、描く輪の大きさなどを見極めながら飛ばなければならない至難の業なのだ。その困難さは想像するに余りある。

そんな高難度の練習を行っていた場所は、浜松の飛行場上空や愛知県の伊良子岬。藤縄によれば伊良子岬での練習の最後に輪を作り、浜松に戻って着陸前に再び輪を作るという段取りだったようだ。

「浜松の飛行場上空で、あまり煙を出さないかたちで訓練していました」と、リーダーの松下治英も二〇〇九年に証言している。「たぶん、下にいる人には見えなかったはずですが」

スモークの輪を描く際の問題点

図A

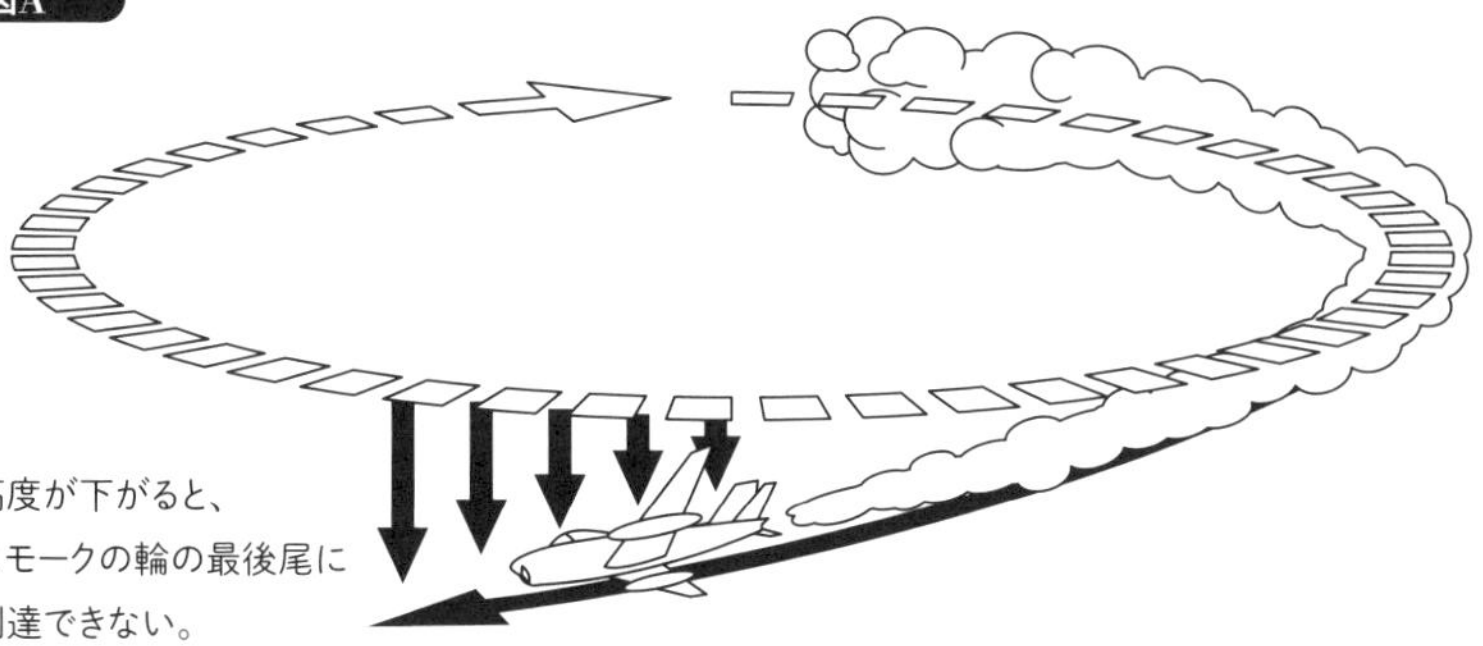
高度が下がると、
スモークの輪の最後尾に
到達できない。

輪を描く時には機体を輪の内側に傾けて旋回[★1]するので、重力に対して垂直な揚力[★2]が減ってしまう。そこで機首を上げ、迎え角[★3]を大きくして揚力を増やすのだが、今度は、抵抗[★4]が増してスピードが落ちてしまう。スピードが落ちると高度が下がってしまうので、エンジンの出力を上げてスピードを維持しなくてはならない。

図B

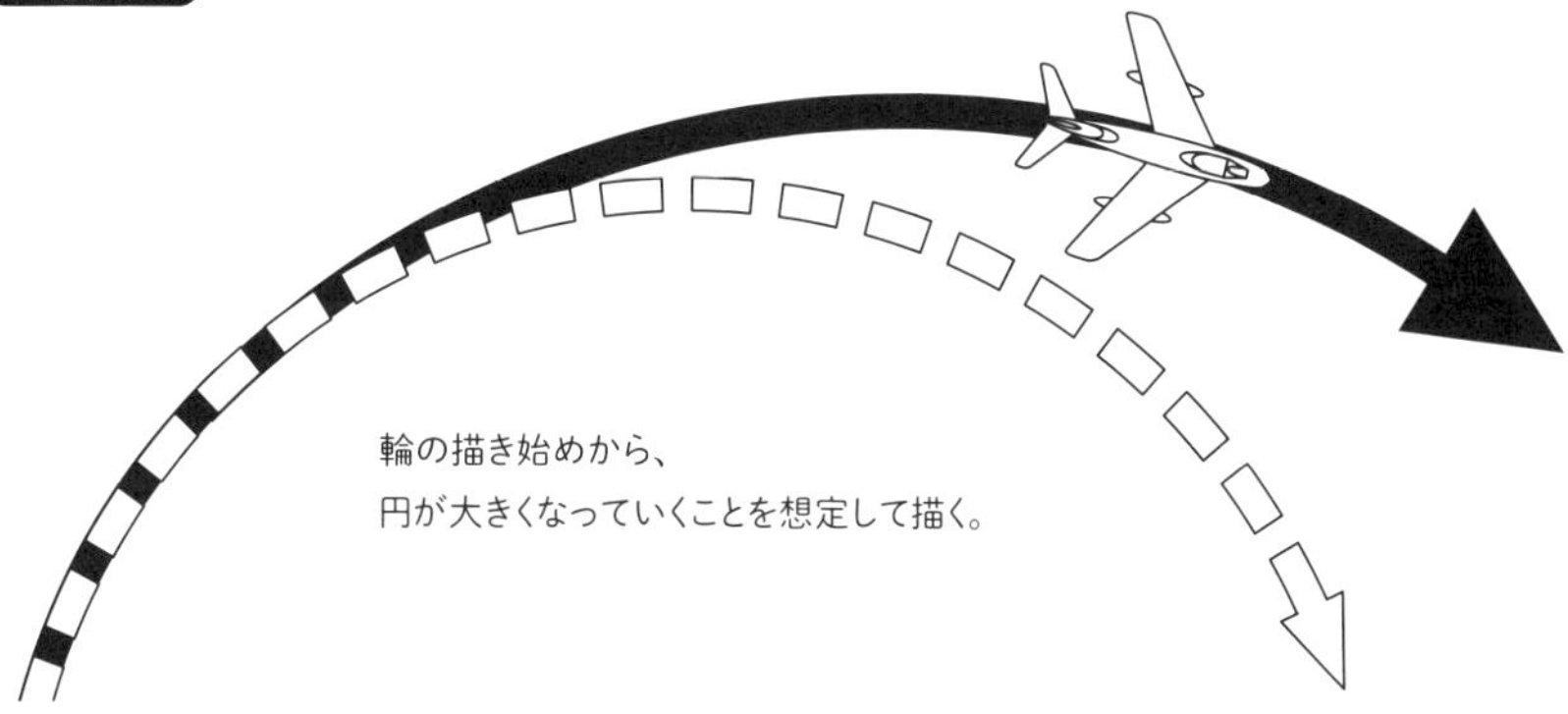
輪の描き始めから、
円が大きくなっていくことを想定して描く。

エンジンの出力も限界に達してしまうとまたスピードが落ちてしまうので、機首を下げて迎え角を小さくするとともに機体の傾きを弱める。すると高度も速度も維持できるが、旋回半径が増してさらに大きい円を描くことになる。

★1――バイクなどがコーナリングで曲がる時と同様に、曲がる方向に機体を傾けて遠心力に対抗して曲がること。
★2――翼によって生まれる、飛行機を上昇させる力。
★3――飛行機の主翼など、板状のものが空気の流れに対してある程度の角度をもつこと。迎え角が生まれると揚力が発生する。
★4――飛行機の前進を妨げる、空気抵抗の力。

●上がったハードルを見事にクリア

こうしてブルーインパルスの面々は、日々訓練を重ねていく。今日、その五輪パフォーマンスは開会式当日まで極秘に水面下で準備されていたような印象があるが、実際には訓練もたびたび公開されていたことは意外に知られていない。例えば一九六三（昭和三八）年一二月六日には、富士山上空で五輪を描いている。この写真が各新聞社・通信社に存在しているということは、おそらく公開で行われたのだろう。また翌一九六四（昭和三九）年七月三一日には、航空自衛隊入間基地で公開の五輪飛行を実施。同年三月二五日発行の『東京オリンピック／オリンピック東京大会組織委員会会報二三』に至っては、堂々と「開会式には浜松基地からジェット一五機［五機の間違い？］が飛び立ち、国立競技場上空で一気に大きな爆音をたて、後部から五色の五輪マークを画く」と書いてあるのだ。

逆に五輪飛行が公然のものだったということは、それだけ期待値のハードルが上がっていたということでもある。ブルーインパルス隊員たちの緊張感は、いかばかりのものだったであろうか。

こうして迎えた一〇月九日の開会式前夜、東京は激しい雨だった。「これは明日はない」と、ブルーインパルスの隊員が酒を飲んで東京・新橋に泊まったのは有名な話。当夜は午前一時頃まで飲んだという。

ところが明けた一〇日の朝八時頃目覚めると、東京の空は快晴。驚いた隊員たちは、慌てて入間基地に駆けつける。海外にテレビ中継される開会式に、失敗は許されない。

ブルーインパルスは一四時三〇分に入間基地を離陸し、湘南海岸上空で待機。だが、式の進行は遅れていた。

「組織委員会から指定された時間は一五時一〇分二〇秒。ところが行進が遅れちゃったからずれちゃう」と藤縄。

「松下さんは困って、機転を利かしたのが飛行機の中のラジオ。無線機をＮＨＫの実況放送に合わせて今どういう状

富士山上空での五輪パフォーマンス訓練（提供：毎日新聞社）◉1963（昭和38）年12月6日に撮影。手前は静岡県清水市（現・静岡市清水区）。同様に富士山絡みで1963年末に撮影された写真が多数の新聞社、通信社に存在する。1964年7月31日に航空自衛隊入間基地で行われた公開練習でも披露されており、決して秘密裏に訓練していたわけではなく、人の目に触れる機会は多かったかもしれない。

開会式で五輪を描きつつあるブルーインパルス（『青い衝撃』〈航空自衛隊第1航空団〉より／提供：航空自衛隊）◉1964（昭和39）年10月10日、東京オリンピック開会式で直径6000フィート（約1829メートル）の5つの輪を、7万5000人の観衆の上空に描き始めるブルーインパルス。輪を描いているのは左から1番機・松下治英1尉、2番機・淡野徹2尉、3番機・西村克重2尉、4番機・船橋契夫1尉、5番機・藤縄忠2尉。

国立競技場上空の五輪（提供：航空自衛隊）◉1964（昭和39）年10月10日、メイン・スタジアムである国立競技場の上空約10000フィート（約3000メートル）に、東西約6キロ以上にもわたる巨大な五輪を描きあげた。ほとんど風のない状態だったこともあり、五輪はほぼ1分間上空にとどまり、ゆっくりと東京湾方向に漂っていった。

五輪飛行を実現したブルーインパルスの隊員（提供：藤縄忠）◉写真左より、松下治英1尉（1番機・青）、船橋契夫1尉（4番機・緑）、西村克重2尉（3番機・黒）、藤縄忠2尉（5番機・赤）、淡野徹2尉（2番機・黄）、鈴木昭雄1尉（予備機）、城丸忠義2尉（予備機）。予備機のうち、城丸は万が一の時の代役として白色スモークを搭載して近くでスタンバイしており、鈴木はT-33に乗って上空1万5000フィート（約4600メートル）から全体を見渡していた。その後、松下氏、西村氏、藤縄氏、淡野氏は退職して日本航空のパイロットに転身。船橋氏はブルーのリーダーとなったが、松島基地に転属後の1977（昭和52）年に死去。予備機の城丸氏も1965（昭和40）年11月24日、浜松北基地で墜落し、殉職した。

防衛庁での慰労会（提供：藤縄忠）◉1964（昭和39）年10月20日、ブルーインパルスの隊員はオリンピック開会式展示飛行の功績で、防衛庁長官の小泉純也から防衛功労賞を、オリンピック組織委員会から感謝状とトロフィーをそれぞれ授与された。写真は左から城丸忠義2尉、松下治英1尉、西村克重2尉、マラソンで銅メダルを獲得した円谷幸吉選手、鈴木昭雄1尉、小泉純也防衛庁長官、淡野徹2尉（トロフィーで隠れている）、船橋契夫1尉、藤縄忠2尉。

況になっているかを聞いて、よし行こうと判断した」

湘南海岸から国立競技場まで約五分。ブルーは東横線丸子玉川鉄橋上空を通過して競技場に接近。競技場では八〇〇〇羽のハトが放たれ、『君が代』斉唱が終わった。

「旋回して安定したところで、松下さんが号令をかけた。それも早口に言ってしまわずに、〝スモーク！〟で一拍置いて〝ナウ！〟と」と藤縄は語る。「操縦桿に付いている機関銃のトリガーに煙を出す装置を配線してありましたから、みんな一斉にトリガーを引くわけです。すると煙が出る」

競技場上空に進入した五機は、スモークで五輪を描き始めた。それまでは満足いく五輪が描けていなかったが、この時は違った。旋回して五輪を描いていった隊員たちは、約三〇秒間で輪の末尾に到達しようとしていた。

「その煙の中へ、自分が突っ込んでいくわけ。自分が飛んだ後ですから少し揺れる感じがある。そしてスモークを切る」と藤縄は説明する。「スモークを切ってからグーンと上がった。機首を上げて裏返しになるような格好にしてね」

紺碧の空に描かれた美しい五輪、それが一分間も東京上空に浮かんでいた。すでに世間に公表されていても、目の前のホンモノのインパクトには到底敵わない。

「無線で〝うまくいった！〟と聞いて、〝良かったー！〟と叫んでました」と藤縄。「送信ボタンを押さなければ酸素マスクの中で何をいっても聞こえないから、〝やったー！　できたー！〟とね」

「実はその後、閉会式にもやってもらいたいと組織委員会から言われたんですが、もう成功できるかどうか分からないと辞退したんです」と、隊長の松下は告白している。「それに、あれは一回で終わるからいいんですよ。何回もやるもんじゃありません」

その後、ブルーインパルスは一九七〇（昭和四五）年の大阪での万国博覧会や一九九八（平成一〇）年の長野冬季五輪でもその妙技を見せて、ビッグイベントを華麗に彩ったのである。

日本万国博・開会式での展示飛行（提供：大阪府）●1970（昭和45）年3月14日午後1時10分から約20分間、ブルーインパルスによる祝賀飛行が行われ、五輪よりもさらに難度の高い「EXPO'70」の文字が上空に描かれた。写真右下に見える塔は「太陽の塔」の真南に建てられた高さ127メートルの「エキスポタワー」。この「EXPO'70」の文字は6月29日の「日本の日」でも再度披露され、9月13日の閉会式では午前11時30分からの祝賀飛行で空に「サヨナラ」の文字が描かれた。

長野五輪開会式での展示飛行（提供：共同通信社）●1998（平成10）年12月7日午前11時から始まった、長野冬季オリンピック開会式のフィナーレを飾ってブルーインパルスが登場。小沢征爾指揮による「歓喜の歌」大合唱の終了とともに、5色のスモークをたなびかせながらブルーのT4ジェット練習機5機が、会場上空でレベルオープナーという演技を披露。南から北へと飛び去って行った。

コックピットからの風景❷

オリンピック・チャーター

1964(昭和39)年の東京オリンピックの陰で、もうひとつの知られざるプロジェクトが進行していたことをご存じだろうか。名付けて「オリンピック・チャーター」。

オリンピックに出場する各国選手団を運ぶために、羽田にはさまざまなチャーター便が到着していた(P120参照)。しかしそれらのチャーター便は、選手団らを降ろした後は「カラ」で戻ることになる。ここに着目したのが、大手旅行会社の近畿日本ツーリスト。同社はこのカラの折り返し便を、1機丸ごとチャーターした。航空会社側はどうせカラで飛ばすつもりだった帰路を無駄にしなくて済むし、近畿日本ツーリスト側も破格の費用でチャーターできると、双方にとって都合の良い話である。こうして近畿日本ツーリストは、各国の五輪特別便の帰路を押さえると同時に、母国に戻る選手団を乗せるための特別便のカラの往路も確保して、先のチャーター便で日本から海外に送り出したツアー客の帰国用に使用した。まさに一石二鳥。実はこれが、日本における海外チャーターのはじまりだという。

例えばスカンジナビア航空のコペンハーゲン経由ロンドン行きで、10月3日にヨーロッパ旅行に出発したツアーの場合、その前日10月2日にスウェーデン選手団が五輪選手村に入村していることから、おそらく彼らを運んだ飛行機の帰路をチャーターしたものと考えられる。機材はDC-8が使われたようだ。

近畿日本ツーリストはこの一連のチャーターで、約3000名をヨーロッパと米国へ送客したという。

スカンジナビア航空のDC-8同型機(協力:せきれい社)◉ちなみに、当時のスカンジナビア航空の東京便では、他にDC-6BとDC-7が使われていた。

第3部 空飛ぶセレブ

映画『大空に乾杯』スナップ（©日活）◉右から斎藤武市監督、吉永小百合、キャメラを覗いているのは撮影の萩原憲治と思われる。背景に見えているのはボーイング727。全日空が全面協力しているこの作品では、大々的にボーイング727が登場する。主演・吉永小百合と浜田光夫、斎藤武市監督、撮影の萩原憲治、そして本文中に登場する色彩計測の前田米造らは、大ヒット作『愛と死をみつめて』（1964）をはじめとする数多くの作品で組んでいた。

第1章　銀幕に空を映せ

◉夢のジェット機727

間近に迫る東京オリンピックで日本中が沸き立っていた一九六四（昭和三九）年四月三〇日、羽田空港に真新しい一機の旅客機が着陸した。その旅客機の名は、ボーイング727。全日空が導入した新しいジェット旅客機である。

この727導入に関する話の発端は、一九六二（昭和三七）年にさかのぼる。ちょうどその頃、全日空では同社初のジェット機導入を計画し、日本航空でもコンベア880型に代わる国内線用ジェット機を考え始めていた。これを知った運輸省航空局は、競争激化を危ぶんで「導入機種はできるだけ同一機種に」と指導。その結果、一九六四年一月一三日、日本航空と全日空は次期中距離ジェット機としてボーイング727の採用を決定したわけだ。

同年二月には、727の訓練のために全日空の機長、航空機関士たちがいち早く渡米。当時、この渡米チームに参加した籠島偉介はこう語っている。「一緒に行ったメンバーのうち神田好武、山口登の両キャプテンは戦前からのベテラン。それに対して私や秋山章八さんは戦後派。その両者を組み合わせて訓練をさせたわけです」

しかし全日空には、同社独自の腹案があった。実は同社は水面下で、五月からのリース機一機の契約も結んでいた

全日空のボーイング727リース1番機が羽田到着（提供：ANA）◉1964（昭和39）年4月30日14時50分、神田好武機長による操縦でA滑走路に着陸。18番スポットに停まった。この飛行機にはボーイング社の操縦士、整備士とその家族38名も同乗しており、空港の特別室で歓迎レセプションが行われた。なお、この機体はB727の4号機（E-4）。約1年後の1965（昭和40）年4月7日には、ボーイング社に返還されている。

ボーイング727の訓練を修了した全日空クルー（『大空への挑戦　ANA50年の航跡』〈全日本空輸株式会社〉より／提供：ANA）◉1964（昭和39）年4月、全日空クルーがシアトルのボーイング・フィールドでの約2か月の訓練を修了。これは彼らを指導したボーイング・クルーとの記念撮影である。左からスミスFE（航空機関士）、ギリアムFE、秋山章八CO-P（副操縦士）、籠島偉介CAP（機長）、長尾禎一FE、山口登CAP、マッケボーイFE、山岸昭二FE、メイアー・チーフCAP、神田好武CAP、コーナインCAP、倉地毅司FE、カミングスFE、小池益二FE。彼らの背景に見えるボーイング727の4号機はリース1番機となり、そのままボーイング・クルーと共に来日した。（協力：秋山章八、籠島偉介）

のだ。そして同年四月三〇日には、そのリース一番機が羽田に飛来したのである。いわば「奇襲攻撃」。全日空は購入した機材の受領よりも一足早く、リース機によってボーイング727を日本で飛ばすことになったわけだ。

この年の四月一五日には、日東航空、富士航空、北日本航空の三社合併によって、新たに日本国内航空が発足（P046参照）。揺れ動く日本の航空業界のなかで、全日空も模索を続けていたのだろう。

このリース一番機到着後、全日空では727の派手な宣伝活動を繰り広げた。各界の名士やマスコミに対する試乗会も開催。各種の訓練などの合間を縫って、何度か体験搭乗の場を設けた。

一九六四年五月八日の試乗会にはあの大スター三船敏郎も招待され、ちょうど撮影中だった黒澤明監督の大作『赤ひげ』（一九六五）出演の合間を縫って試乗に駆けつけた。三船にとっては一九六三（昭和三八）年一二月から延々続いていた同作の撮影期間のなか、黒澤組特有の緊張感から解放されるちょうどいい機会だったのかもしれない。しかし『赤ひげ』の撮影はこの後もまだまだ続き、結局は一九六四年一二月までほぼ一年間かかってしまうのである。

一方、PRに駆り出されていたボーイング727のリース機は、すぐに同年五月二五日に東京〜札幌線に就航開始した。この一機だけしかないので、最初からフル稼働である。

「北海道に一日一往復半は当たり前。忙しい時には二往復ぐらいしました。ボーイングのクルーたちも、一生懸命きっちり仕事してくれましたよ」と籠島は当時の忙しさを振り返って語る。「実は彼らは、私たちをボーイング・フィールドで教えた教官でもあるんです。親しみも湧きました」

そんな全日空挙げてのボーイング727への盛り上がりのなかで生まれたのが、イメージソングともいうべき『そこは青い空だった』である。一九六四年四月二五日に発表されたこの曲は、歌手の橋幸夫と映画スターの吉永小百合の共演曲。一九六二年の第四回レコード大賞受賞曲で、空前の大ヒットを飛ばした『いつでも夢を』の名コンビだけに、727の門出を豪華に彩った。

日本国内航空のYS-11（提供：和久光男／協力：和久淑子）◉1964（昭和39）年4月15日に日東航空、富士航空、北日本航空の3社が合併し、資本金34億8000万円で日本国内航空（JDA）が発足した。同社は札幌（丘珠・千歳）、東京、大阪、福岡を中心に全国に路線網を構築し、「第3の勢力」として大いに気を吐いた。なお、同社は1965（昭和40）年4月1日より、YS-11を初めて定期路線（東京～徳島～高知線）に就航させた航空会社でもある。機材は他に、デハビランドDH114ヘロン、コンベアCV-240などがあった。

ボーイング727試乗会（提供：ANA／協力：株式会社三船プロダクション）◉1964（昭和39）年5月8日、全日空では各界の名士を招いてボーイング727の試乗会を開催した。上の写真は、試乗会に招待された映画俳優の三船敏郎。濃くたくわえられたヒゲは、黒澤明監督の『赤ひげ』（1965）撮影のためのものである。三船はこのヒゲを、準備段階から数えると1年以上維持しなければならなかった。ちなみにこの試乗会には、東京五輪国内聖火輸送のYS-11「聖火」号に搭乗していたスチュワーデスの丸邦子、板倉洋子も参加していた（P146、P291参照）。

◉制服で乗務した吉永小百合

『いつでも夢を』の黄金チーム、歌・橋幸夫と吉永小百合、作詩・佐伯孝夫、作曲・吉田正が再結集した『そこは青い空だった』は、約七万枚のヒットとまずまずの成績を収めた。だが、この曲は思わぬ副産物を生んだ。それは、吉永小百合のスチュワーデス姿である。同曲のレコード・ジャケットでは、吉永小百合が全日空のスチュワーデス制服に身を包んでいた。こういう曲ならば当然誰でも考える趣向だが、吉永の本業である映画の関係者もこれに目をつけないはずはない。当時の吉永小百合は、文字通り人気のピークにいたからである。

日本の映画界の状況は、その当時、微妙な状況にあった。日本映画製作者連盟の統計によれば、映画の入場者数は一九五八(昭和三三)年の一一億二七四五万二〇〇〇人をピークに、ジリジリと下降線を辿りつつあった。その理由にはテレビの普及や作品の粗製濫造などいろいろ考えられるだろうが、そもそも映画の本家本元ハリウッドからして映画は低迷を始めていたのである。

吉永が所属する日活も全盛期を過ぎつつあったが、それでもまだ何とか人気を保ってはいた。吉永小百合個人をとってみても、『愛と死をみつめて』(一九六四)で大ヒットを放って数々の映画賞も手中にしていたところである。トップ・スターとして最も輝いていた時期だろう。そこでスチュワーデス制服での彼女の姿を見たら、「これで一本撮ろう」という話が出ないわけはない。

実際にこの話が具体化するまでなぜか時間がかかったが、ようやく一九六六(昭和四一)年の一月一〇日から二月一〇日ぐらいの約一か月間の撮影期間で、吉永がスチュワーデス役を演じる映画がスタートした。元々がボーイング727のタイアップから始まった話なので、当然、全日空が全面協力である。日活映画『大空に乾杯』(一九六六)の製作は、こうしてスタートした。

「あの時は私も駆り出されましたよ。よく覚えています」と語るのは、全日空スチュワーデス第一期生のあの北野蓉子だ(P043参照)。北野は二〇〇九年のインタビューで当時を振り返ってこう語った。「私もちょっとだけ指導などをさせていただいたりしました」

ちょうど北野は、その直前の一九六五(昭和四〇)年に客室乗務員課の課長に就任し、全日空で「初の女性課長」となっていた。前述したように、彼女は同社における「女性の先駆者」だったのである。そして吉永小百合が同社スチュワーデスに扮する映画の撮影が行われるとなれば、当然、北野がその協力の陣頭指揮を執ることになるわけだ。

「あれは、たぶん実機を使っていると思いますよ」と北野は語る。「バイカウントのモックアップ(乗員訓練などで使う原寸大模型)ならありましたけど、727は当時なかったと思いますし」

『大空に乾杯』の撮影に参加したスタッフも、この北野の証言を裏付ける。撮影と色彩計測をそれぞれ担当していた萩原憲治と前田米造が、当時の状況を思い出してこう語っている。

「飛行機のセットが作れないらしいんですよ」と萩原。「椅子を持ってくるだけで大変だって」

「ものすごく高い椅子らしくて、あんなに数をそろえられないそうです」と前田。

当時、萩原と前田はキャメラマンと助手の関係で、この作品の主演である吉永小百合と浜田光夫、そして斎藤武市監督などの人々とは、長くチームとして数多くの作品で仕事をしてきた。大ヒット作『愛と死をみつめて』も、このチームの作品である。

『大空に乾杯』において、全日空関連の場面で撮影所でセットが組まれた部分はひとつもない。すべてホンモノだ。ボーイング727についても、セットを組むことができずモックアップもなかったため、実際の航空機にキャメラを持ち込んで撮影されている。

「飛んでいる飛行機を撮るために、同じ727で並んで飛んでもらったり」と萩原。「あれは同じ機種じゃないと撮れないんですよ、同じ速度にならないから。で、随分と接近してもらった」

「萩原さんがメインのキャメラで撮ってて、僕は後ろの方の窓で撮った」と前田。「寄りめと引きめとを、それぞれ二台で撮っています」

しかも、もっと驚くべき証言もある。実際に運航している727の機内で、撮影が行われていたというのだ。第二一期スチュワーデスの重見(現・佐藤)美奈子が、その時の様子を語っている。重見によれば、東京~札幌線(往復とも)の乗務中に撮影が行われていたというのだ。

「通常、札幌便は往復フライトか、それに大阪便往復フライトが付くダブルフライトが多かったと思います」と重見は語る。「撮影の日はシングルフライトで、午前に飛び立ち羽田に戻ったのは午後。朝、乗務前に広報の男性に、撮影があるので協力お願いしますといわれました」

それは通常のフライトで、撮影関係者は一般の乗客が搭乗する一〇分ほど前に前方ドアから乗って来た。その際に、助監督らしき人から短い指示をもらったと重見はいう。

「機内真ん中のギャレー(キッチン)から前は、フライト中は立ち入りませんでした。キャストもスタッフも前の方にいて、一般のお客様の前にエキストラの方が三〇人ほど座られていましたね。告知もアナウンスもなかったので、お客様には分からなかっただろうと思います」

実際に乗客を乗せて運航している航空機のなかで劇映画の撮影を行ってしまうなど、今日の感覚ではまったく信じられない。だがこの時には違和感もなく、それがさりげなく行われていたのだ。

「札幌ではお客様は後ろのステップから降りられましたが、映画関係者は降りずに撮影のために全員機内に残りました」と重見。「その二〇~三〇分のステイ時間が私たちには大変だったんです。映画関係者の一部の方はお弁当を召

『大空に乾杯』脱出訓練場面の撮影（©日活）◉全日空が全面協力したこの映画ではこの脱出訓練用モックアップの他、当時新しかった同社ジェット・ハンガー、羽田営業所スチュワーデスルームなどで撮影が行われた。

1965年当時の北野蓉子（提供：日高幸子）◉1965（昭和40）年11月15日、羽田東急ホテルで開かれた全日空スチュワーデス誕生10周年記念パーティーにて撮影。

ボーイング727機内での撮影（©日活）◉ボーイング727実機を使用しての撮影で、PAシステムを使っての機内放送の様子。ただし、これが実際に飛行中の撮影だったかどうかは不明。吉永が着ている制服は1966（昭和41）年3月1日から変更された第3期制服（デザイナーは中村乃武夫で、1970〈昭和45〉年2月28日まで使用）で、映画の中では実際より一足先に衣替えをすることになった。

し上がるので、お茶をお出ししなくてはならない。ギャレーでお茶の入れ方を説明してと言われて、十朱幸代さんに説明をしました。するとスタッフの男性に急かされてその場を離れ、すぐに撮影です。あっという間でしたね」

ところがこの作品の撮影中、ある出来事が起こった。航空機の外観撮りのために東京〜札幌まで並行飛行を行ったボーイング727が、千歳から羽田に戻る際のこと。一九六六年二月四日夜に発生した、羽田沖墜落事故である。

「あの時、日活の会社は大変だったんですよ」と、萩原は語る。「我々は札幌にいたんですけど、連絡なんてしてなかった。だから、会社では我々があの飛行機に乗ってたと思ってたんです」

こうした事態により、全日空は大打撃を受けてしまう。そこで、運輸省航空局の指導で全日空にある人物が送り込まれた。その人物こそ、日本航空初の日本人機長として活躍していたあの江島三郎である（P071参照）。

当時、江島は日本航空の航務本部副本部長で、すでに操縦桿を握ってはいなかった。その江島が、一九六七（昭和四二）年五月、運航担当の常務取締役として全日空に移籍することになったのだ。日本航空機操縦士協会の月刊『PILOT』二〇〇九年一月号に掲載された江島の夫人・態代と長男・弘尚へのインタビューによると、関係者による強い要請とともに全日空には江島自身と同じ中華航空出身者が多かったこともあって、さほど抵抗なく「新天地」である同社へ移籍していったようだ。

『大空に乾杯』は一九六六年二月二五日に公開。併映が当時人気の石原裕次郎主演『二人の世界』だったこともあって、まずまずのヒットとなる。だが、すでに日本映画界には陰りが見えていた。

製作が長引いていた黒澤明の『赤ひげ』はすでに一九六五年四月二四日に封切られ、記録的な大ヒットを飛ばしていた。しかし、結果的にこの作品は黒澤明にとってキャリアの分岐点となり、『酔いどれ天使』（一九四八）以来の名コンビであった三船敏郎と組むことも、その後は二度となかったのである。

ボーイング727客室内での撮影(©日活)◉この写真がそれに該当するかどうかは分からないが、『大空に乾杯』では客室の前半分を借り切って、定期便運航中の実際のボーイング727で撮影を行っている。『社報　全日空』1966年2月号No.81にも、定期便機内にて撮影が行われたとの言及がある。その時は、他に十朱幸代らも撮影に参加していたようだ。

全日空常務取締役としての江島三郎(『大空への挑戦　ANA50年の航跡』〈全日本空輸株式会社〉より／提供：ANA)◉1967(昭和42)年、日本航空の監査役である森村勇が全日空社長に、日本航空航務本部長の大庭哲夫が全日空副社長になるのと機を同じくして、江島三郎も全日空に移籍し常務取締役に就任することになる。だが江島本人にとっては、中華航空出身者の多い全日空は居心地のいい職場だったのかもしれない。写真は1970(昭和45)年12月10日、日本赤十字からの要請で、ポーラ・サイクロンに襲われた東パキスタン(現・バングラデシュ)のダッカに水害救援物資フライトを運航する際の様子。握手している左側の人物が江島三郎(P254参照)。

第2章 法被姿でやって来た男たち

◉「日本間ラウンジ」で、おもてなし

日本でザ・ビートルズが知られるようになったのは、果たしていつの頃だろうか。日本でビートルズのレコードが初めて出たのは、『抱きしめたい』のシングルが発売された一九六四（昭和三九）年二月五日。これは、同年二月一日にその『抱きしめたい』が米国ビルボード誌のヒットチャートで一位になった直後のこと。おそらく、米国キャピトル・レコードによる事前の大宣伝を受けてのことだと思われる。当時はまだテレビの衛星中継もなく、衛星中継実験が行われたのが前年の一九六三（昭和三八）年一一月（そこで送受信されたのは、直前に起きたジョン・F・ケネディ米大統領暗殺のニュースである）。もちろんインターネットなどもない時代の話である。日本にその波が到達したのは、かなり遅かった。それでも初主演映画『ビートルズがやって来るヤァ！ヤァ！ヤァ！』（一九六四）が同年八月に公開されて大人気で迎えられたところを見ると、その人気は一気に沸騰したようだ。一九六四年は日本にとって東京五輪の年であるとともに、ビートルズ元年でもあった。

そのビートルズが、日本にやって来る。一九六六（昭和四一）年四月二七日、読売新聞にビートルズ来日記事が掲載

朝日新聞（夕刊）

奇声も聞えず…やって来たビートルズ

ビートルズ羽田到着を報じる新聞記事（1966〈昭和41〉年6月29日付『朝日新聞』夕刊より／提供：朝日新聞社、国立国会図書館）◉1966（昭和41）年6月29日午前3時40分、羽田空港31番スポットでビートルズがDC-8「マツシマ」から降りてきた様子を伝える新聞記事。新聞写真の先頭を歩くのはポール・マッカートニー、次いでジョン・レノン、川崎（現・コンドン）聡子と思われるスチュワーデスと握手しているリンゴ・スター、ジョージ・ハリスンの順。なお、ビートルズのDC-8が駐機した羽田空港31番スポットは日本航空のジェット機格納庫のすぐそばで、ターミナルビルからも離れた送迎デッキもない場所だった。

DC-8「**マツシマ**」（提供：日本航空）◉当初の名称は「ハコネ」で、1955（昭和30）年12月15日に日本航空が最初にダグラス社に発注した4機のDC-8のうちのひとつ。1960（昭和35）年10月21日、25日には天皇陛下の熊本国体ご臨席のための「御座機」にも起用された。しかし1961（昭和36）年4月24日、羽田着陸時にオーバーランして一部破損。修理後に愛称を変更して「マツシマ」となった。

され、それは現実のものとなった。ここからは、事情に詳しい方も多いかと思う。同年六月二四日から始まったワールド・ツアーの一環として、東京が公演地に選ばれたのである。公演は、六月三〇日、七月一日～二日の三日間だ。

日本公演に先立って行われていた六月二六日のハンブルク公演でも、他の公演地と同じく大荒れ。同年六月二八日付『報知新聞』掲載のAP電によれば、会場外で八〇〇〇人のファンが騒いで四四人が逮捕。こんな状態が、一九六三年からずっと世界各地で起きていたのである。

翌六月二七日、午後三時頃のハンブルク国際空港。東京行きJL四一二便、DC－8「マツシマ」は出発を前に待機中。当時のVIP中のVIP、ビートルズの到着を待っていたのである。この飛行機にスチュワードとして乗務した重岡良蔵は、当時を回想してこう語る。「若い子たちのすごい歓声が聞こえましたよ。ドイツ語でワーワー言って」

当日のハンブルク空港は、空港と一般道を隔てるフェンスにファンが押し寄せてきて大混乱。機体側にはカービン銃を持った警官が数名待機しており、放水車も来ている状態だったようだ。

「私は入社して二か月かそこらでヨーロッパへの最初のフライト。だから人数分の食事、飲み物をきちんと搭載されているかどうか黙々とチェックをしていました」と重岡。「ただ、事前にシャンパンを少し多めに積んではいました。というのは支店の人から、ビートルズはけっこうシャンパンとジンを飲むと聞いていたので。実際、ポールは機内でシャンパンをよく飲んでいましたね」

やがて一台のクルマがタラップに横付けになり、ビートルズ一行が飛行機に乗り込んで来た。他の乗客は先に乗っていて、ビートルズ一行が最後。総勢九人の内訳は、ビートルズとマネジャーのブライアン・エプスタインがファーストクラス、残りはエコノミーである。ビートルズの面々は日本航空ご自慢の「日本間ラウンジ」(口絵P13参照)でくつろぐことになる。

「離陸したらすぐに、ジョン・レノンをのぞく三人はラウンジに来て座ってました。シャンパンを飲みたいと」と重岡。「サービスもしましたが、自分たちでグラスを出して適当に注いで飲んでいました。でも、ジョン・レノンだけはひとりで座っていた。近眼でメガネをかけていてね」

重岡によればジョンはいつも別行動で、ひとりで読書に耽っていたという。「しばらく経ってから、トイレに行く時に三人のうちの誰かがラウンジでくつろがないかと声をかけた。それでジョンもラウンジにやって来ました」

やがてたまたまコックピットのドアが開き、興味を示したジョンがなかに招かれることになる。

「キャプテンの後ろが航空士で、その後ろにオブザーブシートがあるんです。そこにジョン・レノンが座った」と重岡は語る。「オブザーブシートは航空局のフライト免許のチェックが半年に一回程度検査がある。その時の担当者が座って技量を見る席。そこにジョンが三〇分くらい座っていましたね。機械に興味があったみたい。当時はそういうことは普通でしたよ。今はとてもできない」

実はビートルズ来日というと話題になる「法被」も、ジョンは当初、手を通さなかったらしい。重岡いわく「孤高の人というか、何か近寄りがたい雰囲気」があったという。一方、ポール・マッカートニーは終始社交的で、ジョージやリンゴの分まで酒の運び役を買って出て、ファーストクラスのギャレーにいた重岡氏と会話を交わす機会が多かった。他の乗客が就寝中にフラリとギャレーに現れると、そこにあったスパチュラ（へら状の柄の長い台所道具）をギター代わりに持ち、重岡氏に『イエスタデイ』をちょっぴり歌って聞かせてくれたこともあったという。

やがてDC－8「マツシマ」が、経由地のアンカレッジに到着する時間に近づいてきた。

今日の人々にとって、ハンブルク～東京便がアンカレッジ経由だった事実は、今ひとつピンと来ないことかもしれない。その逆に一九九〇年代以前に航空機でヨーロッパに旅した人の多くは、それを懐かしく思い出すのではないか。かつて日本～ヨーロッパ間の航空路は、現在のそれとは大きく異なっていた。そこには航空機の航続距離だけではない、その時代ならではの事情があったのだ。

アンカレッジは、まさに「時代が必要とした」経由地だったのである。

◉哀愁のアンカレッジ空港

アンカレッジ空港は、アメリカ・アラスカ州の南側、海岸べりにある国際空港である。ここがかつて日本〜ヨーロッパ間の航空の要所であった大きな理由は、いわゆる東西冷戦にあった。

かつて各国航空会社が日本〜ヨーロッパ間を飛ぶ際には、南ヨーロッパや中東、あるいはバンコクなど東南アジアを経由する「南回り」ルートをとっていた。しかし、このルートはあまりに時間がかかる。ならば最短で行ける航空路はどこかといえば、それは当時のソ連上空を通過するシベリア・ルートだ。しかし、当時は西側諸国の航空機はソ連上空を通過することが認められていなかった。そこで、北極圏を通過してソ連上空を迂回していく「北回り」ルートをとることになったわけだ。ところがここでもうひとつ難問があった。当時の航空機には、このルートをノンストップで飛べるだけの航続距離がなかったのだ。そのためアラスカ州のアンカレッジ空港に立ち寄り、給油することになったのである。これが、かつてアンカレッジが「要所」となった理由である。

日本航空の航空機がアンカレッジに初めて寄港したのは、一九五九（昭和三四）年のこと。同年一月三〇日から二月七日に、東京〜シアトル線開設に先立ちＤＣ－６Ｂ「シティ・オブ・ナゴヤ」に社員四一人を乗せて試験飛行を行ったおり、アンカレッジに初到着した。こうして一九六〇年代以降、各国の航空会社の寄港で、アンカレッジ空港は大いに賑わうようになったわけだ。

しかし、その後シベリア・ルートが開放されるようになると、アンカレッジ寄港便は徐々に減少。冷戦が終結した一九九〇年代からは、アンカレッジ経由便は激減してしまった。

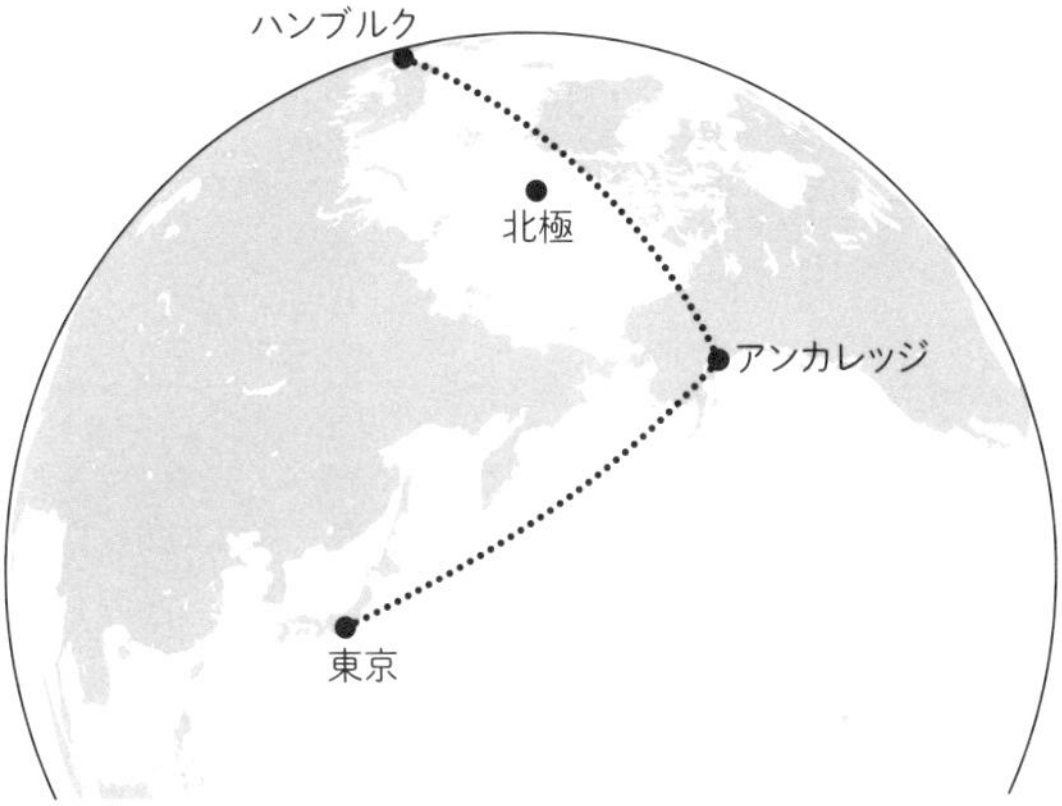

ハンブルク〜東京の飛行コース
◉欧州線「北回り」ルートは、ソ連領空に進入しないように北極圏に迂回して飛行する。ビートルズが搭乗したJL412便はこの欧州線「北回り」ルートで、ロンドンを出発してハンブルク、アンカレッジを経由し、東京に到着する路線である。

1960年当時のアンカレッジ空港エプロン・エリア(Courtesy of Alaska Aviation Heritage Museum/Steve McCutcheon Collection)◉1960(昭和35)年に撮影された、アンカレッジ空港のエプロン・エリア。ビートルズ来日時の1966(昭和41)年にはこの写真よりも整備されていたと思われるが、周囲の環境は同じようなものだっただろう。なお同じ1960年の4月1日、日本航空はエールフランスとの共同運航で北回り欧州線(東京〜アンカレッジ〜ハンブルク〜パリ間をボーイング707を使用して週2往復)を開設している。

閑話休題、ビートルズ一行を乗せたＤＣ－８「マツシマ」のアンカレッジ着陸が間近になった頃、想定外の事態が起きた。ちょうど日本を直撃していた台風四号のため、本来、給油で一時間だけ降りるはずのアンカレッジでしばし待機することになってしまったのだ。

同年六月二九日付『報知新聞』には、「日航オペレーション・センターは二八日朝、台風の接近をおそれてハンブルクからアンカレッジに到着していた同機に出発延期を指令。また羽田空港の警備にあたる警視庁も『治安維持から到着を日の出後に合わせてほしい』と要請」とある。確かに警視庁も神経質になっていただろうが、それ以外にも理由があった。この一九六六年には日本で航空機事故が続発。ビートルズ来日前の時点でも、すでに三件の事故が発生していた。日本航空にもまた、慎重にならざるを得ない理由があったのである。

この知らせが伝えられたのは、アンカレッジ到着の約一時間前。これに慌てたのは、マネジャーのエプスタインである。公演は三〇日と決まっているのだから、ナーバスになるのも無理はない。おまけにエプスタインはイギリス人なので、台風がどんなものか知らずに驚いていたようだ。ところが、四人の反応はそれとはまったく違っていた。

「彼らは逆に喜んだんですね。ハンティング行きたい、フィッシング行きたいとか」と重岡。「あんな場所に降りてそんな体験できるなんてまったく思ってもみなかったでしょうから」

こうしてアンカレッジには現地時間で二七日の午後二時半に到着。一行は特別仕立てのバスに乗り込み、現地の「ウエストワード・ホテル」へと直行した。だが、そんなビートルズの思惑はもろくも崩れてしまう。現地のラジオがビートルズ到着を知らせてしまったため、人々が押し寄せてしまったのだ。彼らは最上階のフロアを借り切っていて、ジョンを除く三人が手を振ったりしてファンにサービスしていたようだが、果たして彼らの胸中やいかに。

「ハンティングだ釣りだと喜んでて、それを見る限りではまだ子供な感じでしたね」と、ここで乗務終了した重岡は語る。「でも、あんなに喜んでたのに……私はちょっと気の毒な気がしましたよ」

アンカレッジ空港のうどん屋（『フライト・ストーリー'82　JALスタッフ総力編集』〈日本航空〉より／提供：日本航空）◉アンカレッジ空港は日本人利用者の多い航空会社の便が大勢を占めていたため、空港内には日本人相手の店も多かった。そのなかでも、利用客に有名だったのが「うどん屋」。味は決して褒められたものではなかったようだが、日本食に飢えて日本到着まで待ちきれない日本人客が、ここで「アラスカうどん」をむさぼり食っていた。

アンカレッジ空港でのビートルズ一行（提供：重岡良蔵／協力：日本航空）◉空港でホテルに向かう特別仕立てのバスに乗り込んだところを、重岡良蔵が撮影。窓を開けて顔を覗かせているサングラスの人物がポール・マッカートニー。その手前のサングラスの人物は、マネジャーのブライアン・エプスタインと思われる。この後、パトカーの先導で、市内の「ウエストワード・ホテル」へと直行した。

◉バッド・ラック続きの夏

それに先立つ二六日の午後にアンカレッジ空港に降り立ったのが、例のDC－8「マッシマ」の同空港から東京羽田までの交代要員であるスチュワーデスの川崎(現・コンドン)聡子である。

川崎が『週刊新潮』昭和四一年七月一六日号と日本航空『OG会報』二〇〇二年一〇月号に寄せた手記によれば、彼女たちは「マッシマ」を待って同じ「ウエストワード・ホテル」に宿泊。二七日午後にパトカーのサイレンとともに空港バスがホテルに走り込んできた音を聞き、川崎は「六分の不安と四分の好奇心」がこみ上げてきたという。実は川崎は、ある「密命」を帯びていたのである。

翌二八日午前一時にアンカレッジ空港出発が決まって、出発一時間前に空港入りするクルーたち。乗客が搭乗し終えて離陸直前、パトカーの先導で空港バスがタラップに横付けされ、ビートルズ一行が機内に乗り込んで来た。JL四一二便は、無事に定刻で離陸である。川崎の見たビートルズは、とにかく「ひどく疲れていた」ようだ。それは、例のアンカレッジでの落胆によるものだろうか。食事後は四人でラウンジに行き、ポーカーやブリッジを楽しむ。それも周囲の乗客を気遣ってか、いたって静かなゲームぶりだったらしい。

ところが、東京側では戦々恐々。六月二九日付『毎日新聞』夕刊によれば、警視庁は安保闘争以来の警備態勢を敷き、羽田とホテル、沿道に六〇〇〇人もの動員を計画していた。仮に空港が混乱したらヘリコプター三機で一行を市ヶ谷に運び、そこから宿舎までパトカーで輸送。また、滑走路にファンが侵入したら、DC－8を米軍横田基地に緊急着陸させる可能性をも想定していたのである。

ビートルズを乗せたDC－8「マッシマ」は、まさにそんな沸騰寸前の東京に飛来した。時刻は二九日午前三時四〇分。ここで川崎は意を決して、「これを着て降りたらファンが喜びますよ」と法被を手にジョンに語りかけた。実は川崎の「密命」とは、四人に社名入り法被を着て空港に降り立ってもらうという日本航空広報室からの要請だった。それを川崎は、事もあろうに最も気難しいジョンに頼んだのだ。

ところが、ジョンはそれまでの態度を一変。「グッド・アイディア！」と法被に手を通した。それどころか他のメンバーにも着用を勧め、四人はＪＡＬの法被と共に機外の人となった。さすがジョン・レノン、この時からすでに日本女性には弱かったのか。

ここからのことは、広く世間に知られている通りである。彼らの法被姿は、ファンの目にじかに触れることはなかった。出迎えたのは報道陣二五〇人のみ。警視庁は空港入口周辺の道路四か所に検問所を作り、空港内に潜り込んだ者も含めファンを閉め出していたのだ。タラップのすぐそばにクリーム色のキャデラックが到着。キャデラックは四人を乗せると、白バイやパトカーに先導されて空港内を堂々と横断。そのまま高速道路に入って、宿舎のヒルトンホテルまで直行してしまう。

日本滞在中、四人が自由にホテル外を行動することはほとんどなかった。

四人がコンサートを終えた四日後の七月三日、ビートルズは再び羽田に姿を見せた。午前一〇時四四分、日本航空のＤＣ－８「カマクラ」に乗って次の公演地マニラに向けて出発したのだ。ただし、これはマニラ直行便ではなかった。交通史研究家の曽我誉旨生によると、日本航空のマニラ便就航は翌一九六七（昭和四二）年一一月のことなので彼らはＪＬ七三一便で香港に向かったのだった。そこからビートルズをマニラまで運んだのが、香港のキャセイ・パシフィック航空である。

実は六月二七日の『報知新聞』や二八日の『東京中日新聞』で、ビートルズのマニラ行きは香港のキャセイ航空がタイアップするとすでに報じられていた。それは、香港～マニラのみの担当だったのである。日本航空の「カマクラ」で香港に着いたビートルズは、キャセイのコンベアCV880・CX九七四便に乗り換え、マニラへと発っていった。

そこが、ビートルズにとっての地獄の一丁目であった。

翌七月四日、彼らはマニラのリサール・メモリアル・スタジアム(P091参照)でコンサートを行う。約一〇万人を動員したというこのコンサート自体、問題はなかった。

問題はその前に起きていた。コンサート直前、ビートルズは当時の大統領夫人イメルダ・マルコス(P199, P252参照)主催のパーティに招待されていたのだ。そもそもビートルズはこの手の催しに出席したことがなく、エプスタインも事前にこの招待を丁重に断っていた。だが不幸な手違いもあって、マラカニアン宮殿の「女帝」として君臨していたイメルダ・マルコスはこれに激怒。フィリピンのマスコミを総動員して国民の怒りをかき立てた。民衆も警察も空港の職員も敵に回り、四人はコンサートの収益全額を巻き上げられ、暴動寸前のマニラ空港から命からがら逃げ出す羽目となる。日本で軟禁状態になったことなど、これに比べればまだ大したことはなかった。

だが、悪夢はそれで終わらない。

七月には、アメリカでジョンの「ビートルズはキリストより人気がある」という発言がいきなり「炎上」。排斥運動が激化したあげく、クー・クラックス・クラン(KKK)まで出て来て四人のレコードやグッズが焼かれる騒ぎとなった。そこで八月一二日のアメリカ・ツアー開始に先立ち、ジョンが釈明会見を開く羽目になってしまう。そもそもファンの大騒ぎで演奏など聞こえなくなっていたのだから、いいかげん彼ら自身がツアーに嫌気がさすのも当然だろう。この一九六六年の夏は、ビートルズ受難の季節だった。

かくして八月二九日、サンフランシスコのキャンドルスティック・パークでのコンサートで、ビートルズはライブ活動を終了させることになってしまう。

ビートルズ日本公演は、文字通り滑り込みセーフで実現したコンサートだったのである。

第3種郵便物認可

選手団リーダーの国立身体障害者センター次長、氏家賢氏は「日本はこれまで国際的な身障者競技大会に四回出ているが、金メダルをとったのは初めてだ」と、うれしさを押えきれない表情である。

陸上三種目競技は六〇㍍競走、砲丸投げ、高とびの総合得点を争うもので、鈴木保紀君（三）が一位、

"ビートルズ台風"去る

無事に羽田発、マニラへ

ザ・ビートルズの四人は次の興行地マニラに向うため、三日午前十時四十四分東京・羽田空港発の香港行き日航機で離日した。

警視庁は熱狂的なファンに備えて一行の滞日中、宿舎、公演会場、羽田空港などにのべ約一万一千人の制、私服警官をくり出した。三日も未明から延べ約二千人（東京空港署調べ）のファンが見送ろうとして空港にやって来たが、大半は警官に説得されて帰り、混乱はなかった。

羽田空港で日航機に乗込むザ・ビートルズの一行。手前からジョージ、ポール、ジョン、リンゴ

日本を発つビートルズ（1966〈昭和41〉年7月4日付『朝日新聞』より／提供：朝日新聞社、国立国会図書館）◉1966（昭和41）年7月3日午前10時44分、日本航空の香港行きJL731便・DC-8「カマクラ」に乗ってビートルズは日本を去った。なお、羽田で「カマクラ」に乗り込む時と香港で降りる時の映像は、ロン・ハワード監督の映画『ザ・ビートルズ／EIGHT DAYS A WEEK - The Touring Years』（2016）のなかで、ごく短いショットながら確認することができる。

ビートルズ逃げ出す 比国

「大統領夫人を、侮辱した」

こづかれ、リンゴまっ青

「菅原伝授」でコケラ落とし

十一月開場の国立劇場

マニラ空港脱出の際のビートルズ（1966〈昭和41〉年7月6日付『毎日新聞』より／提供：UPI＝共同／提供：国立国会図書館）◉1966（昭和41）年7月5日、大統領夫人イメルダ・マルコスに煽られた一般市民や警察、空港関係者らに罵倒されたり小突かれたりしながら、何とかマニラ空港から脱出を図るビートルズ一行。記事の写真左端がジョン・レノン、中央後ろ向きがポール・マッカートニー。またこの影響で、8月4日からマニラ公演を予定していたローリング・ストーンズも公演を延期した（7月25日付『読売新聞』夕刊、AP電の記事による）。

コックピットからの風景③

羽田のパンクと米軍厚木基地

戦後、順調に発展して来た日本の民間航空は、1970(昭和45)年前後に予想を超えた成長を遂げていた。東京の表玄関である羽田空港は特に厳しい状況となり、『羽田開港50年　東京国際空港1931-1981』(東京国際空港50周年記念行事実行委員会)によれば、1971(昭和46)年には管制能力の限界に達した(年間発着約17万回)。さらに1970年は万国博覧会が開催されたため、夏頃から羽田のキャパシティは危機的状況にあった。そこで窮余の策として行われたのが、米軍厚木基地への民間機乗り入れ。終戦直後にマッカーサーが降り立った、あの厚木基地でのことである。

『全日空　社報』1970年10月号・No.134には、当時の同社東京空港支店旅客課主任である則竹昭が厚木基地への乗り入れに関する手記を寄せている。それによると、羽田のパンク状態から政府当局と米軍との交渉が再三行われ、最終的に米軍側がターミナルビルやロビー、控え室など必要な施設を貸与することによって、まず8月17日に全日空の東京〜八丈島線4便が米軍厚木基地へ臨時に移転することになった。その実施にあたっては、同基地の司令官であるウィリアム・P・サリバン海軍大佐が全面協力したようだ。

最初にやって来たのは、八丈島より満員の乗客を乗せたフォッカーF-27フレンドシップ、NH828便。同機は午後1時35分に到着した。

この後8月21日以降、同社の秋田〜東京線、東京〜大島線など合計5路線を厚木に移転して、何とかこの夏の急場をしのいだようである。

厚木基地での全日空機離発着(提供:朝日新聞社)●ロビーから基地のシンボルである赤い鳥居をくぐって、航空機に向かう乗客たち。周囲の米軍機のなかでフォッカーF-27フレンドシップが目立つ。

第4部 ターニング・ポイント1972

JAL世界一周線1番機出発風景（提供：日本航空）◉1967（昭和42）年3月6日、日本航空の世界一周線西回り便1番機（001便）であるDC-8-53「シマ」に乗客が乗り込んでいくところ。この後、同日午後12時28分に香港に向けて出発。しかし世界一周線は、開設後5年9カ月経った1972（昭和47）年に終了してしまう。

第1章 「右肩上がり」の終焉

◉潮目が変わろうとしていた時

それは、いつまでも続くような気がしていた。

東京五輪、札幌五輪、そして万博……ホップ・ステップ・ジャンプのようにビッグ・イベントに呼応して経済も成長を続け、かつては粗悪品の代名詞とされた「メイド・イン・ジャパン」が世界を席巻。人々の給料は上がり続け生活は豊かになり、便利な電化製品や機械が次々と開発される。科学技術も進歩する一方。誰もがそう思っていたはずだ。米ソの競争も、軍備などではなく宇宙開発なら大歓迎だった。一九六九(昭和四四)年にアポロ一一号が月に着陸。宇宙飛行士が月面に降り立った時点で、この競争はアメリカに軍配が上がった。

ところが万国博覧会が終了したあたりで、世の中の風向きが微妙に変わり始めた。この年、水俣病や田子の浦のヘドロ問題など、さまざまな公害問題が表面化。これらはかなり前から起きていたことだったのだが、この前後に世間の注目が集まり始め、被害者たちが一斉に怒りの声を上げたのだ。一九七〇(昭和四五)年七月一八日には、東京都杉並区で光化学スモッグの被害が発生。これまでの科学技術や文明の発展を無条件に肯定する気運に、ここへ来て初め

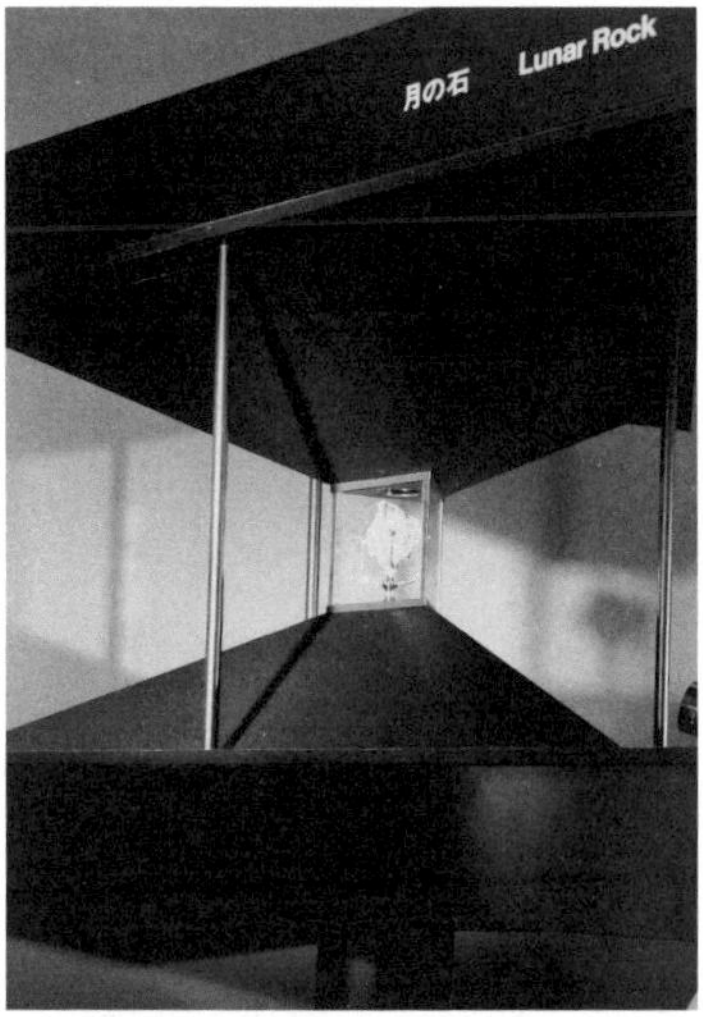

万国博覧会のアメリカ館と「月の石」（提供：大阪府）◉1970（昭和45）年、大阪で開かれた日本万国博覧会において、アメリカ館では1969（昭和44）年に月着陸を果たしたアポロ11号等の展示を行って大人気を博した。写真右は史上2度目の月面着陸に成功したアメリカのアポロ12号の乗組員、ピート・コンラッド船長、アラン・ビーン、リチャード・ゴードンの3宇宙飛行士（左から）がアメリカ館を訪れた様子。ただし、右にあるのはアポロ8号の司令船である。1970年3月24日の撮影。写真左は、地球に持ち帰って来た「月の石」。

田子の浦のヘドロ公害（提供：毎日新聞社）◉静岡県富士市の田子の浦港では、1960年代からヘドロ公害が起きて問題化していた。原因となる廃液を垂れ流した富士市内の4つの製紙会社に対して、1970（昭和45）年8月に地元住民や漁民らによる大規模な抗議集会が開かれた。この写真は1970年9月撮影。公害調査船の周囲に、悪臭を放つヘドロの海が広がっている。

て陰りが見えて来た。

それだけではない。万博後には景気が後退し始め、日本の輸出増大がアメリカなどに対して貿易摩擦を生み出した。一九七一（昭和四六）年には、いわゆるニクソン・ショック（当時は「ドル・ショック」と呼ばれた）でアメリカが米ドル紙幣と金の兌換を停止。この影響で日本も変動相場制に移行し、一ドル＝三六〇円時代が終焉を迎える。さらに一九七三（昭和四八）年には原油価格が高騰して第一次オイル・ショックが発生。戦後初めてマイナス成長となり、高度経済成長時代が幕を閉じた。

ビートルズは日本公演後にツアーをやめてレコーディングに専念していたが、いつしかそれも破綻。一九七〇年一二月三〇日、ポール・マッカートニーが解散を求めて他の三人を告訴した。

黒澤明は『赤ひげ』（一九六五）の後、海外に活路を求めた。だがその試みは『暴走機関車』、『トラ・トラ・トラ！』と次々と頓挫。特に後者では、黒澤は監督更迭の憂き目を見ることになる。起死回生を狙った『どですかでん』（一九七〇）は興行的に失敗。黒澤は深刻なダメージを受けてしまう。日本の映画産業もドン底で、一九七一年一二月には黒澤がかつて『羅生門』（一九五〇）を撮った名門の大映が倒産。黒澤自身も自殺未遂を図るまでに追いつめられた。

世界も日本も、このあたりで何かが変わったのか。

その頃、日本が生んだ戦後初の国産旅客機ＹＳ－11も危機に瀕していた。当初多発したトラブルは、日航製の技術者や航空会社の整備士たちの努力によって次々と改善。元々堅牢に作られた飛行機だけにやがて高い信頼性を獲得して、米国のピードモント航空はじめ各国からの受注を得るようにもなった。しかし、いかんせん商売がうまくない。コスト面の問題のほかに航空機ビジネスの経験不足も災いして、売れば売るほど損が出る。予定されていた「ジェット」化や次世代機の計画も、すべて実現には至らなかった。こうしてＹＳ－11は一九七三（昭和四八）年に製造中止。軌道に乗ったかに見えた国産旅客機の命脈は、惜しくもここで一旦断ち切られてしまうことになる。

YS-11のフィリピンでの就航式典（提供：和久光男／協力：和久淑子）◉1965（昭和40）年10月末、YS-11の輸出第1号となったフィリピンの航空会社「FOA」で行われた就航式典の様子。左からイメルダ・マルコス次期大統領夫人（P192、P252参照）、カラムFOA社長、竹内在フィリピン大使夫妻（竹内大使は隣の佐藤氏の陰）、日本航空機製造の佐藤監査役、右端はFOA運航担当重役のファラド退役将軍。この写真は、イメルダの夫フェルディナンド・マルコスが大統領選で当選直後に撮影されている。

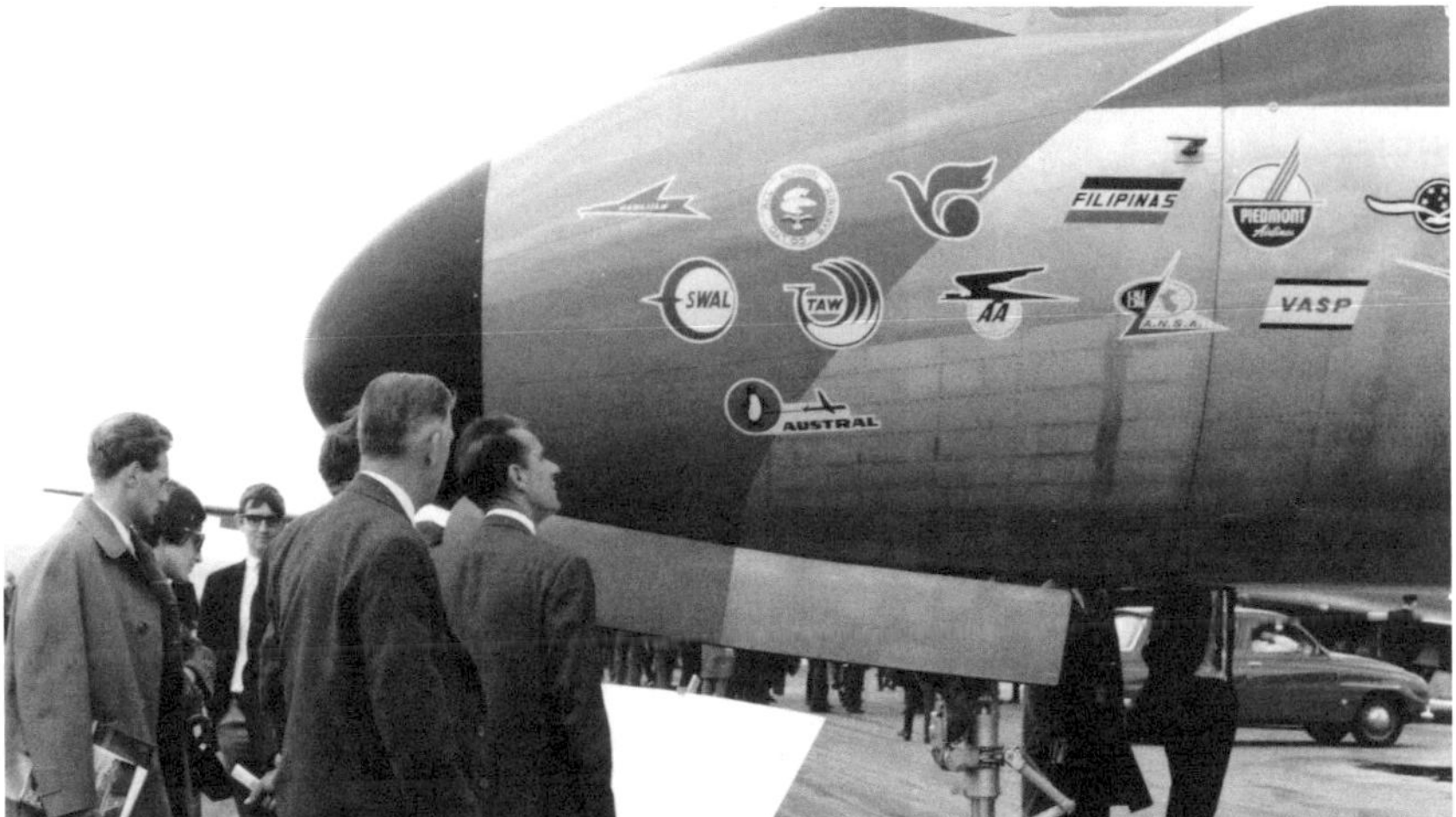

ファーンボロー国際航空ショーでのYS-11（提供：和久光男／協力：和久淑子）◉1968（昭和43）年7月、ファーンボロー航空ショーに出展したYS-11。同航空ショーは、イングランド南部のハンプシャー州・ファーンボロー空港で偶数年の7月に開催されるもの。同年夏から秋にかけてヨーロッパ～中東～アジアを廻った、YS-11デモフライトの一環として参加した。

今にして思えば、一九七二(昭和四七)年前後こそが新たな時代の幕開けだったように思われる。その前とその後では、明らかに潮目が変わろうとしていたのだった。

◉世界を手中に収めた日

一九五一(昭和二六)年に日本航空が細々と始まったのが、ほんの一五~六年前などとはとても信じられない。その日、その場に立ち会った者なら、誰しもそう思ったのではないか。

一九六七(昭和四二)年三月六日、その日はめでたい門出の日にもかかわらず、前日からの小雨が降り止まぬあいにくの天気となっていた。しかし、その場に居合わせた人々はそんなことなど気にならなかったようだ。日本航空の社内報『おおぞら』一九六七年四月号は、その日の高揚した気分を伝えている。羽田空港の18番スポットには午前一〇時半から、日本航空のDC－8「シマ」が鎮座している。午前一一時二三分には皇宮警察音楽隊が雅楽の『越楽天』を演奏し、空港内で就航式のレセプションが始まる。この就航式では古式ゆかしき『平安の舞』も披露されて、とにかく格調高い。まるで国家的行事のような雰囲気である。いや、実は国家的行事だったのかもしれない。

前年の一九六六(昭和四一)年一一月一二日、日本航空はニューヨーク線を就航させていた。さらに、長い長い航空交渉の末にニューヨーク以遠権も獲得していた。これによって既存の東京~ホノルル~サンフランシスコ~ニューヨークの週七便の路線を週二便だけロンドンに延長し、逆廻りである東京~香港~バンコク~ニューデリー~テヘラン~カイロ~ローマ~フランクフルトまたはパリ~ロンドンの路線と接続。さすがに一機でぐるりと地球を一周するわけではないが、堂々世界一周路線の完成である。当時、世界一周線の就航は英国海外航空(BOAC)、カンタス航空、パンアメリカン航空に続く世界四番目の快挙。「国家的行事」と鼻息も荒くなるはずである。

世界一周線西回り便1番機に乗り込む「親善ダルマ」（提供：日本航空）◉1967（昭和42）年3月6日12時30分、日本航空の世界一周線西回り便1番機DC-8-53「シマ」が出発。この「シマ」には、ふたりのスチュワーデスに抱えられて1個のダルマが運び込まれた。これは世界一周線1番機に載って世界を廻ることになる、高さ80センチの「親善ダルマ」。東京国際空港長の小一原正によって左目を塗られたダルマは、3月9日午後9時19分にホノルルから東京に到着したDC-8「ハルナ」で帰還。同じ小一原空港長によって右目を入れられた。

「祝・世界一周線」アドバルーン（『おおぞら』1967年4月号〈日本航空〉より／提供：日本航空）◉世界一周線開設を祝う数多くのアドバルーンが、都心の空に浮かんでいる様子。1番機出発当日の1967（昭和42）年3月6日前後に揚げられたもので、その数は150余り。これらは日航商事の主催によるものだが、当時、いかに世界一周線開設が高揚感に包まれたものだったのかが伝わって来る。

『日本の航空100年』(日本航空協会)に収められた元・日本航空常務取締役の渡会信二の手記によれば、DC－8を中心に世界地図を描いた一五円の記念切手が発行されたり、ジェット機と自由の女神がパッケージに描かれたピースの記念タバコが発売されたりしていたようだ。また、都心には「祝・世界一周線開設」と描かれたアドバルーンが一五〇も上がるといった騒ぎである。

だが、実は喜んでばかりもいられなかった。運輸省が発表した『昭和四二年度　運輸白書』の世界一周線に関するくだりを読むと、そこには「国際航空におけるわが国の地位の向上に著しく貢献」と誇らしく語りながら、一方で「この世界一周線の前途は必ずしも楽観ばかりはできない」ともいっているのだ。案の定、激戦区である大西洋線では欧米エアラインに一日の長があり、予想以上に苦戦が続く。そしてついに、運命の一九七二(昭和四七)年がやって来た。

この年、モスクワ、ボンベイ(現・ムンバイ)、ニューデリーと連続して事故が起きた結果、日本航空は短期間に三機ものDC－8を失うことになる。こうして機材繰りが難しくなったことから、同じ年の一二月六日にサンフランシスコ～ニューヨーク～ロンドン間が運休。

その後も大西洋線が戻ることはなく、結果的に世界一周線は五年九か月で姿を消したのである。

●「絶滅危惧種」となった怪鳥

「十年後には音速の二倍から三倍のスピードを持つスーパーソニック、つまり超音速旅客機がお目見えする」と語っているのは、日本航空初の日本人機長となったあの江島三郎である。一九六一(昭和三六)年一〇月二九日付『北海タイムス』のインタビューで、江島は近い将来の希望をこのように語っていた。「私はそれまでパイロットをつづけたいのが念願です(原文ママ)」

世界一周線1番機ニューヨーク到着（提供：日本航空）◉1967（昭和42）年3月7日午後3時24分、日本航空世界一周線西回り1番機がロンドンからニューヨーク・ケネディ空港に到着。写真は、同社ニューヨーク空港支所のグランドホステスから歓迎のキスを受ける小田切春雄機長、右は日本航空社長の松尾静磨。この世界一周線就航イベントでは、元首相の岸信介をはじめとする多彩なゲストも乗り込んでいた。

コンコルドと仮発注航空各社のスチュワーデス（提供：日本航空）◉1967（昭和42）年12月11日、フランス・トゥールーズのシュド・アビアシオン工場でコンコルド試作1号機をロールアウト（航空機が完成して最終組立工場から初めて屋外に出されること）。その後、試作1号機が1969（昭和44）年3月2日にトゥールーズで初飛行。同年10月1日には1号機がマッハ1超えを記録し、名実ともに「超音速旅客機」となった。この写真は1965（昭和40）年の撮影で、右から2番目に和服姿の日本航空スチュワーデスが見える。

実際には江島は予想より早く操縦桿を手放すことになり、それは叶わぬ夢となった。だが、一九六〇年代初期の段階で、飛行機の未来は当然、「超音速旅客機(SST)」でなければならないと誰もが思っていた。プロペラからジェットへ、次は超音速……というのは、当時の自然な流れだった。その真打ちとして注目されていたのが、イギリス・フランスの共同プロジェクト「コンコルド」。だが、そこにソ連のツポレフTu-144、米国ボーイングのB2707が待ったをかけ、それぞれの陣営の威信を懸けた開発競争が始まっていた。

実は日本も、すでにSST競争の渦中にいた。一九六三(昭和三八)年一〇月一六日、日本航空はまだどこのメーカーに決まるか分からない時点で、アメリカSSTの購入供託金五〇万ドルを米国連邦航空局(FAA)に納入している。さらに日本航空は、一九六五(昭和四〇)年九月三〇日にコンコルドの三機仮契約を行い、何とか世界の趨勢に乗り遅れまいとしていた。だが、ボーイングのB2707は環境問題や経済性の問題で開発中止が決定。ソ連のTu-144も燃費が悪過ぎて国際線には飛ばせない。ならばコンコルドの圧勝、といいたいところだが……。

それは問題の一九七二(昭和四七)年、六月一二日の羽田でのこと。

「怪鳥」コンコルドが、初めて日本に姿を見せたのである。しかしデモンストレーションのための来日が、完全に裏目に出た。その凄まじい騒音でマスコミに攻撃され、世間から忌み嫌われる結果となった。これが災いしたのか、日本航空は環境問題や原油価格の高騰、スケジュールの大幅遅延を理由に仮契約を解除。予約金七〇万ドルも、一九七三(昭和四八)年三月末までに全額返却された。

結局、コンコルドを導入したのは開発国の航空会社、ブリティッシュ・エアウェイズとエールフランスのみ。実際に運航が始まった一九七六(昭和五一)年には、「航空の未来」はすでに別の方向に向かっていた。パンアメリカン航空が一九七〇(昭和四五)年一月二一日にニューヨーク~ロンドン線に投入した、「巨象」ボーイング747=ジャンボジェットである。過剰なスピードではなく、経済性、環境への配慮、そして大量輸送こそが重視されていたのだ。

日 新 聞 (夕刊)

"怪鳥"に羽田てんやわんや

住民仰天の猛爆音

飛出す人、泣出す子

学校休んだサ

騒音と話題をふりまいて 羽田空港に着陸するコンコルド=12日午前10時15分

コンコルド日本初飛来を報じる新聞記事(1972〈昭和47〉年6月12日付『朝日新聞』夕刊より/提供:提供:朝日新聞社、国立国会図書館)◉1972(昭和47)年6月12日、コンコルドが東京・羽田空港にデモンストレーションのため初飛来。しかしこの時には公害が広く問題化していたこともあり、激しい騒音についてマスコミが徹底的に批判した。その後、1979(昭和54)年6月27日には東京サミット出席のジスカールデスタン・フランス大統領特別機として、1986(昭和61)年5月4日にはやはり東京サミット出席のミッテラン大統領特別機として、1989(平成元)年2月23日には大喪の礼に出席のミッテラン大統領特別機として、3回にわたって羽田に着陸している。

パンアメリカン航空のボーイング747(提供:Pan Am Alumni Association, Japan)◉1970(昭和45)年1月21日、パンナムは世界に先駆け、「クリッパー・ヤング・アメリカ」と名付けたボーイング747の1号機をニューヨーク〜ロンドン線に投入した。日本航空も世界で3番目の素早さで仮契約を行い、1970(昭和45)年7月1日に東京〜ホノルル線に投入。同社は太平洋線において、パンナムに次ぐ2番目のジャンボ運航航空会社となった。

二社しか導入せず、飛べる範囲も制限されていたコンコルドは、「絶滅危惧種」のような存在になった。しかし……そうなると、今度はなぜか人々から求められるようになるから不思議なものである。

一九九〇（平成二）年九月二日、世界初の海上空港である長崎空港に、あのコンコルドがやって来た。開催中の長崎旅博覧会と連動した企画で、欧州の親善訪問団を乗せての訪問だった。長崎空港ビルディングの運送部旅客課旅客係だった西浦福則は、当時を振り返って語る。「あの頃、日本で羽田空港以外にコンコルドが来るのは初めてでしたから、仕事として携わることに感激しましたね」

この日、西浦は各航空会社との打合せや旅客の動線を確認し共有したり、現場責任者として問題が起こった際に対処するコントローラー業務と、飛行機の到着から出発までの作業工程管理をするランプコーディネーター業務を兼ねていた。また、機内に入って客室内の忘れ物や清掃などの確認も行っている。

「YS－11の客室を長くしたような狭い感じでしたね」と西浦。「コックピットは計器がすごく多くて、航空機関士も同乗していたので、この広さで三人乗るのは狭いと感じました」

だが、驚くべきはそこではない。コンコルド見たさに集まった約二万人もの群衆が、特別開放された長崎空港の花文字山（空港ビルから滑走路を挟んで西側にある山）に殺到、大混乱となったのだ。

「館内の自動販売機が売り切れて、補充が追いつかない。トイレも大行列ができました」と西浦は語る。「箕島大橋の大渋滞でパイロットが空港に到着できず、定期便に影響が出たほどです」

その後も、一九九〇年代前半にブリティッシュ・エアウェイズで、日本人観光客向けロンドン～ローマ間正月特別フライトが企画されたり、一九九四（平成六）年九月五日に関西国際空港の開港記念で飛来したり……皮肉にも「絶滅危惧種」化したことで、怪鳥は大人気を博したのであった。

長崎空港にやって来たコンコルド(『長崎「旅」博覧会公式記録』〈財団法人長崎「旅」博覧会協会〉より/提供:長崎県政策企画課)◉1990(平成2)年9月2日に長崎旅博覧会と連動してやって来たコンコルドの動員力は絶大で、空港内では弁当、帽子、タオル等が飛ぶように売れ、食堂、レストランは超満員になった。箕島大橋も大混雑で、通り抜けるまでに1時間以上かかる状態。動かないクルマの間を大勢の人が歩いて空港に向かったが、橋の上で自分が乗る飛行機を見送る羽目になった人もいたという。

関西国際空港の開港記念フライトで飛来(提供:関西エアポート株式会社)◉1994(平成6)年9月5日に開港まもない関西国際空港にやって来たコンコルド。背景に見えるのは同空港の旅客ターミナルビルである。大阪~フランス間直行便開設に伴って「友好交流事業」が企画され、その一環として近畿日本ツーリストがチャーターした。この日、パリから歌手のジュリエット・グレコらを乗せて到着。帰りは大阪から交流事業の関係者を乗せていった。なお、今回の来日は1972(昭和47)年のデモンストレーション飛行から数えて6回目で、結果的に最後の日本訪問となった。

第2章　南の島から届いた「戦後」

◉「五輪」に縁がある男

その男は、なぜか「五輪」に縁があった。

東京五輪の聖火空輸特別機DC－6B「シティ・オブ・トウキョウ」号が聖火を運んでレバノンのベイルートからイランのテヘランに向かっていた一九六四(昭和三九)年八月二六日、グアム島フィネガヤン地区にある米軍基地付近でふたりの元日本兵らしき人物が目撃された。同島の米海軍基地隊員と警察官で組織された捜索隊が、元日本兵のものらしき住処と遺留品を発見。日本の厚生省は九月二八日に元戦友を含む調査団を派遣したが、結局、発見することができずに帰国している。

それから八年後の一九七二(昭和四七)年、日本に再び「五輪の季節」がやって来る。

その年の一月二四日、鹿の猟をしていた現地住民が元日本兵らしき人物を発見。これが愛知県出身の横井庄一だと分かった。現地アガナ警察署では横井を保護。その後、横井は同市内のウォー・メモリアル病院に収容され、ただちに日本へ送還されることになった。実に二七年遅れの終戦である。

聖火きょう本土入り

鹿児島、宮崎、札幌

3コースに分火

羽田に着いた聖火空輸派遣団、左端は高島団長、後方はシティ・オブ・トウキョウ号

空輸派遣団 羽田へ帰る

感情的論議避ける

政府、労組代表が確認

ILO証人喚問へ方針

グアム島、幻の日本兵

連続二日、足跡を発見

捜索隊派遣へ 厚生省

る外客を迎えて

友人としての誠意を

人情の機微は世界共通

東京五輪聖火空輸とグアム島日本兵の記事（1964〈昭和39〉年9月9日付『読売新聞』より／提供：国立国会図書館）◉東京五輪の聖火国内空輸がスタートし、国外空輸派遣団が羽田に帰還した記事と並んで、グアム島の日本兵の記事が同じ紙面に掲載されている。ここにも書かれているように捜索隊が現地に派遣されたが、結局発見できずに終わった。

グアム島での記者会見（『おおぞら』1972年3月号〈日本航空〉／提供：日本航空）◉発見翌日の1972（昭和47）年1月25日夜、グアム島第一ホテルで行われた記者会見の様子。横井は調髪をした直後らしくヒゲも剃られてサッパリした姿である。横井はこれに先立ち、同日午前11時半からアガナ・ハイツにある知事公邸での地元メディアの記者会見もこなしていた。

横井の帰国に使われたのは日本航空DC－8。ここからは『おおぞら』一九七二年三月号に掲載された、パーサーの森竹尚江とスチュワーデスの松岡真理の手記を中心にまとめていく。

DC－8は二月二日午前九時三〇分にグアムに到着。午前一〇時頃には故・志知幹夫、故・中畠悟の遺骨が運び込まれる。ふたりはかつて横井と行動をともにしていたが、約八年前に亡くなった戦友である。一九六四年に目撃された日本兵とは、おそらくこのふたりだったのだ。

やがて、午前一一時二〇分には救急車がターミナルに到着。救急車から降りて来た横井が左肩を支えられ右手で手すりをつかみながら、タラップを一段一段踏みしめて上がってくる。この時のために和服に着替えたスチュワーデスの松岡が、ステップ上から声をかけた。「お帰りなさいませ」

こうして機上の人となった横井は、ファーストクラスの座席に案内される。だが、何かをしてもらうたびサッと起立して大きな声で感謝の言葉をいう横井に、森竹パーサーは戸惑ってしまったと告白する。また背の高い横井は、起立するたびに頭をハットラック（座席の上の収納棚）にぶつけた。そのため森竹パーサーは、横井が起立するたびに慌てて枕をハットラックの前に差し出したという。とにかく機内での横井の言動は、戦後の人間が極端に感じるほど終始一貫して丁重だったらしい。

スチュワーデスの松岡は、どうやら横井と同郷の名古屋出身ということでこのフライトに選ばれたようである。当然のことながら生まれ育った時代と環境が違い過ぎて、時々、会話に微笑ましいジェネレーション・ギャップ、カルチャー・ギャップが顔を出す。だが松岡は、そんな会話のなかで横井が非常に順応性に富んでいることに注目する。会話のなかで「今はこうですよ」と彼女が答えても、大きなショックや動揺を受けることなく「そうなんですか」と頷いて柔軟に受け入れていた。その柔軟性こそが、極限状況で横井がサバイバルできた理由なのかもしれない。

DC－8は午後二時一五分に羽田空港に到着。やがて横井が機外に姿を現わし、厚生大臣の斎藤昇ら出迎えの人々

DC-8機内の横井庄一（『おおぞら』1972年3月号〈日本航空〉／提供：日本航空）◉ファーストクラスの座席に座りながら、スチュワーデスの松岡真理と会話を交わす横井。飛行機の窓から富士山を見ようとしたものの、あいにくの曇り空であまりよく見えなかったらしい。すでに、機内でグアムで着ていたアロハ・シャツからスーツ姿に着替えている。

羽田に到着した横井庄一（『おおぞら』1972年3月号〈日本航空〉／提供：日本航空）◉1972（昭和47）年2月2日午後2時15分、特別機DC-8が羽田空港20番スポットに到着。横井は看護師長に抱えられながら、出迎え陣の見守るなかタラップを降りていった。その横に見える機体に、札幌オリンピックのエンブレムが描かれているのが見える。

や報道陣の前で、あの有名な「恥ずかしながら……」という言葉を語った。

その翌日の一九七二年二月三日、まるで横井の到着を待ち構えていたかのように、日本の繁栄の頂点を謳歌するような札幌冬季オリンピックが開催されたのだった。

◉もうひとりの「パイオニア」、南に翔ぶ

南の島グアムから横井庄一が帰国した一九七二(昭和四七)年は、別の「南の島」からもうひとつの「戦後」が届けられる年でもあった。終戦後二七年にわたってアメリカの統治下にあった沖縄が、ついに日本に戻って来たのである。

その本土復帰は、五月一五日午前零時のこと。その一方で、一四日の日米合同委員会では米軍に基地八七か所を提供することが合意された。この日の午前九時から円・ドル交換が行われ、出入国手続きも不要となる。この日の沖縄は、前日から続く雨に濡れていた。

そんな沖縄の地に、本書ですでに登場している意外な人物の姿があった。日本航空初の日本人機長として、江島三郎とともに昇格した諏訪勝義(P071参照)である。

諏訪勝義は一九一六(大正五)年三月一四日、岡山県生まれ。一九三三(昭和八)年に東京府立工芸学校(現・東京都立工芸高等学校)を卒業、所沢飛行学校に入学する。一九三四(昭和九)年には逓信省航空局陸軍委託操縦学生となり、一九三五(昭和一〇)年に日本航空輸送に入社して操縦士となる。つまり、江島や日本航空聖火空輸特別派遣団の団長を務めた森田勝人(P116参照)の後輩で、戦時中は陸軍に徴用されたり、東南アジアでの南方輸送に従事していたりした。

戦後はしばらくさまざまな商売で食いつなぎ、一九四七(昭和二二)年には妻の登美枝と結婚。ついに一九五一(昭和二六)年一一月、設立間もない日本航空に入社することになる。最初は、江島同様にパーサーとして飛行機に乗務。

琉球政府行政府ビルの看板をはずす（提供：朝日新聞社）◉1972（昭和47）年5月15日、沖縄本土復帰に伴い、琉球政府行政府ビルの看板をはずす沖縄県職員たち。琉球政府は1952（昭和27）年4月1日に成立。立法・行政・司法の三権を備えていたが、実際には米国民政府が権限を掌握していた。琉球政府の首長である主席も米国民政府が任命していたが、1968（昭和43）年に初の公選が行われた。琉球政府は本土復帰によって消滅。その機能は沖縄県に移管された。

南西航空での諏訪勝義（『沖縄のつばさ　南西航空十年の歩み』〈南西航空株式会社〉／提供：日本トランスオーシャン航空）◉諏訪は1967（昭和42）年6月の南西航空設立とともに参加し、常務取締役に就任。1973（昭和48）年まで在籍した。

『月刊航空情報』座談会に参加した諏訪勝義（『月刊航空情報』第6集・1952年4月〈酣燈社〉／航空図書館所蔵）◉座談会の席での諏訪勝義（左の人物）。その右は森田勝人。1952（昭和27）年1月頃に撮影されたものと思われる。当時の諏訪はパーサーとしてパイロット修業中であった。

当時の諏訪のコメントは、『航空情報』第六集・一九五二年四月（酣燈社）に掲載された座談会『パーサーを囲んで／日本航空に採用された元操縦士』で読むことができる（P042参照）。諏訪はパーサーとしての雌伏の時を経て、一九五四（昭和二九）年一〇月にはついに江島三郎とともに日本航空初の日本人機長（DC－4）となったわけだ。

その後の諏訪は日本航空の機長として順調にキャリアを伸ばし、DC－8機長となって国際線を飛ぶまでに至る。そんな諏訪に、日本航空が沖縄につくる新しい航空会社への移籍話が舞い込んだ。南西航空（現・日本トランスオーシャン航空）の誕生である。

琉球列島内の航空事業は、それまで米国エア・アメリカが一手に引き受けていた。エア・アメリカは軍需要素が強く素性のよろしくない会社で、地元住民からもすこぶる評判が悪かった。それが諸般の事情から運航をやめることになり、米国民政府は改めて琉球列島内の航空事業に参入する会社を募った。結果的に日本航空と沖縄側提携先との合弁企業として、南西航空が設立されることになったわけだ。地元としては、悲願である自前の翼の誕生である。

こうして一九六七（昭和四二）年六月、諏訪は南西航空設立とともに同社に参加し、常務取締役に就任する。ただし、諏訪はただの常務になるつもりはなかった。まだパイロットとして「現役」を望んでいたからだ。諏訪は南西航空の常務職の傍ら、当初はコンベア240を、後にはYS－11を操縦して南の空を翔け巡った。こうして諏訪は、沖縄本土復帰の日を南西航空の人間として迎えたのだ。諏訪もまた、江島三郎とは別の「パイオニア」の道を歩んでいたのである。

やがて諏訪は、一九七三（昭和四八）年五月に南西航空を退社する。だが、諏訪の活躍の場はまだ他にもあった。度重なる旅客機の事故に対して調査にあたる専門機関が必要だということになり、一九七四（昭和四九）年に運輸省に航空事故調査委員会（現・国土交通省・運輸安全委員会）が設置された。諏訪はその最初の委員に選ばれたのである。

ここでもまた、諏訪勝義は「パイオニア」であり続けたのだった。

南西航空の事業免許交付(提供:日本航空)◉1967(昭和42)年6月30日午後6時より行われた南西航空設立披露レセプションの途中、米国民政府主席民政官G・ワーナー(左)から南西航空・代表取締役社長の増茂昌夫(右)に航空事業免許が交付された。資本金は42万米ドルで、その51パーセントを日本航空が出資。沖縄側出資企業は、那覇空港ターミナル、大東糖業、沖縄製粉、オリオンビール、国際産業、沖縄旅行社、沖縄砂糖産業、糸満給油所、琉球海運、琉球石油、琉球生命保険の11社。

南西航空の運航開始(提供:日本トランスオーシャン航空)◉1967(昭和42)年7月1日、午前9時に那覇空港から久米島に定期便第1便・ビーチクラフトH-18(9人乗り)が飛び立った。また、同日に那覇空港から宮古行きのコンベアCV240(40人乗り)も出発。これが南西航空の運航開始となった。写真は、同日出発前の宮古行き第1便コンベアCV240。

第3章 チャイナ・オデッセイ

◉ピンポンから電光石火の早業

それは、まさに電光石火の早業だった。水面下での動きはあっただろうが、一般の人々に見えるかたちでの事の発端は、名古屋で開催された第31回世界卓球選手権大会ということになるだろう。

一九七一（昭和四六）年三月二八日から始まったこの大会に、文化大革命以来二大会連続で不参加だった中国チームが参加。これが引き金となり、巡りめぐって翌一九七二（昭和四七）年二月二一日にはニクソン米大統領の北京訪問が実現。それが日本に波及するまではあっという間だった。

同じ一九七二年九月二五日午前一一時三五分（日本時間一二時三五分）、日本航空DC－8特別便が北京に到着。乗っていたのは、日中国交回復交渉を行う田中角栄首相ら政府代表団である。

ここまでの展開が、とにかく早かった。そのため一般では、あの田中訪中機こそが戦後で初めて北京を訪れた日本の飛行機だと思われがちだ。だが日本の「北京一番機」は、実は田中訪中のDC－8ではない。それは、すでに九月九日に北京に到着していた全日空のボーイング727－200だ。

北京空港での田中角栄と周恩来（提供：日本航空）◉1972（昭和47）年9月25日午前11時35分（日本時間12時35分）、北京空港に到着した日本航空DC-8から降りた田中角栄首相は、出迎えの周恩来中国首相と握手を交わした。なおこれに先立って、日本の報道陣を乗せた全日空のボーイング727も同日に北京空港に降り立っている。

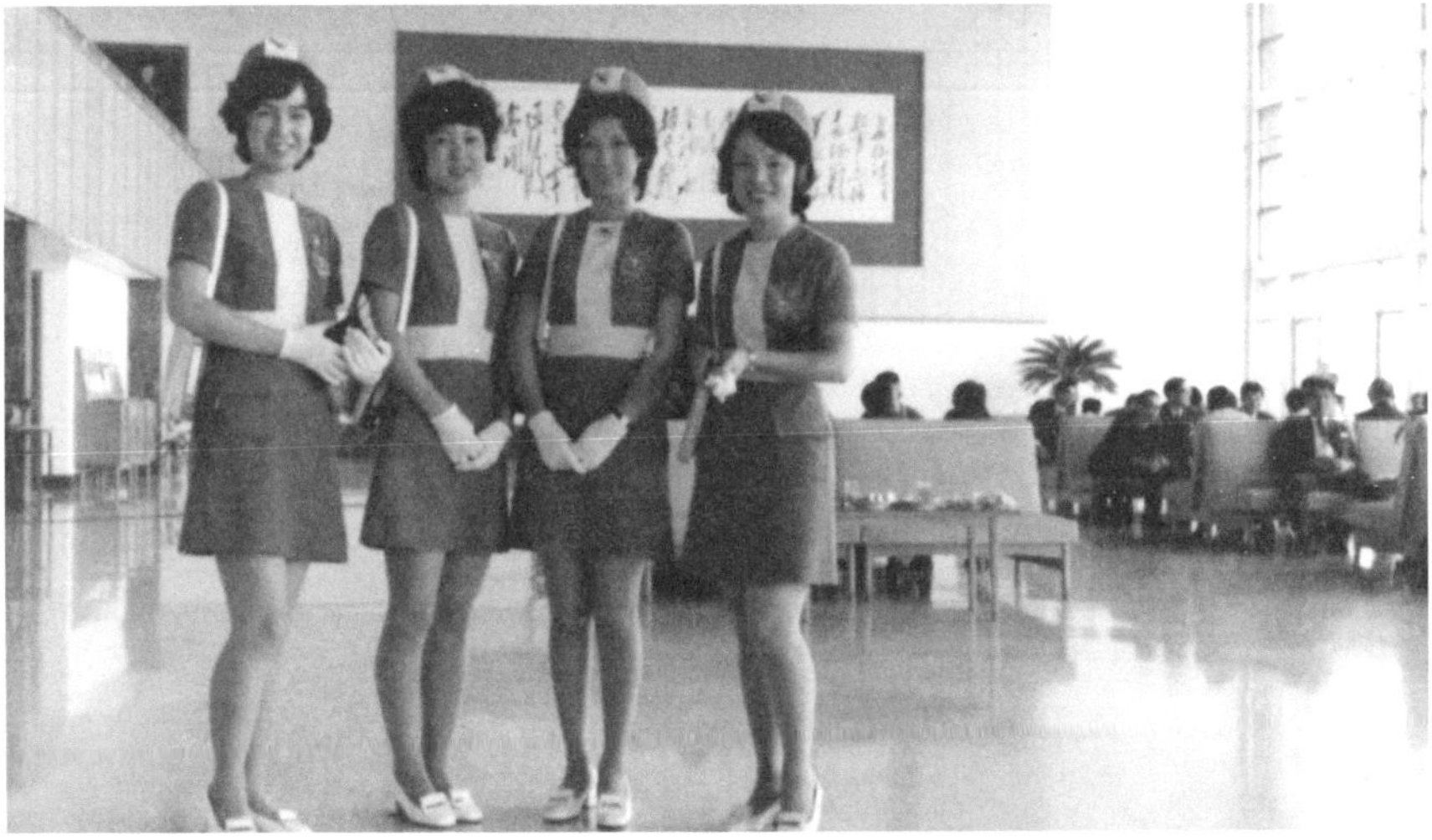

北京空港内での全日空スチュワーデスたち（提供：保田昌子）◉1972（昭和47）年9月9日、KDD（国際電信電話会社、現・KDDI）のチャーターによる全日空ボーイング727-200が、戦後日本の飛行機としては初めて北京空港に降り立った。写真はその際に北京空港ビルのロビーにて撮影されたもので、右からふたり目が木下（現・保田）昌子。この後は日本からの飛行機が何度か日中の間を行き来しており、9月10日と11日には同じくKDDのチャーターで、日本航空のDC-8-62Fが田中訪中テレビ中継用の地球局機材約50トンを輸送。9月14日と20日には日本航空DC-8-62が自民党訪中団を北京に運んだ。

これはＫＤＤ（国際電信電話会社、現・ＫＤＤＩ）がチャーターしたもので、田中訪中をテレビ中継する技術者を運ぶためのもの。同機には日中動物交換として、北京に送られるチンパンジーとコクチョウのひとつがいも積み込まれた。同機のフライトに乗務した全日空スチュワーデス木下（現・保田）昌子はこう語った。「数か月前から中国語の講座で習っていました。光栄なことだと思いましたよ」

飛行機は上海に着陸し、そこで中国民航の航空士と通信士が同乗。北京までの水先案内をした。

「着陸間際に見えた光景は、上海も北京もほぼ何もない広大な土地が広がっていましたね」と木下は語る。「ただ上海はとても活気がありそうな港が見えたのに対して、北京は中庭のある家があったりして、ゆったりとした田舎そのものの感じがしましたよ」

こうして同日午後〇時七分に到着した北京だが、この時は通信関係者や報道陣を乗せた飛行機だったこともあり、さほどの行事もなく静かに迎えられたという。ちなみに九月一〇日付『読売新聞』は、同機の飯塚増治郎機長（P146参照）の「計器着陸装置（ＩＬＳ）は、周波数が違うのか、使えなかったが、空港周辺に障害物がなく、着陸しやすかった」というコメントを紹介している。

「歓迎の旗などはなかったですね」と木下。「ただその後で、乗務員それぞれに通訳が付いて昼食会がありました。喉から火を噴きそうなマオタイ酒で乾杯したことを覚えています。一人ずつに金糸の織りの生地。中国茶のティーカップセット、シルクの刺繍の飾り物などお土産を頂きましたよ」

このフライトが北京への「一番機」となるわけだが、戦後初めて「中国入り」した日本の飛行機となると、実はまたその先達がある。同年八月一六日に、日本航空のＤＣ－８と全日空のボーイング727が上海舞劇団（バレエ団）一行の特別便として、上海に飛んでいるのである。上海舞劇団は当時の中国きっての知日派だった孫平化とともに七月一〇日に来日していたが、その帰国を日本の飛行機が担当することになったわけだ。おそらく、これは田中訪中の一種の呼

上海舞劇団帰国チャーター(提供:ANA)◉1972(昭和47)年9月16日、日本航空のDC-8-62と全日空のボーイング727-200が、帰国する上海舞劇団を乗せて上海虹橋空港に着陸。日本航空側は孫平化団長はじめ団員109人と日本航空関係者など37人を、全日空側は舞劇団一行98人と全日空関係者などを乗せていた。舞劇団一行が並んで撮ったのが上の写真である。下の写真は、両機の乗員らを出迎えた「熱烈歓迎」の様子。紅旗数十本にプラカード、ドラや太鼓を打ち鳴らし、少女たちの踊りが披露されるなど大騒ぎだったようだ。

上海舞劇団帰国チャーターの試験飛行(提供:ANA)◉1972(昭和47)年9月12日、日本航空のDC-8-62と全日空のボーイング727-200が上海舞劇団帰国チャーターの本番と同じ機材、同じコースで試験飛行を行う。この時の乗客は報道陣や中国民航の局員たちだったらしいが、本番と比べてこれといった歓迎もない地味な到着ぶりだったらしい。上海虹橋空港における撮影。

び水的なフライトだったのだろう。

この時は「中国を公式に訪問した初めての日本の飛行機」ということで、上海到着時には大変な「熱烈歓迎」ぶり。だが、……これも本当に、戦後に中国を訪問した「初めて」の日本の飛行機だったかというと、実は違う。それに先立つ八月一二日、日本航空と全日空の同じ飛行機、同じ乗員で、同じ羽田〜上海のコースを飛行しているのだ。いわゆる試験飛行である。

このフライトについては、あまり広く知られてはいない。この八月一二日フライトはあくまで上海舞劇団一行の帰国に備えた東京〜上海間の「テスト飛行」だったからだが、そうはいってもわが国の航空機の中国への乗り入れはこれが戦後初めてのはずだ。さぞかし華々しい歓迎ぶりだったろうと思われるのだが、どうもそうではなかったらしいのだ。

現在、残されている当時の上海空港での写真を見ると、やけに飛行機の周囲がひっそりしている。テストであって「本番」ではないから……ということなのか、「熱烈歓迎」ぶりはまだ封印されていたのかもしれない。

そんなさまざまな過程を経て、ついに北京へ飛んだ田中訪中のDC－8。北京に向かう途中の田中角栄はどんな様子だったのか。中野士朗の書いた『田中政権八八六日』(行政問題研究所)には、機内での田中の様子に少しだけ触れた部分がある。「馴染み」のジャーナリストのひとりだった中野は、軽口のつもりで田中に「なぜ、あなたは北京へ行くのか」と聞いてみた。すると歓呼の声に送られて意気揚々と出発してきたはずの田中が、一瞬苦しげな表情でこう答えたという。「時の流れだからだよ」

その時も、そしてその後も前途洋々のように見えた中国、そして日中関係だったが、田中角栄は北京に向かうDC－8のなかで一体何を感じていたのだろうか。

そして田中角栄自身、訪中のわずか二年後に首相の座を追われるのである。

上海行き試験飛行後の記者会見（提供：ANA）◉1972（昭和47）年9月12日の試験飛行の後に行われた、記者会見の様子と思われる。右からふたり目が機長の神田好武（P040参照）、一番右がスチュワーデスの鍋谷法子。

訪中へ出発する田中首相一行（『おおぞら』1972年10月号〈日本航空〉／提供：日本航空）◉1972（昭和47）年9月25日午前8時3分、田中角栄首相をはじめとする政府代表団を乗せた日本航空のDC-8特別便が羽田から出発。写真左より手を挙げているのが田中角栄首相、外務大臣の大平正芳、官房長官の二階堂進、見送りの日本航空社長・朝田静夫、同副社長の高木養根、中国中日備忘録貿易弁事処東京連絡処主席代表の肖向前。

◉北京空港大混乱の三日間

田中訪中から約一七年後の一九八九(平成元)年四月、元・中国共産党総書記であった胡耀邦の死を追悼する北京での集会が、民主化を求める抗議行動へと発展した。六月四日未明には、人民解放軍が戦車や装甲車などで天安門広場に突入。実弾を使った武力制圧を開始して、北京市内は大混乱に陥った。いわゆる天安門事件である。

ここからは全日空社内報の『ぜんにっくう』一九八九年七月号と日本航空社内報『おおぞらWeekly』一九八九年六月一二日・No.66を参考に話を進めるが、六月六日に運輸省からの要請を受け、午前一〇時近くに全日空、日本航空ともボーイング747での臨時便運航を決定。この時は日本航空一一三時発、全日空一四時二五分発の予定であった。『ぜんにっくう』によれば、緊急会議の結果、九名のレスキュー部隊が結成され、臨時便初便の一九九一便に搭乗。これは当初の一時間遅れで一五時二五分に成田を出発した。一方、日本航空の方は北京空港の着陸許可がなかなか下りず、乗務員は四時間機内でスタンバイした末に一五時三〇分に成田を離陸できた。

全日空の一九九一便が一九時一五分に北京空港に到着した頃には、すでに折り返し臨時便の一九九便搭乗手続きは始まっていた。同社カウンター前には何とか脱出しようとする外国人たちが二〜三〇〇人で長蛇の列をつくっていたようで、かなりの人々が身の回りの品だけ持って一銭も持ち合わせがないような状態。受付は先着順で行い、約三〇〇人を乗せて二一時三〇分に北京を出発した。一方、日本航空側も帰国を急ぐ人々が殺到して予定を上回る三四九人が搭乗。地上に駐機していた時間が約七〇分という短さで、北京を出発したという。

こうして六月八日までに全日空、日本航空とも五便の臨時便を運航。日本人をはじめ数多くの人々を運ぶことができた。その緊迫の三日間、順風満帆に見えていた中国社会はもうひとつの顔を見せたのだった。

天安門事件当時の北京市内（提供：朝日新聞社）◉写真は1989（平成元）年6月4日、北京の天安門広場で撮影。広場を制圧した人民解放軍の装甲車群が写っている。この日、人民解放軍が火炎瓶や投石などで抵抗する学生らに向けて発砲。学生や市民ら多数に死傷者が出た。

北京空港の日本航空旅客カウンター（『おおぞらWeekly』1989年6月12日-No.66〈日本航空〉／提供：日本航空）◉日本人だけでなく、何とか自国に帰ろうとする人や、とにかく出国したい人たちが、旅客カウンター前に溢れ返った。『ぜんにっくう』1989年7月号によれば、6月7日の段階で最終的に溢れた乗客が150人程度発生し、やむなく翌日便に振り替えることになったという。

コックピットからの風景④

飛行機で飛んで来た鳥

ホアホアとキン（提供：朝日新聞社）◉巣づくろいをするホアホア（手前）とキン。1988（昭和63）年5月14日、佐渡のトキ保護センターで撮影。

日中国交正常化によって、1972（昭和47）年にパンダが日本にやって来たことは、世間で広く知られている。また、1999（平成11）年には、中国からつがいのトキの友友（ヨウヨウ）・洋洋（ヤンヤン）が贈られ、初めてのヒナ・優優（ユウユウ）が誕生。日本産の野生のトキは雑滅したが、2007（平成19）年には、佐渡トキ保護センター（野生復帰ステーション含む）で飼育する羽数は100羽を超えるまでになった。しかし、それに先立って、最初に日本の地を踏んだ中国産トキのことは、今日あまり知られていないかもしれない。1985（昭和60）年日本にやって来たそのトキの名は、華華（ホアホア）という。「彼」は日本産最後のトキである雌のキンとの「国際結婚」のため連れて来られたのだ。

ホアホアは同年10月22日、成田空港に到着。特殊な梱包で、午後1時20分過ぎに北京発の中国民航925便に乗ってやって来たのだった。そこからは上越新幹線を使う計画もあったが、幸い天候にも恵まれて再び空路で。環境省がチャーターした東邦航空のセスナ402がそれだ。東邦航空は伊豆諸島への路線を運航する傍ら小型機やヘリで農薬散布などを行っており、この件も新潟での薬剤散布から話が来たらしい。

セスナ機で佐渡空港に送られたホアホアは、ジープに乗り換えて佐渡トキ保護センターへ。こうして期待されたキンとのペアリングだが、残念ながら失敗。ホアホアは、1989（平成元）年に帰国している。

東邦航空のセスナ402（提供：東邦航空）◉1981（昭和56）年の撮影。

第5部 セレモニーが終わった後で

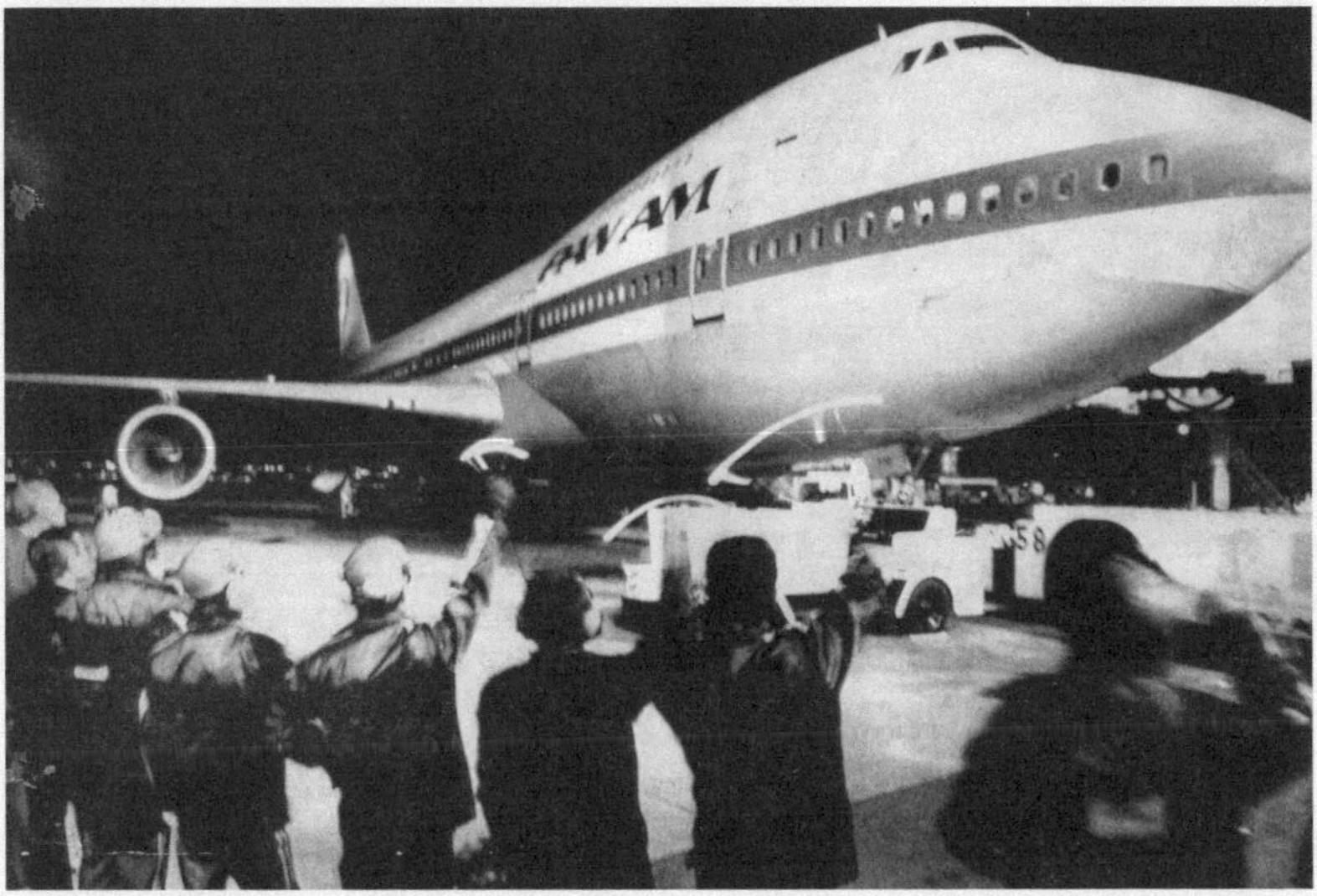

パンナム太平洋線ラストフライト（提供：朝日新聞社）◉1986（昭和61）年2月12日、成田空港を出発するパンアメリカン航空太平洋線ラストフライトをペンライトで送る職員たち。同機はコックピットのエスケープ・ハッチから日本とアメリカの国旗を掲げながら、滑走路へと向かって行った。2月13日付『朝日新聞』によると撮影時間は「午後7時すぎ」とあるので、この飛行機はPA022便ロサンゼルス行きである可能性が高い（P251参照）。

第1章　貴婦人の退場

●ジャパン・マネーが暴れ回る

一九七八（昭和五三）年五月二〇日、千葉県成田市三里塚にできた新東京国際空港（現・成田国際空港）がついに開港に漕ぎ着けた。

「ついに」というのは、計画そのものは一九六〇年代からあったからだ。だが、打つ手打つ手が悪手となって、空港建設は泥沼化。その後、羽田がパンク状態に陥っても事態は一向に進まない。一度は一九七八年三月三〇日に開港が決まりながら、開港日の四日前に管制塔が占拠されて機器を破壊されてしまう。こうした諸般の事情の積み重ねで、開港がこの日までずれ込んだのである。当日、開港式典は一万三〇〇〇人の機動隊の厳重な警備の下で淡々と行われたが、実は開港時においても……そして現時点でも、全体計画は完成していない。

それでも、開港翌日の二一日には初便である日本航空のロサンゼルス発のＤＣ－８貨物専用機が到着。こうして各国航空会社は、国際線を東京国際空港（羽田）から成田に移管した。長らく日本の空の表玄関だった羽田は、ついにその座を譲ったのである。

成田空港に旅客機到着1番機が飛来（提供：毎日新聞社）◉1978（昭和53）年5月21日、前日開港したばかりの成田空港に、旅客機到着1番機が着陸する。それは西ドイツのフランクフルト発の日本航空の旅客機だった。その彼方には、反対派の抵抗によって上がった黒煙が見える。同日午後0時5分の撮影。

三菱地所がロックフェラー・グループを買収（提供：毎日新聞社）◉1989（平成元）年10月、三菱地所が米国の不動産管理会社であるロックフェラー・グループを買収。結果的にニューヨークのロックフェラー・センターを手中に収めることになる。同時期の日本企業によるハリウッドの映画会社などの買収も含めて、これらの出来事はアメリカ人の神経を大いに逆なですることになる。写真は同年10月31日、東京都千代田区の東京會舘での記者会見の模様。左からロックフェラーグループのペティト上席副社長、ひとりおいて三菱地所社長の髙木丈太郎。

その頃、黒澤明は少しずつ「復権」に向けて動き出していた。

失意のどん底から、再起を懸けて取り組んだソ連映画『デルス・ウザーラ』(一九七五)を完成。これが第四八回アカデミー賞の外国語映画賞を受賞し、世界に黒澤健在を印象づけた。やがて、再び日本で『影武者』(一九八〇)を撮る機会が巡ってくる。こちらも第三三回カンヌ映画祭でパルム・ドールを受賞して、黒澤はメインストリームに戻ってきた。だが、五年に一回と作品発表の間隔が延びている。次回作が決まらない。これほどの実績を持ちながら、日本で黒澤に資金を提供する者がいない。あれほど日本が経済力にモノをいわせていた時代だったのに……。

実際、この時期の日本は異常な好景気に沸き始めていた。

一九八〇年代半ばは円高不況で喘いでいた日本だが、それが一九八〇年代後半に至ってまたしても変わった。気づいてみたら、いつの間にか海外でジャパン・マネーが暴れ回っていたのである。

ソニーが一九八七(昭和六二)年一一月にCBSレコードを、さらに一九八九(平成元)年九月に大手映画会社コロンビア映画を買収した。一九八九年一〇月には、三菱地所がニューヨークのロックフェラー・センターを保有するロックフェラー・グループを買収。さらに一九九〇(平成二)年には、松下電器産業(現・パナソニック)が米国の総合エンターテインメント企業MCAを買収するという暴走ぶりだ。だが、今さら勢いは止まらない。

一般の人々までもが何となく羽振りが良くなった気がして、肩で風を切って歩くような案配である。いつの頃からか、人はそれをバブルと呼んだ。

◉日本の国際化を牽引した飛行機

そんなジャパン・マネーが世界を席巻している一九八七(昭和六二)年末、日本の国際化に大きく貢献した「功労者」

DC-8「フジ」の退役（提供：日本航空）◉1974（昭和49）年10月30日夜、マニラから羽田に到着した「フジ」はこれにて退役。その現役時代は14年間に及んだ。写真は翌31日に日本航空ラ整ハンガーで行われた引退式の様子。この後、「フジ」は整備訓練生のための「教材」として使用される。

「フジ」部分保存記念式（提供：日本航空）◉老朽化が進行し多額の空港駐機料も負担になって来たことから、一時は解体が決定していたDC-8「フジ」。しかし一転して永久保存の可能性を模索することになる。さすがに費用の負担が莫大になるため機体まるごとの保存は叶わなかったが、何とか部分保存が決定。1988（昭和63）年7月13日には、それを記念した式典が催された。

が、静かに姿を消そうとしていた。

日本で初めて導入されたジェット旅客機として文字通り一世を風靡した、あのDC‐8がついに退役しようとしていたのである。

一九六〇（昭和三五）年に日本航空の東京～ホノルル～サンフランシスコ線に投入された同機は、その機体の美しさでも定評があった。「空の貴婦人」といえばロッキード・コンステレーションが有名だが、DC‐8も機体の優美な「貴婦人」として知られていたのだ。何よりDC‐8は日本の高度経済成長時代と歩調を合わせて世界を飛び回り、日本航空の拡大路線を象徴する飛行機となっていた。よく知られていることだが、昭和天皇・香淳皇后の海外訪問をはじめとして、本書でも取り上げたビートルズ来日、田中角栄首相の訪中、横井庄一の帰国など、昭和史を彩る「VIP」を乗せた飛行機でもあった。いわば、当時の日本航空の「看板」といってもいい花形機だったのだ。

そんなDC‐8も、一九七二（昭和四七）年にスカンジナビア航空に引き渡された第五五六番機で生産終了。最盛期の一九七二年には日本航空で五二機が稼働していたが、一九八七（昭和六二）年末には残っていた五機全機が退役となった。

だが、まだしぶとく残っていたDC‐8が一機あった。日本航空が一番初めに導入したDC‐8、JA8001「フジ」である。すでに一九七四（昭和四九）年一〇月末に退役した「フジ」は、その後、整備訓練生の「教材」として使用されてきた。ここへ来て老朽化や多額の駐機料のために解体が決定されたものの、同機を惜しむ声が高まって永久保存の道を模索することになったのだ。結果として「フジ」は部分保存が決定。その一端ではあるが、往年の姿を今に留めることになったのである。

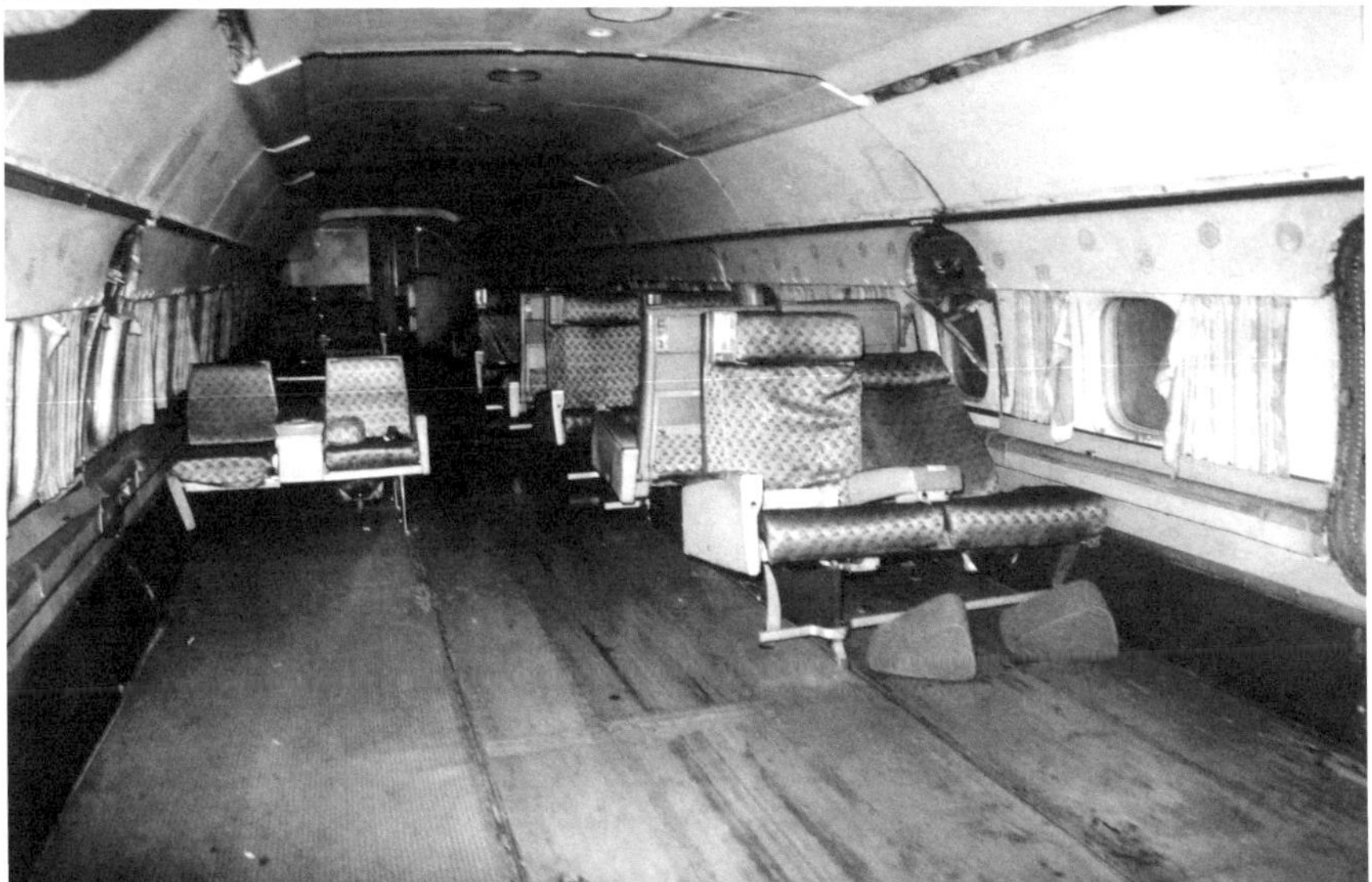

●解体中のDC-8「フジ」(提供:日本航空)●14年の間に飛んだ時間は39360時間、その距離は地球886周ぶんに及ぶ「フジ」は、永久保存させる機首部分など一部を除き、解体されることになった。上の写真は胴体部分で、この切断面から機首が切り出されたものと思われる。下の写真は客室内の様子。

第2章 名門の栄光と終焉

◉戦後の日本に「海外」を持ち込んだパンナム

一九八六（昭和六一）年という年は、一月二八日に起きた米国のスペースシャトル、チャレンジャー号爆発事故のニュースで始まった……と一般には記憶されているかもしれない。たまたま初の民間人飛行士である教師のクリスタ・マコーリフや日系のエリソン・オニヅカが乗っていたということもあり、当時、日本でも深夜のCNNによる打ち上げの生中継を見ていた人が多かった。そのため、かなりの人々が事故の模様をリアルタイムで目撃することになってしまった。

そんな衝撃も覚めやらぬ同年二月一二日の夕方六時過ぎ、成田空港の第三サテライトで盛大なセレモニーが行われていた。それはアメリカを代表する航空会社、パンアメリカン航空の最終便を見送る催しだった。戦後まもなく日本に就航して、「パンナム」という愛称で知られる航空会社が、この日から太平洋線を撤退する。今日の人々はそのインパクトをなかなか理解できないかもしれないが、古くから航空に携わっていた人々……いや、むしろ航空とは関わりない一般の人々の方が、それを信じがたい出来事と受け止めていたかもしれない。ひところの日本にとっては、パン

パンナムのラストフライト・セレモニー（提供：Pan Am Alumni Association, Japan）◉1986（昭和61）年2月12日午後6時より、成田空港の第6サテライトで行われたセレモニー。パンナム太平洋地区総支配人のジョセフ・ヘイル、アメリカ大使館公使のマイケル・エリーら、多数のゲストを招いて開かれた。写真では、パンナムで唯一人の日本人役員も務めていたソニー会長の盛田昭夫（中央よりやや右の白髪の男性）、新東京空港事務所・新東京国際空港長の前原隆久（盛田氏右隣）、新東京国際空港公団・運用局長の酒井敏夫（写真一番右）、マイクに向かっている日本旅行業協会副会長の玉村文夫らの姿が見える。（協力：成田国際空港株式会社 広報室、国土交通省東京航空局 成田空港事務所）。

ロッキードL-749コンステレーション「クリッパー・アメリカ」（提供：Pan Am Alumni Association, Japan）◉コンステレーションは、ロッキード社が開発した4発レシプロ・エンジンの大型プロペラ旅客機。パンナムの「クリッパー・アメリカ」による世界一周デモンストレーション便は、ニューヨーク・ラガーディア空港を出発して東回り11か国17都市を経由。3日後に世界一周を成し遂げた。その飛行時間は102時間50分。東京に寄港したのは1947（昭和22）年6月26日のことである。

ナムとはアメリカを代表する存在であり、海外旅行そのものを意味していたからである。

一九四七（昭和二二）年六月二六日、パンアメリカン航空のロッキード・コンステレーション「クリッパー・アメリカ」が羽田にやって来た。これが戦後の日本に乗り入れた、最初の民間航空機であった。この飛行機は、世界一周デモンストレーション便として米国の新聞各社首脳、サンフランシスコ市長、パンアメリカン航空創設者のホワン・トリップらを乗せて飛来したもの。当時の総理大臣である片山哲がわざわざ羽田で同機を出迎えたということひとつとって見ても、その重大性が分かろうというものである。

この後、同年七月一五日にはノースウェスト航空が東京へ定期便一番機を乗り入れたが、パンナムも九月二八日にDC－4による定期便を羽田へ週二便で就航。海外の航空会社で東京に定期便を乗り入れた二番目の会社となった。わが国におけるパンナム機の運航はここから始まった。

さらに一九四九（昭和二四）年には、ボーイング377ストラトクルーザーを太平洋路線に投入。このストラトクルーザー登場が、当時の日本の人々に強烈な印象を与えた。

「空飛ぶホテル」と異名をとるだけあって巨大にして豪華。二階構造の飛行機で二階に七五の客席があり、男女別トイレや折りたたみ式の特別ベッドなどを備えたゆったりした客室が売り物。一階客室にはバーやラウンジもあるという贅沢さ。後年にボーイング747ジャンボジェットやエアバスのA380といった巨人機が登場した時よりも、そのインパクトは絶大なものだったに違いない。

また、この「空飛ぶホテル」は、海外の有名人の来日や、日本の著名人の渡米・渡欧に数多く使われた。一九五四（昭和二九）年二月、あのハリウッド・スターのマリリン・モンローが元・大リーガーのジョー・ディマジオとの新婚旅行で日本を訪れた時も、乗っていたのはパンナムのストラトクルーザー。『羅生門』（一九五〇）のヴェネチア映画祭グランプリ受賞から、『雨月物語』（一九五三）、『地獄門』（一九五三）など、アカデミー賞や海外の映画祭の賞を多数受賞

パンナムのボーイング377ストラトクルーザー（提供：Pan Am Historical Foundation／協力：Pan Am Alumni Association, Japan）●同機はB29を旅客機用に改造したレシプロ・エンジン4発機で、1949（昭和24）年にパンナムのニューヨーク〜ロンドン線に就航。その導入によって「プレジデント・スペシャル」（現在のファーストクラス）と呼ぶサービスが始まった。ただしジェット機時代の到来で、総生産機数はわずか56機にとどまった。

パンナムのストラトクルーザー羽田に到着（提供：Pan Am Alumni Association, Japan）●1949（昭和24）年9月23日、B-377ストラトクルーザーがパンナム太平洋路線に就航。羽田に到着した同機「サザンクロス」を、当時の映画スターである田中絹代（左端）、高峰秀子（右端）が出迎えた。空港には他に進駐軍将兵、航空会社関係者が出迎え、内外新聞記者団、カメラマン約200人が詰めかける賑わいとなった。

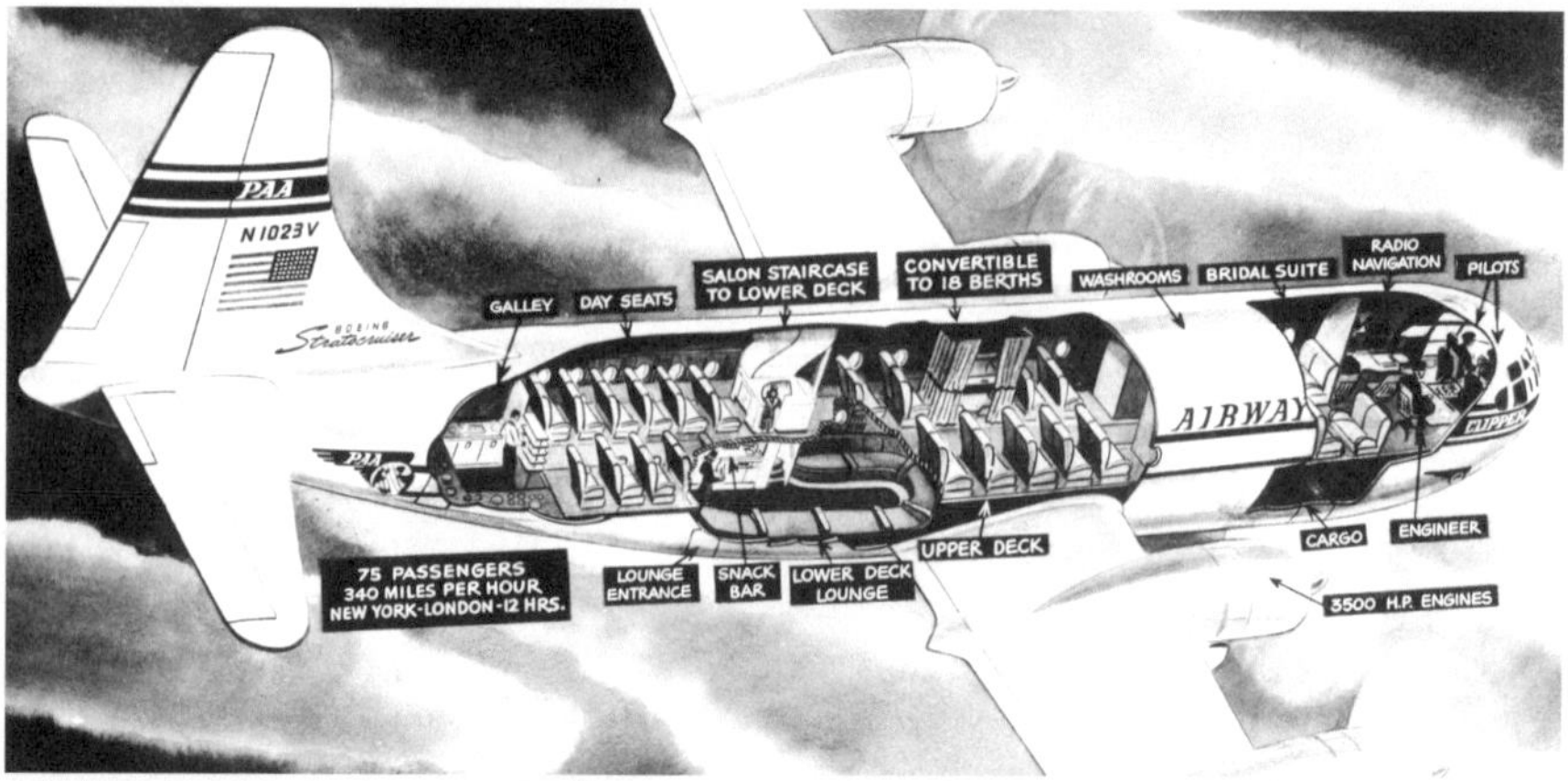

ボーイング377ストラトクルーザー透視図（提供：Pan Am Historical Foundation／協力：Pan Am Alumni Association, Japan）◉胴体を上下2層とした構造で、2階が折りたたみ式寝台のある客室で、1階がラウンジである。トイレも男女別となっているという、贅沢で余裕ある設計だった。

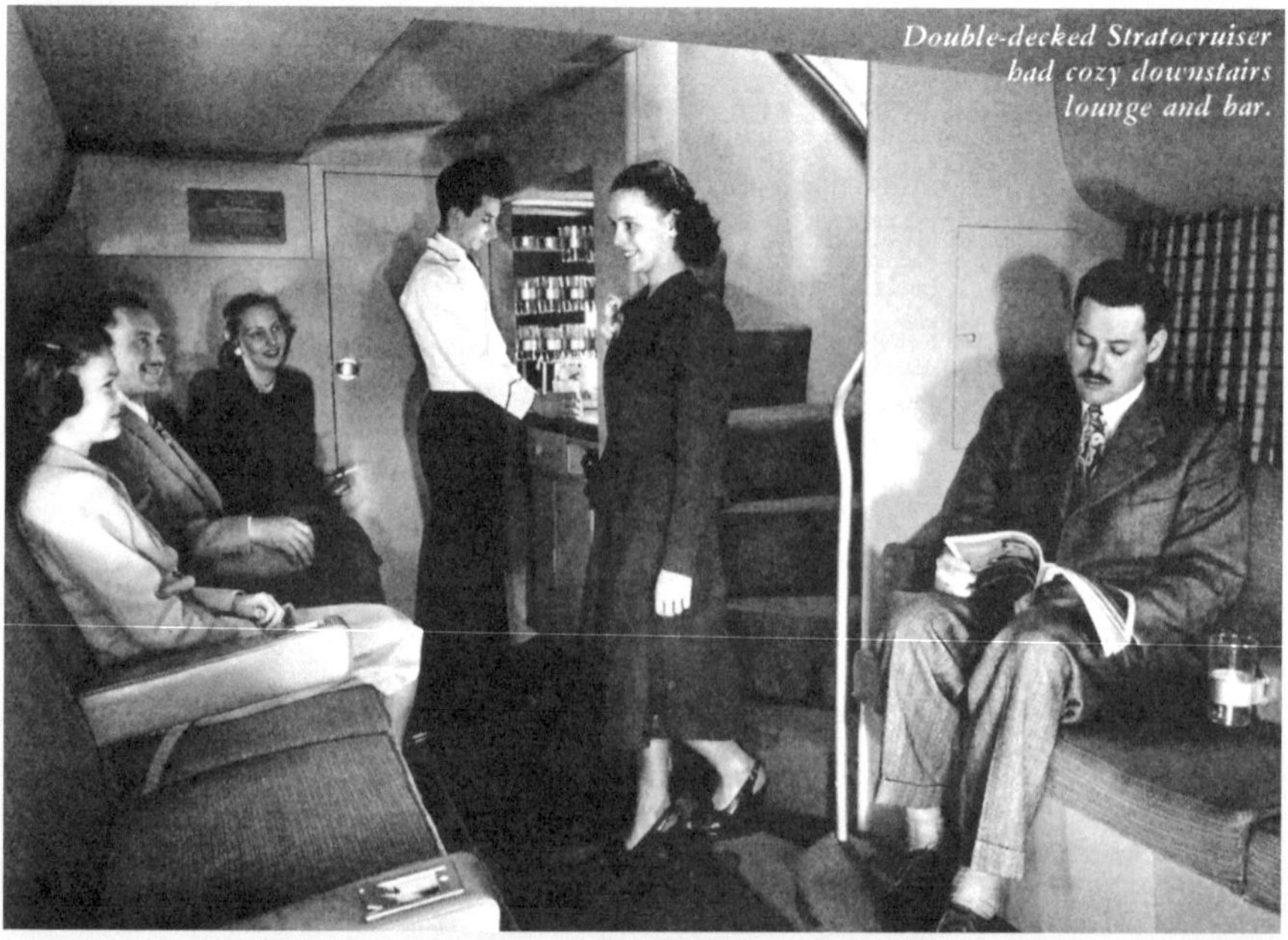

ストラトクルーザーの一階ラウンジ（提供：Pan Am Historical Foundation／協力：Pan Am Alumni Association, Japan）◉二階の客室かららせん階段で下りていくと、一階はラウンジとなっていた。バーで酒類を飲むことができ、贅沢な気分を味わえた。

ストラトクルーザーの二階客室（提供：Pan Am Historical Foundation／協力：Pan Am Alumni Association, Japan）◉座席は1列2席＋2席という余裕の設計。窓にはカーテンが下がっていた。客室は昼間は座席だが、夜間は寝台に早変わりする構造となっていた。

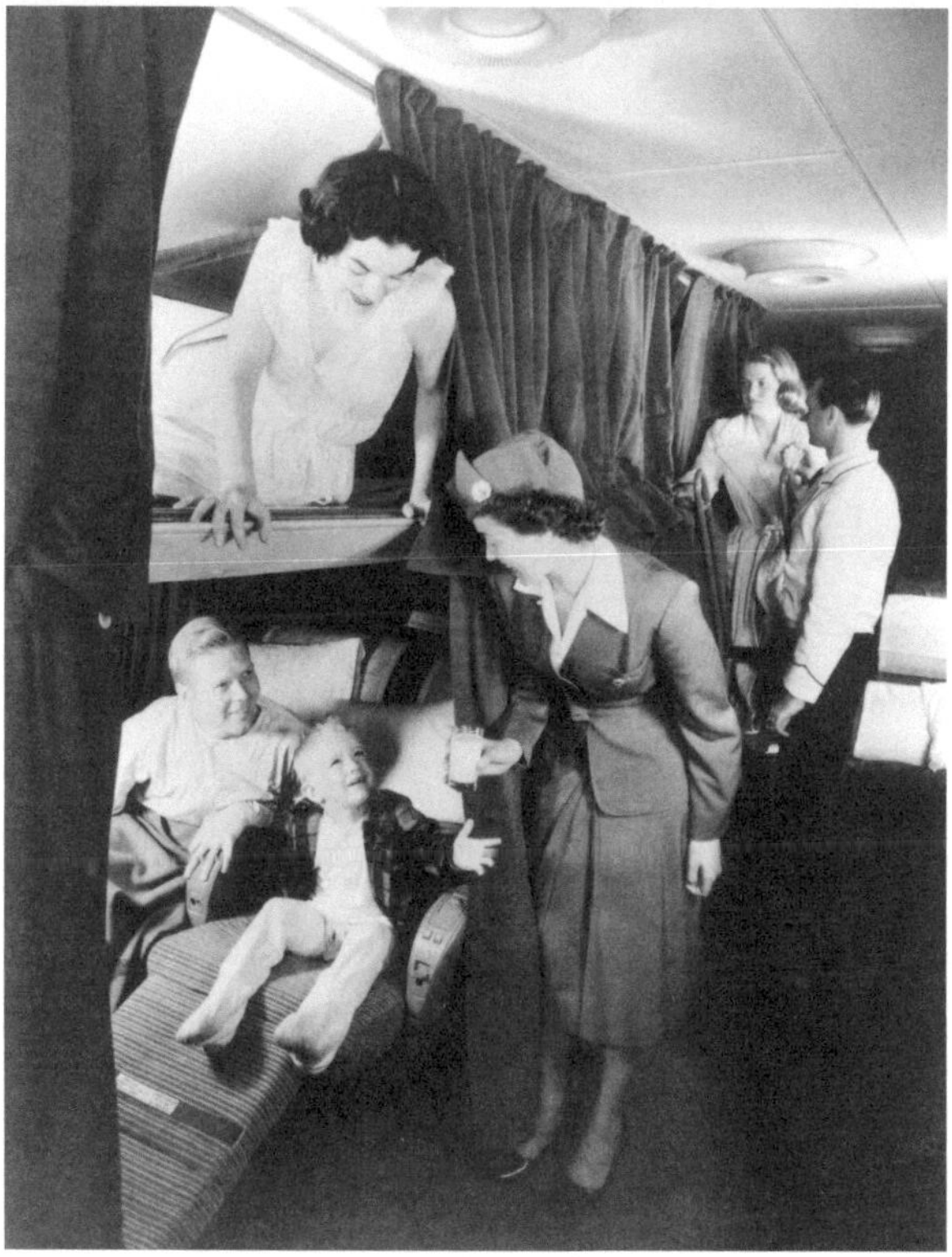

二階客室の二段寝台（提供：Pan Am Historical Foundation／協力：Pan Am Alumni Association, Japan）◉下は座席をリクライニングしてベッドに早変わり。上は天井から引き出した折りたたみ寝台。カーテンで仕切りを作って、列車の寝台車のような状態にすることができた。

していた大映社長の永田雅一も、海外にはパンナムのストラトクルーザーで出かけていた。
そしてもうひとり、ストラトクルーザーで旅立ち、日本の運命を決した大物中の大物がいた。

◉日本の運命を切り拓いたストラトクルーザー

一九五一（昭和二六）年八月三一日の夕方、出発を待つパンアメリカン航空のボーイング377ストラトクルーザー「Romance of the Skies」号を見守って、多くの人々が羽田空港に集まっていた。やがて、午後四時四〇分に黒のビュイックが空港に走り込んで来る。そこから降りたのは、ライトグレーの背広にパナマ帽というでたちのひとりの男。サンフランシスコでの国際会議に出席する、主席全権の吉田茂首相である（P028参照）。

この吉田茂と空の旅をともにした人物が、貴重な証言を残している。パンアメリカン航空のパーサーだった、ユージン・J・ダニングという人物である。ここからは、そのダニングがパンアメリカン航空機内誌の『PAN AMクリッパー・日本版』一九八一年一〇月～一一月号と、一九八一年九月二九日付『日本経済新聞』に寄せた手記をもとにして語っていく。

ダニングはこの日本全権大使一行をサンフランシスコに運ぶフライトに選ばれると、すぐに東京に飛んで食事サービスの用意を始めた。その点では普通のフライトと何ら変わりないともいえるが、そこは全権大使一行の専用フライトである。一部の国々がこの条約の調印に強硬に反対していたこともあって、飛行機は厳重な警戒で守られていた。米陸軍の諜報部からも、あくまでパンナム従業員という名目でふたりの係官が同行していたという。

やがて出発当日、先ほど綴った本項の冒頭部分に戻る。吉田茂一行が乗り込んだストラトクルーザーは、午後五時に羽田を出発。当時はサンフランシスコまでの旅というと、途中でウェーク島、ハワイのホノルルを経由するコース

吉田茂一行の特別機パンナム・ストラトクルーザー（提供：曽我誉旨生）◉1951（昭和26）年8月31日、羽田空港で出発を待つパンアメリカン航空のストラトクルーザー「Romance of the Skies」号。出発20分前の午後4時40分に、主席全権の吉田茂首相を乗せた黒のビュイックが空港に入って来て、タラップに横付けした。

機内の吉田茂と麻生和子（吉田史料61『アルバム　講和条約記念アルバム2.サンフランシスコ編』より／提供：外務省外交史料館）◉サンフランシスコ講和会議には、吉田茂の娘である麻生和子（元・総理大臣の麻生太郎の母）が随行した。これはその貴重なストラトクルーザー客室でのスナップである。

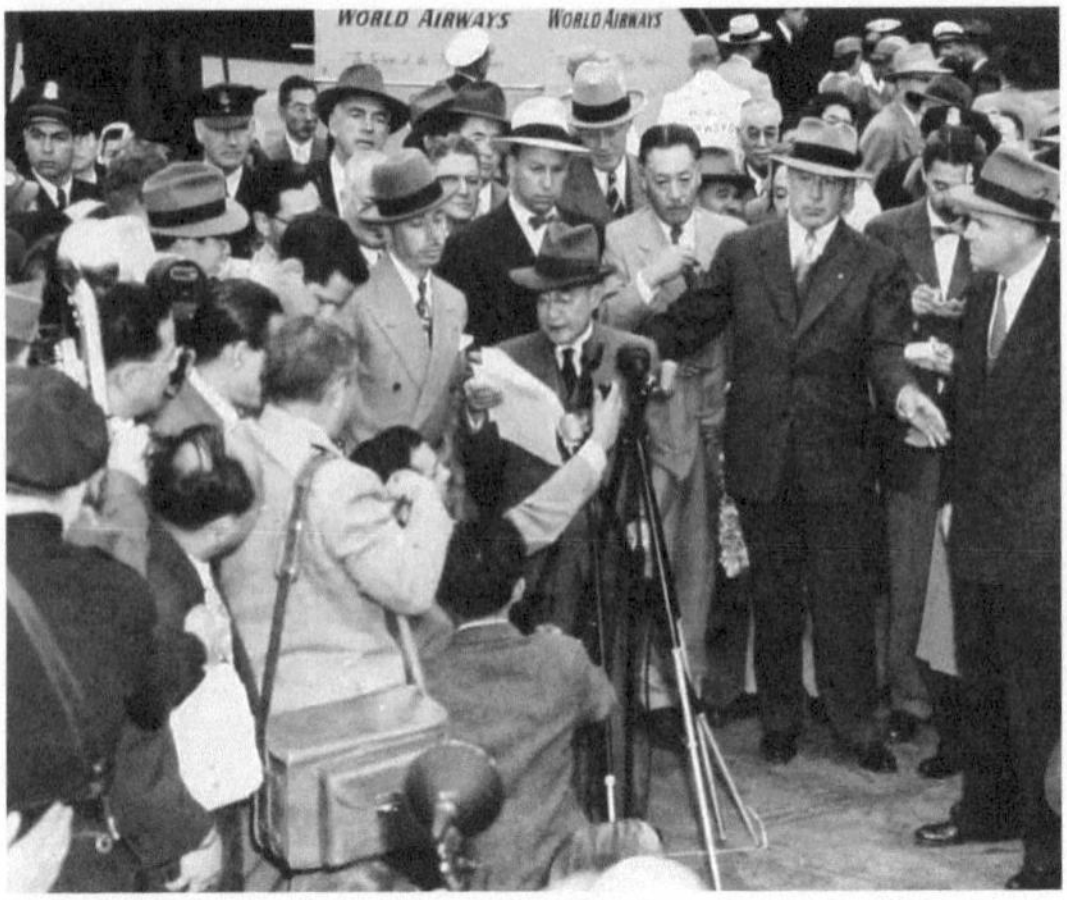

サンフランシスコに到着時の吉田茂（吉田史料61『アルバム　講和条約記念アルバム2.サンフランシスコ編』より／提供：外務省外交史料館）◉1951（昭和26）年9月2日、サンフランシスコ空港に到着直後、報道陣に対してステートメントを読み上げる吉田茂。写真の背後にパンナムのタラップが見えている。

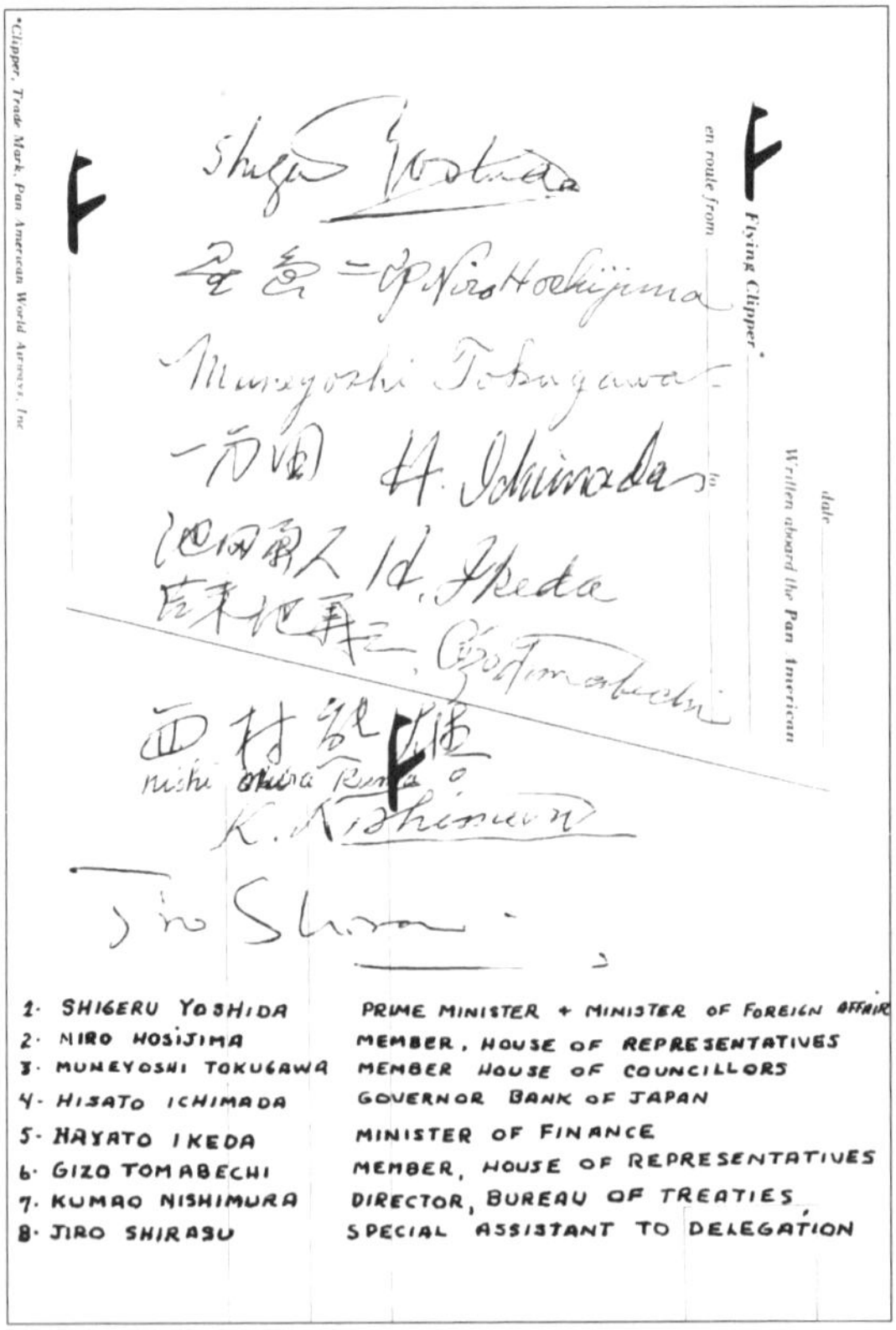

講和全権団メンバーのサイン（吉田史料61『アルバム　講和条約記念アルバム2.サンフランシスコ編』より／提供：外務省外交史料館）◉ユージン・J・ダニング（Eugene J. Dunning）のために全権団のメンバーが書いたサイン。上から、1・吉田茂（首相・主席全権）、2・星島二郎（自由党常任総務）、3・徳川宗敬（参議院緑風会議員総会議長）、4・一万田尚登（日銀総裁）、5・池田勇人（蔵相）、6・苫米地義三（国民民主党最高委員長）、7・西村熊雄（外務省条約局長）、8・白洲次郎（特別補佐官）。

コックピットでの吉田茂（吉田史料61『アルバム　講和条約記念アルバム2.サンフランシスコ編』より／提供：外務省外交史料館）◉コックピットに招かれた吉田は、米空軍のF-86ジェット戦闘機2編隊が羽田まで護衛しているのを見て、機長に向かって編隊の指揮官に謝意を表するように依頼した。

ストラトクルーザーのコックピット（提供：Pan Am Historical Foundation／協力：Pan Am Alumni Association, Japan）◉B-29爆撃機をその元々の原型としているため、ウィンドウ部分が大きく視界が極めて広いのが特徴である。吉田茂は、左側の機長席の後方にある椅子に座っていた。

である。代表団のメンバーもこの間は比較的平穏に過ごし、眠ったり条約の最後の詰めを行ったりといったリラックス・ムードだった。だがダニングには、全権団の人々の堂々たる風格が強烈に印象に残ったようである。

ホノルルでは彼らを歓迎して着陸したストラトクルーザーの傍らで式典が行われ、その後、一行は一泊。翌日、再びサンフランシスコまでのフライトに出発した。

ダニングはこの行きのフライトで、全権団のなかでも特別補佐官だった白洲次郎と外務省の本野盛一とはかなり親しくなったようだ。特に本野は、ダニングが「ベリー・ドライ」なマティーニを作ると「戦前からこれほど素晴らしいマティーニにめぐりあったことはない」と目を細めていたという。

こうしてサンフランシスコに着いて、特命を帯びた旅は終わった。だが一行の強烈な印象が脳裏に焼き付いたダニングは、講和会議に関する新聞記事や今回のフライトで撮影された写真などを集めて、自前でこの講和会議に関する記念帳を作ることにした。それほど、ダニングはこの旅に深い感銘を受けたのだった。

ところが、白洲次郎がわざわざダニングの職場に電話をして、帰国時にも彼を乗務させるように依頼したというのだから、本当にお互い親しみを感じたのだろう。こうして帰路もまたダニングが担当。その際にダニングの「記念帳」の存在を知った全権団の面々は、彼に会議の書類やサインやらを渡してくれたという。

そんな空の旅の終わりが近づいた頃、本野盛一が「機内に日本の国旗はないか」といってきた。占領下で国旗を掲げるにも許可が必要だった日本だが、全権団が羽田に到着したらもう許可は必要ない。だから飛行機に日の丸を掲げたいというわけだ。これにひらめいたダニングは、白いタオルにスチュワーデスの口紅で赤い丸を描き、羽田に到着するやタラップの手すりにその「即席日の丸」を掛けた。その直後、出口から吉田茂が登場。「即席日の丸」は歴史的瞬間を見事に演出した。

パンナムのストラトクルーザーもまた、日本の運命を切り拓く役割の一端を担ったのである。

講和会議から帰国した全権団（吉田史料61『アルバム　講和条約記念アルバム2.サンフランシスコ編』より／提供：外務省外交史料館）●1951（昭和26）年9月14日、大任を果たして帰国。秋晴れの羽田空港で、「Romance of the Skies」号から降り立つ吉田茂ら全権団の面々。白麻の背広を着た吉田茂の表情も明るい。なお、ダニングが即席で作った「日の丸」は、残念ながら地上勤務の誰かに持ち去られて失われてしまった。また、吉田茂はこの帰路においてハワイのオアフ島に立ち寄り、第二次大戦で犠牲となったアメリカ側軍人たちを弔った国立墓地を訪れて弔意を表し、その後に真珠湾をも訪問している。終戦からわずか6年、真珠湾攻撃より実に10年足らずで、日本の現職総理大臣として初めて日米開戦の地を訪れたのである。

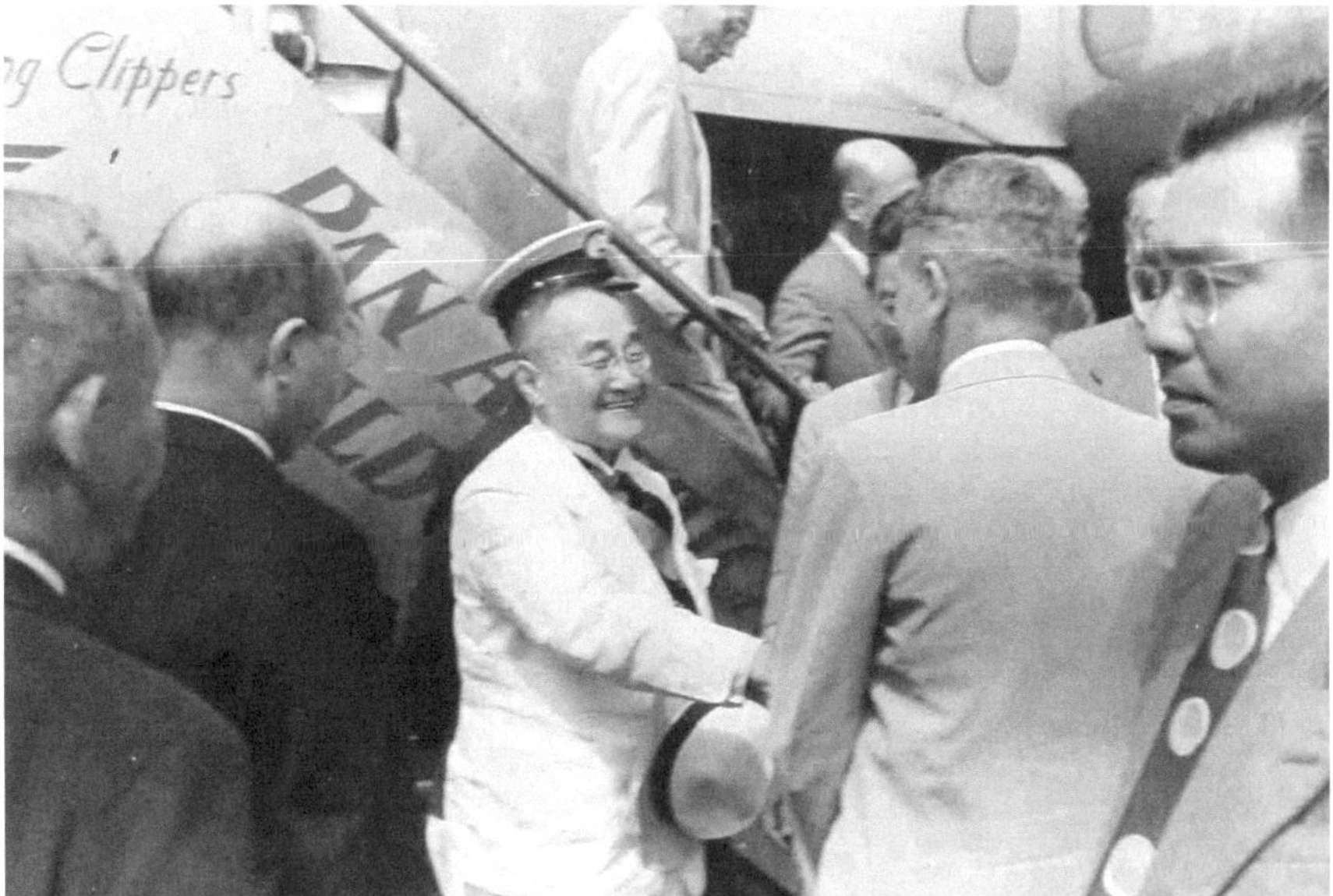

◉豪華で敷居の高いイメージから身近な存在へ

一九五〇年代の終わり、パンナムは民間航空におけるジェット時代の扉を開く役割も果たした。ボーイング707の投入である。同機は一九五九(昭和三四)年に日本にも就航した。これがほぼ一〇か月間、日本航空に多大なプレッシャーを与えることになる。

一般の人々にとってはまだ海外旅行は高嶺の花だったが、パンナムの名前は徐々に身近なものになってきた。それは同じ一九五九年から放映が始まったテレビ番組『兼高かおる世界の旅』(開始時タイトルは『兼高かおる世界飛び歩き』)のおかげかもしれない。海外渡航が難しく、持ち出せる金額にも限りがあった当時、長期にわたる海外取材を可能にしたのは、間違いなくパンナムのバックアップがあったからだろう。この番組のおかげで、「世界で最も経験ある航空会社」というパンナムのキャッチフレーズが日本のお茶の間に刷り込まれたのだ。

もうひとつ、パンナムが日本の人々に身近に感じられるようになった要因があるとすれば、それは、当時の同社極東地区広報担当支配人デビッド・ジョーンズが一九六一(昭和三六)年から大相撲の優勝力士の表彰を行うようになったからかもしれない。ある程度の年代の日本人で、表彰式になると必ず現れる紋付き袴姿の外国人のことを覚えていない者はいない。

この身近なイメージがより実体を伴うようになったのが、一九七〇(昭和四五)年のこと。ボーイング747ジャンボジェットが日本に就航した時である。超大型機で大量輸送を実現することによって、航空の大衆化時代が実現した。一般の人々が気軽に飛行機に乗り、気軽に海外にも出かけるような時代が、ついにやって来たのだ。

だが、これが後にパンナムの首を絞めることになるとは、その時は誰も思っていなかった。

ボーイング707(提供:Pan Am Alumni Association, Japan)◉DC-8やコンベアCV880とともにジェット機第1世代といわれる航空機で、ボーイング社のジェット旅客機デビュー作。1958(昭和33)年10月28日、パンナムはニューヨーク～パリ線に、ジェット旅客機ボーイング707の1号機「ジェットクリッパー・アメリカ」を就航した。これによって、世界の民間航空は一気にジェット時代へと突入する。

横綱・大鵬を表彰するデビッド・ジョーンズ(提供:Pan Am Alumni Association, Japan/協力:大鵬企画、大鵬道場・大嶽部屋)◉「昭和の大横綱」大鵬を表彰するデビッド・ジョーンズ。1961(昭和36)年11月場所千秋楽での撮影と思われるが確定できていない。1961年5月場所に「パンアメリカン航空賞」を贈呈したのが始まりで、その時の優勝力士は西前頭13枚目佐田ノ山関。重さ92ポンド(約42kg)のトロフィーを持ち、紋付き袴姿で「ヒョー、ショー、ジョウ!」とスピーチするジョーンズの姿がお茶の間の人気を呼んだ。以来30年間、パンナムが太平洋線から撤退しても「表彰」は続いていたが、パンナム消滅寸前の1991(平成3)年五月場所、東張出横綱の旭富士に対する表彰でその歴史にピリオドが打たれた。

◉青天の霹靂から呆気ない幕切れへ

「ウソでしょー？　って思わず言いましたよ」というのは、パンナム日本人フライト・アテンダントだった森田智子だ。「お友だちから電話があったんですね。ニュース聞いた？　って。何のニュースか聞いたら、パンナムの太平洋路線が売られたって言うじゃないですか。だから思わずウソ……と」

一九八五（昭和六〇）年四月二二日（日本時間で二三日）、パンナムが開いた特別記者会見はまさにショッキングな内容だった。それは日本路線を含む太平洋地域の路線を、ハブ空港である成田国際空港の発着権や以遠権、社員や支店網、保有機材の一部ごとユナイテッド航空に売却する……というものである。日本地区の社員にとっては、これ以上驚くべき話はない。そして森田が思わず「ウソ」といってしまったのにも、それなりの理由があった。

「まず、まさかパンナムが……って気持ちはありました」と森田。「そして、特に太平洋路線っていうのは一番お金が儲かる、いわゆるドル箱だったんですよね。だから、なおさら信じられなくて」

森田によると、その前月までパンナムではストライキを行っていたという。それが終わったばかりだったので、さらにショックが大きかった。おまけに今回の決定はそれまで社員にも知らされず、一切は極秘で進められていた。だから、彼女にとってはますます青天の霹靂だったわけだ。

「ユニオンのほうに電話をかけたら、そちらの方からいろいろ情報が入ってきたんです」と森田は語る。「すると、徐々にその内容が分かって来たという感じですね」

確かに信じられないような話だ……。だが森田は、その兆候はあったかもしれないともいう。

「パンナムの最後の頃は、お客さまにサービスするにもいろんな意味で品不足だったんですよね」と森田。「例えば、

ラストフライト・セレモニーでの森田智子（提供：森田智子）◉森田もラストフライトのクルーだったため、成田でのセレモニーに出席した。ちょうどセレモニーが終わった直後らしく、報道陣なども入り交じる騒然とした様子が伺える。

Thank You

パンアメリカン航空は太平洋地域での半世紀におよぶ路線運航の最終便を飛ばすにあたり、日本地区でパンナムにご支持を賜わったすべての皆さまに深い感謝の意を表明したいとおもいます。

パンナムのご利用客をはじめ、関係諸官庁・旅行業界の各位、なかんずくパンナムの日本地区社員に、いかなる航空会社もかつて経験したことのない最高の50年を幣社に授けてくださったことに衷心より感謝の念を捧げるものです。

パンナムの翼は日本から去りますが、アメリカ合衆国、ヨーロッパ、中南米、アフリカ、そして中東などのパンナム路線を利用する海外旅行の手配をお手伝いするオフィスは東京と大阪、そして太平洋全域の主要都市に存続させますのでご活用ください。

ふたたび、心からお礼を申し述べます。この50年の旅路は素晴らしいものでした。

パンアメリカン航空会社

パン アメリカン航空会社　東京都千代田区丸の内3-1-1国際ビル　※4月1日より右記に移転します。東京都千代田区内幸町2-2-3日比谷国際ビル
※2月12日より電話番号が変更になります。旅客営業予約(03)285-0627／貨物営業予約(03)666-2780

パンナム太平洋線撤退を伝える新聞広告（提供：Pan Am Alumni Association, Japan）◉太平洋線撤退を伝えるために掲載された広告の原稿コピー。最後に「この50年の旅路」とあるのは、1935（昭和10）年の同社が太平洋横断定期便を開設した時から数えた年数である。この広告は1986（昭和61）年2月12日付『日本経済新聞』に掲載、これの英語版が2月13日付『ジャパンタイムズ』に掲載された。

オレンジジュースもありません、ミルクもありません、これ壊れてて直ってないんです……っていう感じで。もうお客さまに申し訳なくて、I'm sorry, I'm sorryっていう言葉しか出てこないくらいだったんですよ」

実は名門パンナムは、かなり前からきついダメージを受けていた。

その最初の兆しは、一九七〇年代後半ぐらいからだろうか。ジャンボがもたらした大衆化によって、航空業界も激変。航空自由化による価格競争や燃料費の高騰といった苦難に直面し、パンナムの「アメリカを象徴するようなイメージ」も災いしてテロの標的にされるようになってきた。一九八〇(昭和五五)年に国内線航空会社のナショナル航空を買収したことも、結果的には裏目に出たといわれている。実は知らず知らずのうちに、パンナムは土俵際いっぱいまで追いつめられていたのである。

こうなって初めて突きつけられる現実。だが、森田は大いに迷ったらしい。

「会社の方からは私にいってくれたんですよ。このままパンナムにいるか、それともユナイテッドに移るか、それはあなたの自由であると」と森田。「私もいろいろ迷いまして。はじめはこのままパンナムにいてヨーロッパ飛ぼうかと思ったんですけれども、やはり家族全員日本ですので私はユナイテッドに移ることに決めたんです」

そこからは、呆気ないほど早かった。一九八六(昭和六一)年二月一一日の成田空港で、アメリカ行きパンナム・ラストフライト三便を見送るさよならセレモニーが行われた。森田はいつもより早めに成田に行って、このセレモニーに出席。そこで記念撮影や花束贈呈を行った。その三便のなかのうちロサンゼルス行きPA〇二二便に、森田も乗務することになっていたのである。

こうして飛行機に乗り込んでみると、さすがに森田も感極まったようだ。「機内でまず英語でアナウンスがあって、それを私が日本語に訳すんですけれども、英語の方がもう涙、涙で声が震えているんですよね。私は泣いちゃ困るからって、必死になって頑張ったって記憶があります。本当にみんなもう涙、涙で」

ボーイング747SP(提供:Pan Am Alumni Association, Japan)◉ボーイング747の派生機で、SPとは「スペシャル・パフォーマンス」の意味。本来の747が全長約70メートル程度なのに対して、本機は約56メートルと短胴化。これによって重量を減らし、航続距離を大幅に延ばした。当時のパンナム会長ホワン・トリップが、ボーイング社に対して東京〜ニューヨーク無着陸直行便のための機材を要請したことで開発された。1976(昭和51)年4月25日、東京〜ニューヨーク間の無着陸直行便に就航。この時はまだ、強気の姿勢を崩してはいなかった。

1970年代前半のパンアメリカン航空東京事務所(提供:Pan Am Alumni Association, Japan)◉かつて丸の内の国際ビル内にあった、パンナム東京事務所のカウンターで撮影された写真。カウンターの裏には会計課や貨物営業部があり、2階には極東地区総支配人のオフィス、旅客営業部、予約課、広報部などがあった。写真はカウンター入口で撮ったもので、後ろ左から池貝孝彦、金井紀美江、山宮正和、江崎(現・中野)綾子、的場恒久、久山元男、大川(現・縄野)裕子、岩田(現・野上)千鶴子、前に座っているのは、澤田(現・岡野)久代とロビン・リース(現・藤井)。

その場にいる人々がみなフラッシュライトを振って、惜別の思いで見送るなかを出発して行ったパンナムのラストフライト。だが、PA〇二二便が到着したロサンゼルスでは、森田が呆気にとられるほど何もなかったという。

「全然何もありませんでした。ロサンゼルスに到着した時には入国審査のところを通るわけですよね。そこを普段と変わりなく通って、そのまんま……という感じでした」と森田。「私たちの仕事は、仕事が終わった後でまたオフィスに戻るというわけじゃないんですよ。そのまま飛行場で、税関通ったらさようなら……って感じですので。だから、ただ到着したって感じでした」

この時にラストフライトといわれていた便は、サンフランシスコ行きPA〇一二便、ロサンゼルス行きPA〇二二便、ニューヨーク行きPA八〇〇便の三便。予定ではこの順で出発するはずだったが、遅延のためにサンフランシスコ行きPA〇一二便が最後となった。これが事実上、日本におけるパンナムのラストフライトである。

その後、ユナイテッド航空に移った森田だが、実はあまり違和感を覚えなかったと話す。

「オフィスは新しい場所に変わりましたけど、最初のフライトなどは飛行機も元パンナム、機長も元パンナム、フライトアテンダントも八割~九割が元パンナムなんですよね。ユニフォームだけが違っていて。だから、他の会社に勤めているという感じはあまりなかったんですよね」

一九四七年の日本就航から数えて四〇年のメモリアル・イヤーを待たずに、日本から撤退していったパンナム。だが、森田はそれを「最後」とは思っていなかったようだ。「パンナムがまた戻ってくると、みんな信じてたんですよね。会社の調子がよくなればまた戻ってくるって」

だがそのパンナム自体も、一九九一(平成三年)年一二月四日に姿を消したのだった。

PA022便ロサンゼルス行のクルー（**提供：森田智子**）◉成田空港第3サテライト34番ゲートを前にした、出発直前のPA022便クルーによる記念撮影。左から4人目の女性が森田で、一番左の女性がもう一人の日本人乗務員である榎本桂子、中央の白い帽子の人物は機長のJ・スローン。なお、この日のアメリカ行きパンナム・ラストフライトは、PA022便ロサンゼルス行き、PA800便ニューヨーク行き、PA012便サンフランシスコ行き……の3便だったという。

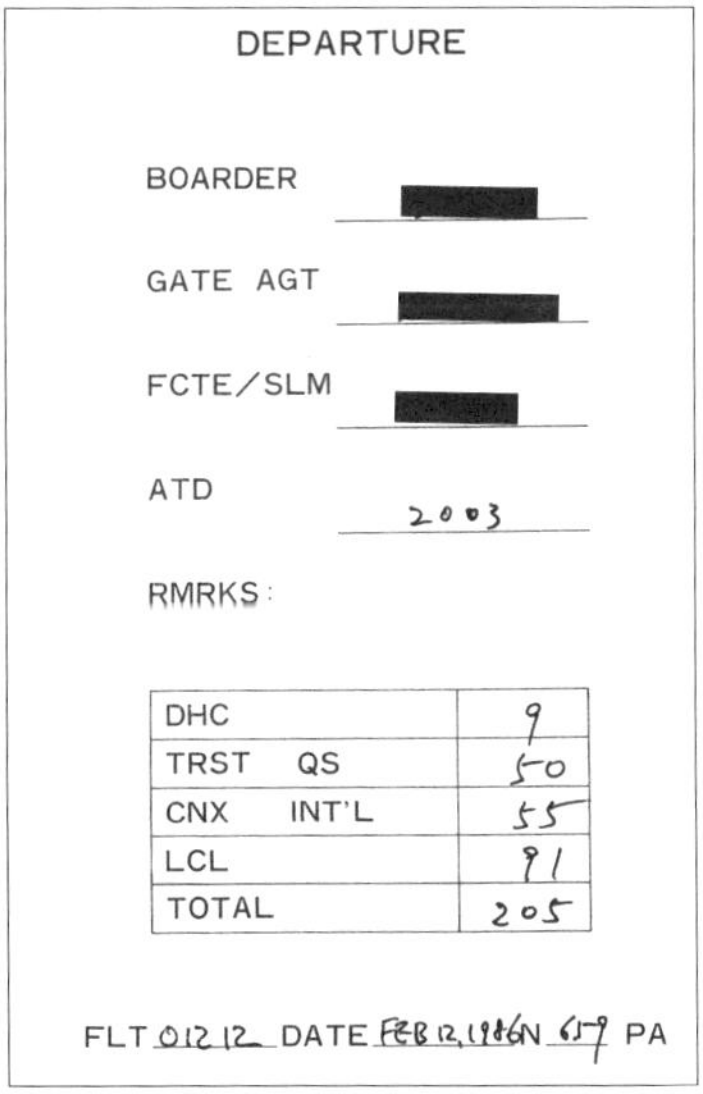
DEPARTURE

BOARDER [redacted]

GATE AGT [redacted]

FCTE／SLM [redacted]

ATD 2003

RMRKS:

DHC	9
TRST QS	50
CNX INT'L	55
LCL	91
TOTAL	205

FLT 012 12 DATE FEB 12, 1986 N 659 PA

PA012便のデパーチャー・シート（提供：Pan Am Alumni Association, Japan）◉出発ゲートで最後確認をした職員が作成するデパーチャー・シートで、一番下にあるのが便名、日付、機体番号。中程の「ATD」は「Actual Time of Departure」のことで、実際に飛行機の車輪がゲートから離れた時間である。パンナム・ラストフライト3便は、当初の予定ではPA012便サンフランシスコ行きが19時発、PA022便ロサンゼルス行きが19時5分発、PA800便ニューヨーク行きが19時30分発となるはずだったが、遅延によってそれぞれ「ATD」がPA022便19時13分、PA800便19時46分、PA012便20時3分と変動。結果的に、PA012便サンフランシスコ行きが最終フライトとなった。

第3章 華やかな門出の陰で

◉国際線定期便開設までの長い旅路

パンナムの日本撤退から二週間も経たない一九八六（昭和六一）年二月二五日、またしても大きな出来事が世界を騒がせた。フィリピンの独裁者フェルディナンド・マルコス大統領を糾弾する、いわゆる「ピープルパワー」革命が勃発。大勢の市民たちが押し寄せるなか、マルコス夫妻はマラカニアン宮殿を脱出してハワイに亡命した。イメルダ・マルコスはかつて自分がビートルズを追い出した時以上に激しい国民の怒りをかって、故国を追い出されたのである。

その翌月の三月三日の朝、成田空港でまた新たなセレモニーが行われていた。ただし、今度はパンナムの時のシンミリしたムードではなく、どこか高揚した空気が流れていた。それもそのはず、新たな路線の開設を記念したセレモニーである。これまで国内線で力を蓄えてきた、全日空初めての国際線定期便が開設されるのだ。

その最初の路線は、東京（成田）～グアム線。一九六七（昭和四二）年五月一日にパンアメリカン航空がグアム線を就航してから、グアム島は日本人観光客が楽しめる身近なリゾート地として人気を博していた。そこを足がかりにして、まず国際線定期便の第一歩を記そうというわけだ。

初の国際線定期便、グアム線開設（提供：ANA）◉1986（昭和61）年3月3日、東京～グアム線第1便（NH-11便）が出発。初便は午前10時37分、乗客287名を乗せて成田空港から離陸した。これにより、全日空は国際線定期便進出。機材はL-1011トライスターで日・月・木・土の週4便運航でスタートした。

ソウル行き特別便の運航（『大空への挑戦　ANA50年の航跡』〈全日本空輸株式会社〉より／提供：ANA）◉1960（昭和35）年12月12日、韓国学生文化使節団43名の帰国のため、コンベアCV440でソウルに特別便を運航する。これが全日空の海外進出のはじまりだった。

だが全日空が国際線定期便を実現するまでには、実に四半世紀以上の歳月がかかっていたのだ。

その発端は、一九六〇(昭和三五)年にさかのぼる。同年の一二月一二日、日本を訪れていた韓国学生文化使節団四三名の帰国のため、コンベア440でソウルに特別便を運航したことがすべてのはじまりである。初めて国境を越えた同社は、次にもっと遠い国への旅を実現することになる。それが、一九六一(昭和三五)年八月一五日に羽田を出発したソ連ハバロフスクへの墓参団のフライトである。報道関係者も多数乗っていたこのフライトで、全日空は国際線への自信を深めたはずだ。

その年の九月二三日には、フォッカーF27フレンドシップで鹿児島〜那覇線を運航開始。当時はまだ沖縄は米国の統治下だったことから、これが実質的に全日空初めての国際定期便となった。

こうして地道に実績を積み重ねて来た同社は、ついに国際線への意欲を明確に打ち出す。一九六八(昭和四三)年二月一〇日に、営業部に「国際航空準備室」を設置したのだ。こうして国際線進出に備えた人材育成のために、同社社員の日本航空への委託を始める。同年一一月には国際線運航管理者実施訓練のために四名、翌一二月には男子客室乗務員訓練のために二名を、日本航空に委託した。

また、一九七〇(昭和四五)年一二月一〇日には、日本赤十字からの要請で東パキスタン(現・バングラデシュ)のダッカに水害救援物資フライトを運航。同社ボーイング727-100の機体に、赤十字マークを付けて飛ばした。

翌一九七一(昭和四六)年二月二一日には、ついに香港に国際線チャーター第一便を運航する。もはや念願の国際線定期便開設まであと一息……と思える勢いだったが、物事はそううまくは運ばなかった。全日空の国際線定期便開設までには、それからさらに長い年月を要することになる。

それは一九八五(昭和六〇)年の春のこと。同社客室乗務員の小川(現・田中丸)光子は、当時、所属していた羽田の客室部で、全日空が国際線に参入できるようになったと一同で喜び合ったことを覚えている。同年七月には国際線参入

シベリア抑留者遺族を乗せたハバロフスクへの特別便（『大空へ二十年』〈全日本空輸株式会社〉より／提供：ANA）
◉厚生省がシベリア抑留で命を落とした人々の遺族の墓参を計画。これに対して、1961（昭和36）年4月10日にソ連外務省がハバロフスク及びチタの日本人墓地訪問許可を通告。同年8月15日に全日空バイカウント828でハバロフスクへ出発した。一行は遺族30名、報道関係者など50余名。なお、シベリア抑留者遺族の墓参が認められたのは、これが初めてのことである。

全日空の国際線チャーター第1便（『大空への挑戦　ANA50年の航跡』〈全日本空輸株式会社〉より／提供：ANA）
◉1971（昭和46）年2月21日、香港へのチャーター便が羽田を出発。これが全日空の国際線チャーターの第1便だった。チャーターしたのは、近畿日本ツーリストである。この時の機材はボーイング727-100。羽田を午前7時に出発し、沖縄経由で香港に午前11時30分に到着。乗客は109人だった。

のために客室部門のプロジェクトチームが組まれることも正式発表され、実現に向けて大きく進み出した。

◉香港での猛特訓

国際線定期便を開設するといっても、全日空にはそのためのノウハウが決定的に足らなかった。客室部門のプロジェクトチームは、まさにそのノウハウを手に入れるために編成されたのだ。

メンバーの正式発表は、それから間もなくの一九八五(昭和六〇)年八月。メンバーは東京から五名、大阪から三名、訓練センターのインストラクターから一名で構成された(後に二名が追加され、最終的には一一名で準備を行った)。客室乗務員の小川光子も、このメンバーに選ばれたのである。そのミッションは、香港のキャセイ・パシフィック航空で訓練を受けて国際線客室乗務員としてのノウハウを吸収し、それを社内で共有すること。期間は約一年。

「一九七一年からアジア、一九八〇年代からはホノルルとチャーター便のみの運航でしたので、定期国際線の運航には大きな憧れがありましたね」と小川は語る。「ただ嬉しさと同時に、未だ見ぬ世界への不安も感じました」

ただ、いきなり香港へ飛んだわけではない。キャセイでの訓練前の八月中旬にメンバーの顔合わせを行い、大阪ANAホテルで料理や飲料の基礎知識を習うことになった。

「和食の知識でさえ不確かでワインの知識などほぼない状態でしたから、毎日が目からウロコの連続でしたね」

このANAホテルでのレッスンの後で英語、運送関連や税関・入国管理・検疫など国際線関連知識の訓練を受け、同年一一月にいよいよチームは香港に移動。キャセイの訓練所に通うことになる。

そのキャセイの訓練所は、香港啓徳空港の近く。規模も大きく充実した施設で、各国からの多国籍集団の訓練生が通っていた。小川はそこに、キャセイの国際線運航の経験の豊かさを感じたという。

こうして始まった訓練所での生活。そこでまず彼らが行ったことは、訓練風景の見学である。

「その時になって、今後の我々の訓練は全て英語なのだ！　と、当たり前のことに緊張しましたね」

ただ、訓練生がいろいろなお国柄のところから来ているせいか、インストラクターが「トレイを床に置くな、衛生観念を持て！」と、日本では考えられない指示を出す一幕もあったという。

こうして訓練が本格的に始まったが、そこで最も難しかったのは三つのクラスのサービスの習得だったと小川はいう。エコノミークラスひとつとっても、従来のチャーターで行っていた簡便なものとは違い、洋食コースの流れに沿ったもの。そこに未経験だったビジネスクラス、さらにファーストクラスが加わる。それらを覚えるのにかなり苦労したと小川はいう。

「ホテルに帰った後、メンバーと議論したこともしばしばでした」と小川。「訓練中のインストラクターの英語説明の解釈で、私はこう思った、いや、私はそうじゃないと思う……とか」

キャセイの訓練所では一一月～二月でエコノミーとビジネスクラス、四月でファーストクラスの訓練を行い、訓練は実質五か月におよんだ。

「インストラクターは男女とも同年代の人たちで、気軽に相談に乗ってもらえて、大きな支えとなってくれましたね」と小川。「彼らは就航後三か月程度、実際のフライトに乗客として搭乗してくれて、さまざまなアドバイスもしてくれました」

こうして香港での訓練を終えた一行には、マニュアル作り、社内訓練の準備……の仕事が待っていた。つまり、これまで香港で彼らが学んで来たことを、今度は彼らが国内の同僚に対して伝えることになったわけだ。ただ、一九八六（昭和六一）年三月のグアム線就航は、サービス内容もエコノミークラスのみでシンプルだったのでさほどの緊張感はなかったと小川はいう。問題は、その後に続く七月のロサンゼルス線就航であった。

●フレンドリー対応には理由がある

そもそも国際線定期便準備プロジェクトは、米国本土などへの長距離路線運航を前提としていた。だからその後のロサンゼルス、ワシントンへの就航についても、プロジェクト開始直後から伝えられていた。ただし、実際にやるとなると話は別である。

「七月のロサンゼルス、ワシントンへの就航を前提に、国内線もしくはチャーター便の資格しか持たない現役の客室乗務員たちに、定期便の資格を付与していくんです」と小川光子は語る。「教える側の私たちですら、キャセイでのモックアップ訓練でしかしたことのない内容ですからね。教えていくのはとても心許なかったのですが、何とかみんなの期待に応えたいと必死でしたね」

当時の全日空の訓練センターには、ファーストクラス以外のモックアップ設備（原寸大模型）もなかった。しかもロサンゼルス線、ワシントン線に使われるボーイング747－200LRはこの路線からのデビューで、まだ実機そのものがない。仕方なく教室に机と椅子を機内風に並べて、物品用の搭載コンテナーを積み上げてギャレーに見立てた中での訓練だったというのだから、小川が心許なかったのも無理はないだろう。

「実機を見るのは本番……という状況に、やっぱり不安な気持ちはぬぐえませんでした」と小川は語る。「接遇のマインドや仕事へのモチベーションでは、決してどこにも負けないという自負はありましたが、本番でのサービススキルの発揮や各クラスをコーディネートするチーフパーサーたちのマネージメントは未経験ですし」

やがて六月後半になって、小川が問題のロサンゼルス初便に乗ることが伝えられる。そこで彼女は、自分がその便のチーフパーサーであることを知った。小川が乗るのは米国側の初便、七月一六日のロサンゼルス～東京（成田）NH

キャセイ航空訓練所での様子（提供：田中丸光子）●1985（昭和60）年11月より、客室部門のプロジェクトチームは香港のキャセイ・パシフィック航空で訓練を受けることになる。左から、キャセイ航空インストラクターのケヴィン、小川光子、大内真理子、伊藤薫。

ロサンゼルス発東京行きの初便出発前（提供：田中丸光子）●1986（昭和61）年7月16日、ロサンゼルス発東京行き（NH005便）の初便出発前の様子。この時点では全員やる気満々で笑顔だった。ボーイング747-200LRを背景にして、前列の一番右が小川光子。なお、この東京行きNH-5便についても、ロサンゼルス空港で初便行事を行った。

五便である。

「キャセイでの訓練が修了した頃、長距離就航便の初期ではプロジェクトのメンバーが必ずチーフパーサーとして乗務するといわれていて、ある程度覚悟はしていました」と小川はいう。「ですからロサンゼルス初便と聞いて光栄と思いましたが、何しろ未知数の部分が多い。そこに外地発のフライトということもあって、漠然とした不安が湧きおこってきましたね」

フライト前日の七月一五日、小川はじめクルーはロサンゼルスに移動する。移動に使ったのはユナイテッド航空の東京〜ロサンゼルス便だったが、幸いクルー全員がビジネスクラスに乗ることができた。緊張半分興味津々でサービスを受けたが、その接遇ぶりは意外なほどフレンドリーでややラフですらあった。これにはいささか拍子抜けしたと小川はいう。

通常はフライト前にやる客室乗務員同士の打ち合わせも、ロサンゼルス入りした前日にホテルで行った。それも搭乗から着陸後までのすべての業務をイメージトレーニングして、これでもかというほど綿密に行ったという。「そうすることで、みんな不安を打ち消したかったのだと思います」

だがいくら練習したといっても、リハーサルはリハーサルである。まして、実機を見ていない状態だったわけだから、どうしても未知数の部分が残る。

こうして迎えた七月一六日本番当日、クルー全員はやる気満々で出発時刻一時間半前の一一時頃に空港に出社し、そこで初めてボーイング747−200LRのピカピカの機体を目にすることになる。機内には一二時頃入り、まずはフライト前のチェックが始まった。ところが搭載品がない、あってもあるべき所にない、数が不足している……などなど想定外のことが各クラスで次々発生。たちまちクルーは一気に冷や汗と焦燥感に駆られる。それでもどうにか不足品が追加搭載されて、乗客を晴れやかな気持ちで迎えることができた。

ところが、ほぼ満席の乗客が搭乗してドアを閉めた時、エコノミーのパーサーから連絡が入るではないか。「どこを探しても二食目のパンがありません」

慌てた小川はすぐに機長に連絡してパンを追加搭載したいと相談したが、すでに三〇分以上遅れているため無理という解答が返ってくる。選択の余地はない。離陸後に何とかしようと腹をくくり、緊張気味の機内アナウンスをしてNH五便は出発した。早くも不穏な予感……。

懸念されていた二食目のパンは、実はさほど厄介なことではなかった。問題はむしろそれ以外だ。次々と想定外のアクシデントが続発し、片づけながらタイミングよくサービス……が思うようにできない。いざという時の臨機応変さを発揮できる余裕はまったくない。一食目と二食目の間に二時間ほど交替で休憩をとる予定だったが、食事を取るのもやっとの状態。成田着陸まで、全員でとにかく無我夢中で習ったことをやり遂げるしかなかった。小川たちはここに至って初めて、あのユナイテッド航空クルーのフレンドリーなサービスが、長年の経験に裏打ちされたものであるということを悟った。ロサンゼルス線初便は、国際線のサービスの壁の高さを改めて痛感させられた苦いフライトであった。

乗客たちを見送った後で会社に戻っての打ち合わせでは、クルー全員が号泣だったという。

「みんな悲しかったのではなく、悔しく不甲斐なかったのです」と小川は語る。「この日のためにプロジェクトメンバーとして準備もしてきた。それにもかかわらずこんな初フライトをさせてしまって、私は大きな責任を感じました」

小川はこの経験を次のクルーに少しでも役立てられるようにと、クルー各自が次便クルーに問題点を口頭で伝え、ノートにも記録として残して誰もが見られるようにした。

その一〇日後の七月二六日、東京(成田)～ワシントン線の初便では滞りなくサービスが行われたと聞き、小川は積み重ねた経験のおかげと胸をなで下ろしたのであった。

●ロサンゼルス線初便が「成功の元」

国際定期便開設の熱気さめやらぬ同じ一九八六(昭和六一)年、全日空にもうひとつ大きな仕事が舞い込んで来た。首相特別機の運航である。

一九九一(平成三年)に政府専用機ボーイング747－400が導入されるまで、首相特別機は民間航空会社の仕事だった。そして国際線の首相特別機といえば、日本航空の独擅場。そもそも、それまで日本には国際線定期便を飛ばしていた会社が日本航空しかなかったわけだから、致し方ない部分もある。それを今回は全日空が行うというのだから、まさに同社が名実ともに国際線キャリアになったことを象徴するような出来事だった。

具体的には、同年一一月八日、北京市内での日中青年交流センター定礎式に出席するため、中曽根康弘首相(当時)を乗せて国際線首相特別機を飛ばすというもの。

ここで特別機に選ばれた機材は、L－1011トライスター。初の国際線定期便であるグアム線でも起用された機材で、航空機としての評価は極めて高い。何より、導入した全日空が初の国際線定期便開設やこの首相特別機など、「ここぞ」という時に起用しているのがその証拠だ。

そしてこの首相特別機にも、ロサンゼルス線に乗務したあの小川光子が起用されたのだ。

「これは大変なことになった。正直、もう少し国際線の経験を積んだ後ならよかったのに……と思いましたよ」と小川は当時のことを振り返る。「しかし社内はこの話で高揚感が漂っていたので、そんな気分は吹き飛びました。ロス初便の経験を考えれば何でもできる！……とも思いましたしね」

彼女が首相特別機の話を知ったのは、運航のひと月ほど前の一九八六年一〇月。そこから全日空のスタッフが官邸

首相特別機の搭乗券（提供：ANA）◉ちなみに同社の他の首相特別機運航は、2000（平成12）年5月29日の森喜朗首相ソウル行きフライト（機材はボーイング777-200ERを使用）、2009（平成21）年2月18日にメドヴェージェフ・ロシア連邦大統領との日露首脳会談のため訪露した麻生太郎首相ユジノサハリンスク行きフライト（空港が小さすぎるため政府専用機ボーイング747使用を断念、代わりにANAのボーイング767を使用）、2012（平成24）年5月にアメリカ合衆国での主要国首脳会議（キャンプデービッド・サミット）出席のため訪米した野田佳彦首相フライト（天皇皇后両陛下オランダ・スウェーデン公式訪問で政府専用機使用のため、代わりにANAのボーイング777-300ERを使用）など。

全日空初めての首相特別機が出発（提供：ANA）◉1986（昭和61）年11月8日午前11時、北京に向けて中曽根首相（当時）を乗せた全日空初の国際線首相特別機が出発（NH-911便）。これはその出発前の様子である。機材はL-1011トライスター。

サイドの要望を聞いて、それに基づいて内容を詰めていった。

使用するトライスターも特別機として改造。機内前方はファーストクラス仕様で一角にラウンジ席も設置され首相一行が着席、中央はビジネスクラス仕様で随行の取材陣、後方はエコノミークラス仕様でその他の関係者が着席することになった。そのほか、食事メニューに首相の好みのものや出身地の名物を入れたり、和食・洋食の担当シェフも同乗して客室乗務員に適宜アドバイスやヘルプをする、さらに首相出身地の客室乗務員を搭乗させるなど、特別機ならではの準備や手配もあった。

さらに万が一に備えて、羽田に予備機としてボーイング747をフル装備で待機。同様に予備クルーも待機させていた。こうして小川らは本番を迎えたわけだ。

秋晴れの一一月八日、羽田には午前九時に出社。客室乗務員間の打ち合わせを済ませ、飛行機には一〇時頃搭乗する。小川は、首相の乗る黒塗りのクルマが機体に近づいて来た時、自分が予想以上に緊張していることを感じた。

「このフライトは絶対に成功させなければいけないと思ったらもう駄目でした」と小川はその時の緊張ぶりを語る。

「膝が震え、心臓が口から飛び出しそうでしたね。何とかスマイルでお迎えできたとは思いますが、傍からみたらどうだったんでしょう?」

だが、予定通りに羽田を離陸すると、機内サービスも順調。カーディガンに着替えた中曽根は、食後に新聞各紙に目を通すなどリラックスした様子だ。クルーの経験度は、ロサンゼルス線初便とは格段の違いを見せていたのである。

帰路のフライトが到着した羽田は、あいにくの小雨。だが首相の後ろ姿を見ながら、クルーは確かな達成感を覚えていた。ロサンゼルスの「失敗」は、「成功の元」となったようである。

北京空港における首相特別機トライスター（『社内報ぜんにっくう』1986年12月号N0.330〈全日本空輸株式会社〉より／提供：ANA）◉北京空港に駐機中の首相特別機トライスター。同機は11月9日に同空港を羽田に向けて出発（NH-912便）。特別機ではあるが、通常の運航機材を改造して使用。首相はファーストクラスの前から2番目左側（飛行機側から見て）に着席。ファーストクラスは首相一行、ビジネスクラスは報道陣、エコノミークラスは全日空関係者その他が着席した。

中曽根首相との記念撮影（提供：田中丸光子）◉トライスター機内での記念撮影として、中曽根首相（当時）より小川光子に贈呈された写真。前列左より小川光子、中曽根康弘首相。後列左より水原一樹、中島玲子、荒川富士子。

◉開拓者の「最終目的地」

こうして初の国際定期便開設と首相特別機の運航というふたつの大花火を打ち上げた一九八六(昭和六一)年、全日空は大いに意気上がっていた。

しかし、華やいだ気分に包まれていたその社内に……一九六七(昭和四二)年五月に同社に移籍していた江島三郎の姿はすでになかった。かつて日本航空初の日本人機長となった、あの江島である。

実は、社内が快挙に沸き立つ少し前の一九八三(昭和五八)年、江島はまたしても「新天地」に移るために、ヒッソリと全日空を去っていた。江島が向かった「新天地」は、日本貨物航空(NCA)である。

NCAは日本初の貨物専門の航空会社で、一九七八(昭和五三)年に設立。江島はそこに運航部門を立ち上げるために乗り込んだ。江島はここでも開拓者としての道を選んだのである。

そして一九八五(昭和六〇)年五月八日、ついにNCAの初便であるKZ一〇二便の出発を迎えることになる。運航の責任者である江島は乗員や関係者を激励するためにこの飛行機に乗り、サンフランシスコ、ニューヨークまで同行することになった。

その飛行機はボーイング747－200F。ただし、ジャンボでも貨物専用機に快適な客室がある訳はない。数名分の座席はあるが、コックピットを出るとトイレとギャレー(キッチン)があるぐらいの質素な機内である。これで最終目的地までつき合ったとすれば、相当体にはこたえたのではないだろうか。

そのせいか、江島は帰国後まもなく病いに臥せることになる。そのまま体調は戻らず、一九八八(昭和六三)年に江島はこの世を去った。享年七四。「パイオニア」であった江島三郎は、最後まで道を切り拓き続けたのであった。

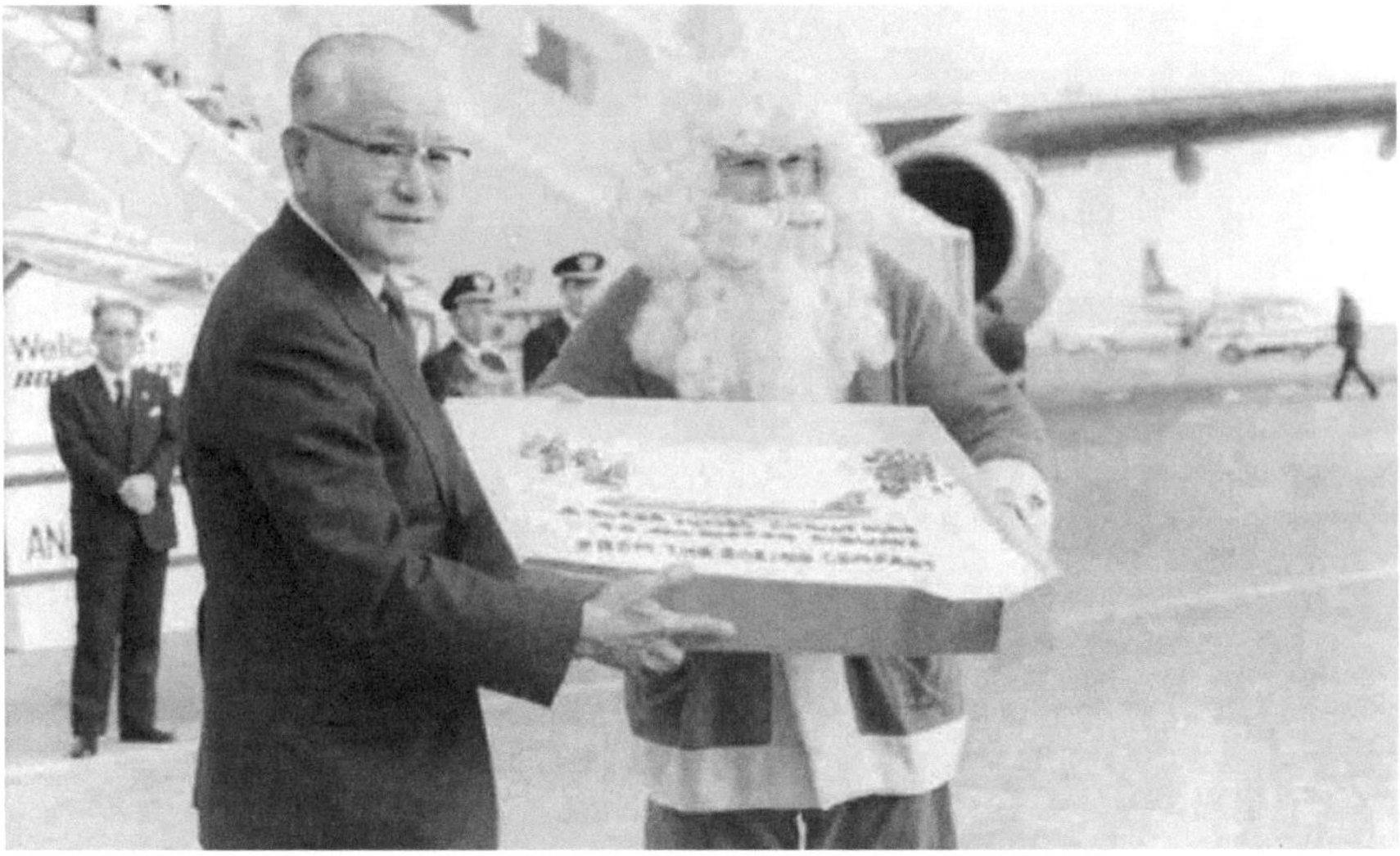

1979年末の江島三郎（提供：ANA）◉1979（昭和54）年の年末、シアトルから来たボーイング747SRの受領セレモニーが羽田で行われた際の江島三郎。サンタクロースが江島にクリスマスケーキを渡すという余興が行われている様子である。

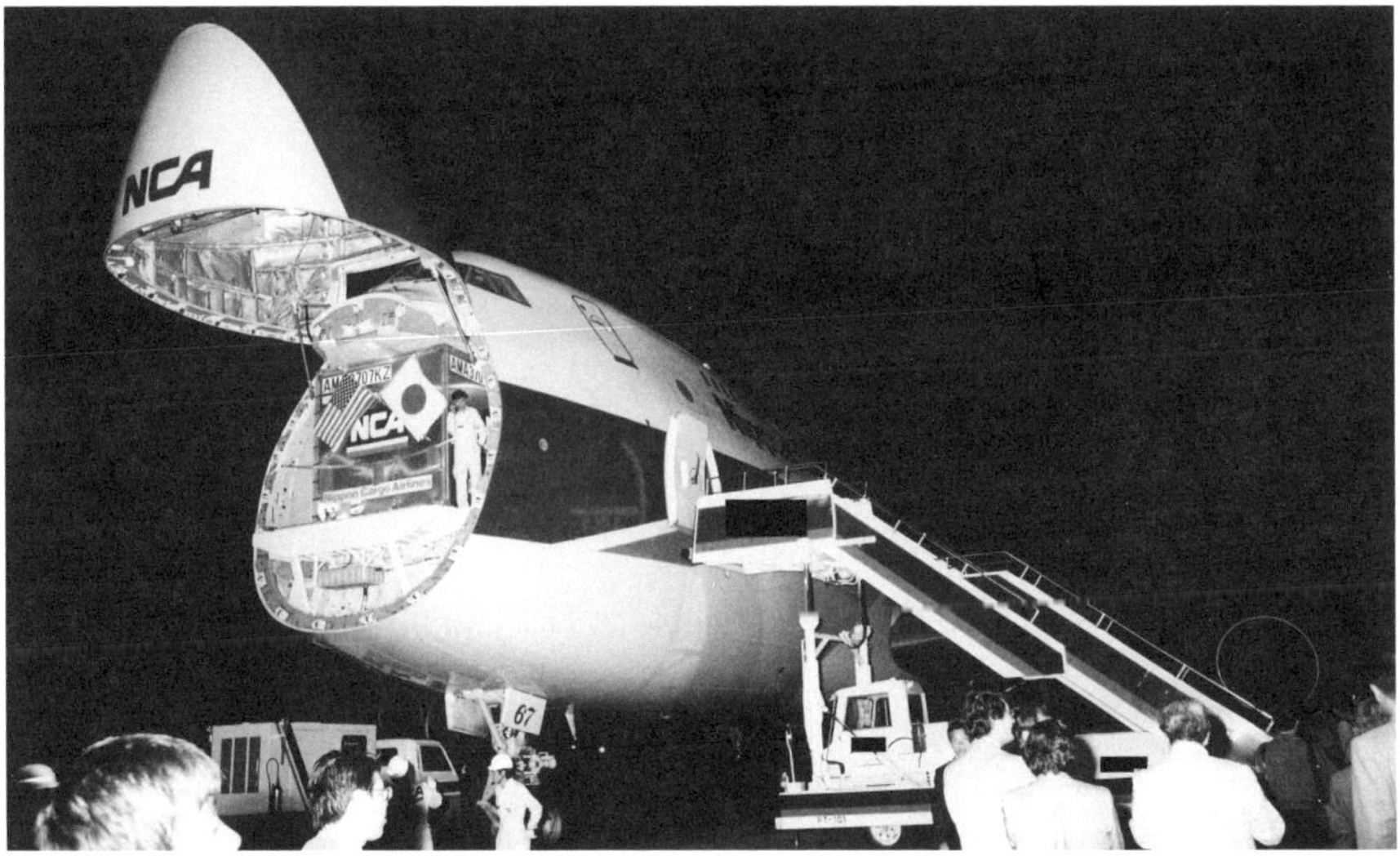

出発を前にしたNCA初便（提供：日本貨物航空）◉日本貨物航空（NCA）の初便であるサンフランシスコ～ニューヨーク向けKZ102便、ボーイング747-200Fの出発前、貨物搭載の様子である。1958（昭和60）年5月8日、成田空港にて撮影。この飛行機に、江島も同乗して最終目的地まで行ったという。

第4章 消えた第三の翼

◉国際線定期便就航に間に合った新社名

日本の空の表玄関となった成田空港では、今日もまた新しい路線のセレモニーが開かれている。だが、この日のセレモニーはまた一段と熱気が違った。一九八八(昭和六三)年七月一日午前一〇時、成田空港北ウイングで開かれたそのセレモニーは、日本エアシステム(JAS)の東京~ソウル線就航を記念する行事だ。長年、日本航空のみが飛ばして来た国際線というステージに、ついこの前、新たに全日空が参入したばかり。そこに食らいつこうというのだから、JAS関係者の意気も上がろうというものである。

JASといえば、いわずと知れた日本航空、全日空に続く日本第三の航空会社。その発端は、一九五二(昭和二七)年に誕生した日東航空と富士航空、翌一九五三(昭和二八)年に誕生した北日本航空と東亜航空にさかのぼる(P046参照)。このうち日東、富士、北日本の三社が一九六四(昭和三九)年に合併して日本国内航空が設立され(P174参照)、さらに一九七一(昭和四六)年にそこに東亜航空が合流して東亜国内航空が成立。日本エアシステムの原型が生まれた。

まだ東亜国内時代の一九八一(昭和五六)年には、日本の航空会社で最初にエアバス製航空機を導入する。そのエア

日本エアシステム国際定期便進出(提供:日本航空)◉1988(昭和63)年7月1日午前10時から行われた、日本エアシステム初の国際定期便である東京〜ソウル線就航記念行事。成田空港北ウイング第2サテライト24番ゲートで撮影。写真はあいさつする日本エアシステム社長の眞島健。他に服部経治運輸事務次官、李漢春駐日韓国公使が出席した。

東亜国内航空のYS-11(提供:曽我誉旨生)◉日本国内航空と東亜航空の合併によって、1971(昭和46)年に東亜国内航空(TDA)が発足。資本金95億2500万円。日本航空、全日空に次ぐ日本第3の航空会社の誕生である。写真は同社発足当初の塗装によるYS-11で、1972(昭和47)年6月、花巻空港で撮影。

バスA300のデモ機に塗装されたカラーリングを同社が気に入ったことで、そのまま東亜国内航空の塗装として採用することになる。これが、いわゆる「レインボーカラー」だ。

それからしばらくして、東亜国内航空もまた国際線定期便の就航を模索する。

一九八五(昭和六〇)年には、同社内に国際線準備室を新設。ちょうど同じ頃には全日空が国際線参入のために客室部門のプロジェクトチームを編成しているのだから、JAS側は大いに刺激されていたことだろう。全日空がグアム線で国際線定期便に乗り出して間もなくの一九八六(昭和六一)年九月には、大阪~ソウル間に初の国際チャーター便を運航。これは、二年後の東京~ソウル線開設の前哨戦ともいえるものだった。

これとほぼ同時期に、国際線キャリアにふさわしい社名が必要……と、社名変更の話が持ち上がる。一九八六年一二月に社員、関連会社、代理店などを対象に新社名を募集し、約四〇〇〇点の応募があったというから手応えは十分あった。しかし、当時で一〇億円の累積赤字を抱えていたことなどから時期尚早の声が上がり、残念ながら実施は延期になってしまう。それでも国際線デビューに向けて、一九八七(昭和六二)年九月末に社名決定委員会が発足。眞島健社長を委員長に、再度集められた約四〇〇〇点の応募から絞り込んでいった。一一月下旬までに絞り込まれた名前の数々は、トランス・パシフィック・エアラインズ、パン・パシフィック・エア、ディーディーエージャパン、太平洋航空、コスモ・エア・ジャパン、エア東京、そして日本エアシステム……といったところ。最終選考に残ったのは「エア東京株式会社」と「株式会社日本エアシステム」のふたつだ。

その結果についてはご承知の通りだ。一九八八年一月二九日、記者会見で新社名「日本エアシステム」が発表された。英文名は前年末の内定時に「NIPPON AIRLINES SYSTEM CO., LTD.」と公表されていたが、頭文字の略号「NAS」の航空会社がすでに存在していたために変更。「JAS」に落ち着いたという経緯である。新社名が何とか初の国際線定期便就航に間に合って、一九八八年は同社の新しい船出の年となった訳だ。

羽田に到着したエアバスA3001号機（提供：日本航空）◉1980（昭和55）年12月3日、羽田におけるエアバスA300の一号機引き渡しセレモニー。これによって、東亜国内航空は日本で最初にエアバス機を導入した航空会社となった。写真は、東亜国内航空の田中勇社長（左）とエアバス・インダストリーのベルナルド・ラティエーレ社長（右）。

新社名披露パーティー（『つばさ』1988年VOL.110〈東亜国内航空〉より／提供：日本航空）◉1988（昭和63）年4月1日午前11半より、キャピトル東急ホテル（現・ザ・キャピトルホテル 東急）で開かれた新社名披露パーティー。政財界、マスコミ、航空関係者など約1400名を招待して盛大に開かれた。なお、同年1月29日にキャピトル東急ホテルで行われた記者会見で、新社名「日本エアシステム」を発表。その1月29日に同ホテルにて行われた臨時株主総会で商号の変更が決議され、4月1日からは新社名に変わることになった。

◉意外な巨匠の登場

一九八八年(昭和六三)年の東京～ソウル線就航によって、日本エアシステムは国際線定期便という新たなステージに上がった。エアバスA300による週五便運航で、機内放送に日本語・英語のほか韓国語も採用するほどの熱の入れよう。まさに意欲満々で取り組んだ路線だったが、やはり後発の悲しさ。同年夏休み期間(七月二三日～八月一五日)の輸送実績で見ると、同社のソウル線旅客数は四七九一人、利用率は五五・二パーセントとかなり苦しいスタートとなった。

それでも何とか持ちこたえて、同社国際線は徐々に巻き返しを始める。その後は一九九〇(平成二)年二月三日に成田～シンガポール線、翌一九九一(平成三)年六月三日に成田～ホノルル線と国際線も徐々に充実。ついに一九九二(平成四)年一〇月六日には同社の国際線搭乗旅客が一〇〇万人を突破するなど、徐々にその効果が表れて来た。

そんな頃、さらに同社のイメージアップを図るべく、新たな作戦が練られつつあった。同社が新しく導入する機材、マクドネルダグラス社のMD‐90に関する戦略である。

ここからの経緯については、雑誌『Bart』の一九九六年二月二六日号の特集記事、そして日本エアシステム社内報『つばさ』の一九九六年一月号・四月号が詳しい。ただし、前者はあくまで記事広告なので事実関係だけを追って紹介すると……すべての発端はMD‐90の機体を特殊塗装しようというプランだった。確かに当時は全日空のマリンジャンボ、日本航空によるリゾッチャやディズニーの特殊塗装が話題だったが、他社の追随になりかねない危険性もあった。同社営業本部PRセンター室の村上真一は、悩んだ末に意表を突いた選択をする……。

世界的な映画監督、黒澤明による機体デザインである。

黒澤デザインのMD-90（提供：日本航空）◉話題の黒澤デザインによるMD-90。黒澤原画から生まれた「七人の侍」ならぬ7パターンの塗装バリエーションを並べてある。そのうち2号機（イラストの小さく描かれた6機のうち、左列一番上の飛行機）には、機体に「Kurosawa」のサインが描かれている。記者会見用資料のイラストより。

1990年代の黒澤明（提供：株式会社黒澤プロダクション）◉遺作となった『まあだだよ』（1993）公開後、83歳の黒澤明。1993（平成5）年11月8日、世田谷区成城2丁目の自宅2階にて撮影。

●空に「虹」が消える時

一九九〇（平成二）年三月二六日、ロサンゼルスのドロシー・チャンドラー・パビリオン。ハリウッド・スターたちの中に、日本から来た黒澤明の姿もあった。第六二回アカデミー賞授賞式の開幕である。

この夜の授賞式の売りは、衛星を介しての世界六元中継。ロサンゼルスを会場に、部分的にロンドン、モスクワ、シドニー、東京、ブエノスアイレス……と世界各地に会場を分散。特にモスクワでの中継がこの時代らしかった。東西冷戦が終結し、ベルリンの壁が崩壊し、南アフリカでアパルトヘイトが撤廃されて、世界中に流れていた楽観的な空気を反映した内容だったのだ。それは、つかの間の夢でしかなかったのだが……。

この夜、黒澤明はアカデミー特別名誉賞を受賞する。それも、「弟子」を自認するスティーブン・スピルバーグとジョージ・ルーカスを従え、新作『夢』（一九〇〇）公開が控えている現役としての登場である。『トラ・トラ・トラ！』降板直後の苦悩から、黒澤は完全に復活を果したのだった。

その後もコンスタントに二作を発表した黒澤だが、『まあだだよ』（一九九三）発表以降少し間が空いたちょうどその頃、日本エアシステムからの機体デザインの話が持ちかけられた。

黒澤は確かに元々は画家を志していた。また、『影武者』（一九八〇）からは出資者を募るために絵コンテを本格的に描くようになり、それを画集としても発表している。だが、世界的な巨匠である黒澤が、果たして機体デザインなど手がけるだろうか……。

ところが、これが驚くほどすんなりと引き受けてくれたらしいから世の中は分からない。当初は「お金はいらない」と黒澤はいっていたようだが、さすがにそれなりのギャラは支払ったらしい。むしろ日本エアシステム側の調整

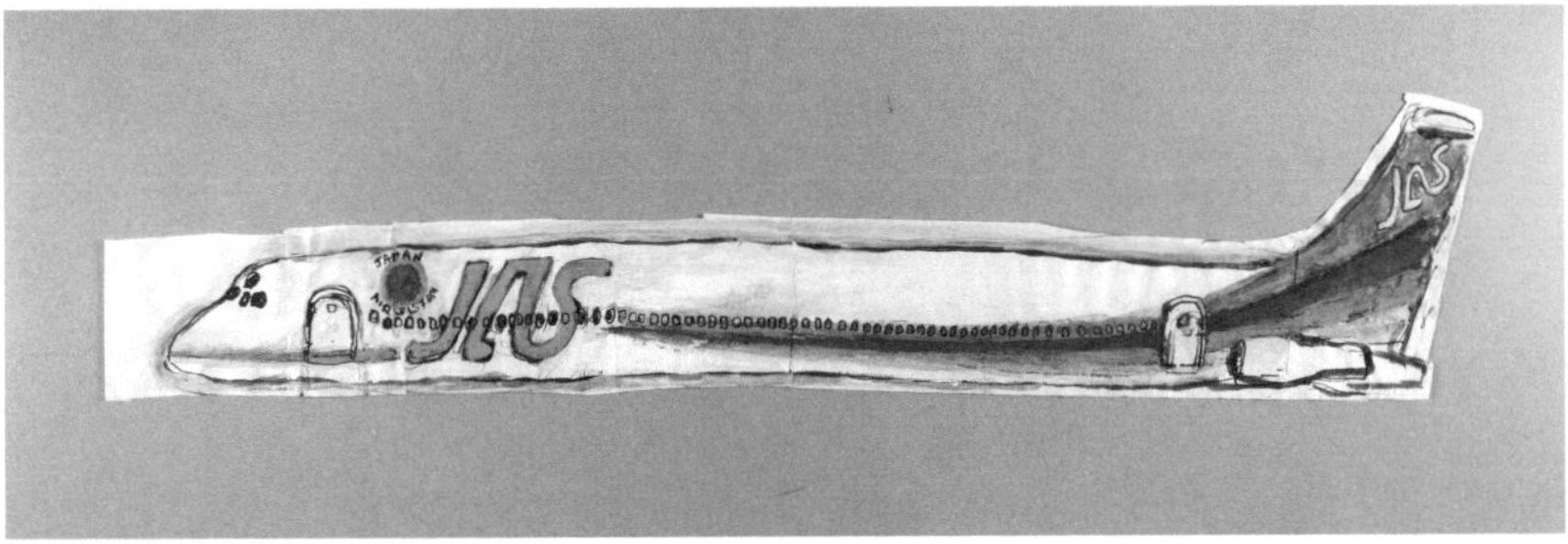

MD-90塗装用のクロサワ原画(協力:株式会社黒澤プロダクション、日本航空)◉映画監督の黒澤明が約1か月で描き上げた六枚の原画のうちの一枚。上から紙を貼ったり切り抜いたりして、やり直した形跡が生々しく見える労作である。この後、黒澤は負傷して映画を撮れぬまま、1998(平成10)年9月6日に死去。このMD-90デザイン用原画も、黒澤最晩年の「作品」のひとつとなった。

MD-90導入についての記者発表(『つばさ』1996年1月号VOL.146〈日本エアシステム〉より/提供:日本航空)◉1995(平成7)年11月7日、東京・有楽町マリオンでMD-90導入についての記者発表が行われ、その場で黒澤明による機体デザインも併せて発表された。同機は翌1996(平成8)年4月1日より、東京～長崎、東京～帯広、東京～青森線に就航。記者発表出席者は左から黒澤プロダクション社長の黒澤久雄、マクドネルダグラス社広報部長ダグ・ジェイコブゼン、日本エアシステム社長の舩曳寛眞。

が手間取って、正式依頼は一九九四（平成六）年八月末。それから約一か月かけて、同社に黒澤原画が届いたのだ。

最初は乗り気になった黒澤も、実際に仕事を始めると映画の絵コンテとは勝手が違って、かなり手こずったらしい。工業デザインを手がけたことはまったくなかったのだから、それは無理もないだろう。

やがて同年秋に、黒澤原画はグラフィック・デザイナーの竹智淳の手で飛行機の塗装デザイン用に調整。これを基にして、マクドネルダグラス社で機体に塗装された。その出来栄えは黒澤本人をも大いに喜ばせた。「私のイメージが十分に伝わっていることに、嬉しく思い、びっくりしている」

驚くべきことに、黒澤が描いた「虹」のイメージは決してJAS側からの注文ではなかったらしい。黒澤は偶然に「虹」を描いただけというのだ。この場合は、運も味方したというべきだろう。

この「クロサワ機」のデビューは、一九九五（平成六）年一一月七日の記者発表でのこと。完全に情報が守られたため、MD－90のデビューは大いに話題となった。黒澤明起用は大成功である。

だがその会見の場に、黒澤本人の姿はなかった。同年春に京都の旅館で脚本執筆中、倒れて負傷してしまったのだ。一九九七（平成九）年一二月二四日には、かつての盟友だった三船敏郎が死去。翌一九九八（平成一〇）年一月に三船の葬儀があった時も、黒澤は加療中のため欠席して弔辞を寄せただけだった。そして迎えた同年九月六日、黒澤明は自らがデザインしたMD－90に乗ることもなく、この世を去ったのである。

そして、JASの運命も一転した。

米国同時多発テロによる航空需要の落ち込みなど、さまざまなダメージを受けた末の二〇〇一（平成一三）年一一月一二日、日本エアシステムは日本航空との経営統合を発表。二〇〇四（平成一六）年四月一日には完全統合となり、五〇年以上にもおよぶ同社の歴史にピリオドが打たれた。

その同じ四月一日のこと、成田空港も「新東京国際空港」から「成田国際空港」へと正式名称を変更したのである。

ボーイング777**「レインボーセブン」**（提供：山口博正）◉機体の塗装デザインは、インターネットも使った一般公募によって決定。黒澤明も審査委員を務めた審査の結果、13歳の少年が考案したデザインに決まった。同機は1997（平成9）年4月1日より東京～福岡、東京～札幌線に就航した。

JAL ／ JAS国内線統合時刻表（提供：日本航空）◉日本航空と日本エアシステム両社の統合が進行中の2002（平成14）年10月版から2003（平成15）年2-3月版まで、この形式の時刻表が発行されていた。

コックピットからの風景⑤

パンナムの「ファースト・ムーン・フライト・クラブ」

スタンリー・キューブリック監督の傑作『2001年宇宙の旅』(1968)の冒頭では、パンナム・ロゴを機体に描いたスペースシャトルが、宇宙ステーション目がけて飛んで行く。これは、完全主義者として知られるキューブリック監督までもが、パンナムが未来に宇宙で定期便運航しているのは当然のことと思っていた証拠だ。だが、それはキューブリックだけではない。当のパンナム自体、そう思っていた可能性がある。それも、『2001年』が公開された1968年のこと。その年のクリスマスに、パンナムが「ファースト・ムーン・フライト・クラブ」なる組織を作り、会員を集めたのである。一言でいうと、将来に向けての「月旅行クラブ」というわけだ。

5ドルを払って会員になると、会員証が送られてくる。これであなたも将来の月旅行に予約ができた。

このクラブは実際に会員募集され、かなりの数の会員を集めたという。一説によると9万3000人にもおよんだらしく、それもアメリカだけでなく全世界90か国で受け付けたというから只事ではない。もちろん、このクラブは日本でも募集していた。当時、パンナム日本支社の予約課でも、郵便で送られてきた申込書を処理するのが大変だったとか。カードにいちいち名前をタイプして、返送しなければいけなかったようなのだ。

もちろんジョークではあるのだろうが、これをパンナムがやるところにジョークにとどまらないリアリティがある。当時のパンナムには、そう思わせる何かがあったのだろう。

「ファースト・ムーン・フライト・クラブ」会員証(提供:Pan Am Alumni Association, Japan)◉左がカードの表、右が裏である。

エピローグ——エアポート・グラフィティ

ウォーター・アーチをくぐるYS-11（提供：日本エアコミューター）●2006（平成27）年9月30日、鹿児島空港着陸後のYS-11が誘導路の両側から消防車両によるウォーターアーチを通り、駐機場へ向かう様子。この日が、YS-11の定期航空路を飛ぶ民間機としてのラストフライトであった。

飛行機と人々のその後

一九〇三(明治三六)年一二月一七日、ライト兄弟による初の有人飛行から飛行機の歴史がスタート。二〇世紀は「飛行機の世紀」と呼ぶにふさわしい時代となった。だが、新世紀が始まったばかりの二〇〇一(平成一三)年九月一一日にアメリカで同時多発テロが発生。二一世紀の幕開けを悪夢で彩ってしまったのも、また飛行機であった。

退役後に解体されてしまった日本航空**DC‐8「フジ」**は、機首部分だけ予定通り同社で保存されることになった。これは、現在も日本航空メインテナンスセンター奥の格納庫に蔵置されている。

日本エアシステムが持っていた機材は、統合後にJAL塗装に変更。**黒澤明**にとっての最晩年の作品でもあった七パターンのMD‐90も、最終的にすべて塗り替えられた。さらに二〇一三(平成二五)年三月三〇日、MD‐90自体が広島発羽田行きJL一六一四便で一七年間の運航に幕を閉じた。

YS‐11は製造中止後も運航を続けていたが、航空法の改正によって改修を義務づけられることになり、退役を余儀なくされることになる。二〇〇六(平成一八)年九月三〇日、日本エアコミューターの沖永良部発鹿児島行きが、わが国の民間定期路線におけるYS‐11最後のフライトとなった。引退後の二〇〇七(平成一九年)年八月には、新幹線0系電車などと共に機械遺産に認定されている。

保存されているDC-8「フジ」の機首部分（協力：日本航空）◉DC-8「フジ」機体から切断した機首部分のみ、現在でも日本航空メインテナンスセンター奥の格納庫に保管。コックピットや「日本間ラウンジ」が、当時のファーストクラスの雰囲気を今に伝えている。ただし、劣化防止のために現在ではシートに座ることはできない。

YS-11ラストフライトのクルーたち（提供：日本エアコミューター）◉2006（平成27）年9月30日、ラストフライトを終えたYS-11と同機のクルーたち。鹿児島空港にて撮影。沖永良部発鹿児島行きのこの便で、日本の定期航空路を飛ぶ民間航空機としてのYS-11は一旦すべて退役となった。

アンカレッジ空港は、冷戦が終結した一九九〇年代から同空港経由便が一気に激減。最も利用していた日本航空も、一九九一(平成三)年に撤退してしまう。だが現在では、北米主要都市へのアクセスの良さや貨物基地などの用地が確保しやすいこと、さらに積載燃料をできるだけ減らすことでより多くの貨物を積載できること……などの利点から、貨物専用便の一大拠点に変貌。現在、日本貨物航空(NCA)もアンカレッジに上屋施設を持っている。

江島三郎とともに日本航空の初の日本人機長となった**諏訪勝義**は、運輸省の航空事故調査委員会に発足当初から参加。航空機の事故再発防止や安全性の向上に貢献し、一九八一(昭和五六)年三月まで委員を務めていた。その後、諏訪は二〇〇二(平成一四)年三月二三日に世を去った。

エールフランスとブリティッシュ・エアウェイズのみが就航していた**コンコルド**は、その後も高い人気を支えに何とか生き長らえていた。しかし二〇〇〇(平成一二)年七月二五日、パリのシャルル・ド・ゴール空港でエールフランス機のコンコルドが墜落事故を起こす。さらにアメリカ同時多発テロによる航空需要の低迷も足を引っ張って、二〇〇三(平成一五)年一〇月二四日のブリティッシュ・エアウェイズ機のフライトを最後に退役。同時に、日本の空で再び同機を見るチャンスも消えた。

民間航空機の王者として君臨し、大量輸送時代を築いた「ジャンボジェット」こと**ボーイング747**にも、世代交代の波が押し寄せて来た。近年の燃油高騰には抗しきれず、ついに二〇一四(平成二六)年三月三一日、ANAの那覇発羽田行きを最後に退役となったのである。同様に政府専用機も、二〇一九年度には「ジャンボ」からボーイング777－300ERに切り替えることが決定している。

東京五輪聖火空輸派遣団で聖火係を務めた**中島茂**は二〇〇七年二月二日、九二歳で死去。生前、中島は東京・札幌オリンピックのさまざまな資料を手元に残しており、東京五輪の聖火灯も三つあるうちのひとつを手元に持ち帰っていた。現在、中島の親族はこれらの遺品を大切に保管している。

日本航空のアンカレッジ空港ラスト・フライト（提供：日本航空）●1991（平成3）年10月31日、アンカレッジ空港にて撮影。この日、パリ発成田行きのJL438便（ボーイング747）がアンカレッジ空港を出発。これが徐々に数を減らしてきた、アンカレッジ経由の日本航空欧州線「北回り」ルート最終便となった。だが、現在では貨物専用便の一大拠点に変貌。フェデラルエクスプレスやUPSなど世界の大手貨物航空会社が、アンカレッジ空港を自社のハブ空港としている。

ボーイング747「ジャンボ」旅客機ラストフライト（協力：ANA）●2014（平成26）年3月31日、ANAに1機残っていたボーイング747-400・那覇発羽田行きNH126便が日本の民間定期便ジャンボ旅客機のラストフライトとなった（ただしボーイング747型機としては、まだ貨物専用機や政府専用機があり）。なお、かつてボーイング747が持っていた「世界最大の旅客機」の称号は、2007（平成19）年にシンガポール航空に1号機が引き渡されたエアバスA380にすでに明け渡している。

航空自衛隊の**ブルーインパルス**は、二〇一四年五月三一日に解体前の旧・国立競技場上空で航過飛行を実施。複雑なパフォーマンスを見せることはできなかったが、ブルーインパルスの登場は同競技場で行われたさよならイベントを大いに盛り上げた。新・競技場建設に伴う旧・国立競技場解体工事は、二〇一五(平成二七)年三月より開始された。

全日空のスチュワーデス第一期生で同社女性社員の「先駆」であり続けた**北野蓉子**は、一九九五年に同社を定年退職。翌一九九六(平成八)年には、日本女性航空協会の理事長に就任。女性航空人の支援などを積極的に行ったが、二〇〇七年九月の負傷がもとで翌二〇〇八(平成二〇)年五月に理事長を退く。六年後の二〇一四年五月、北野はその生涯を閉じた。

そんな北野の最晩年の活動に、産業構造審議会航空機宇宙産業分科会・航空機委員会への参加が挙げられる。同委員会のメンバーとして、北野は二〇〇二年九月一八日(第二回)から二〇〇六年八月二九日(第一〇回)までの会合に関わっていたのだ。そこで討議されていた議題に、「環境適応型高性能小型航空機研究開発」がある。いわゆるYS－11以来の国産航空機の事業化に関するプロジェクトだ。事業化に向けてつけられた名称は「ミツビシ・リージョナル・ジェット」……。

その飛行機こそが、国産初のジェット旅客機「**MRJ**」であった。

旧・国立競技場さよならイベントでのブルーインパルス（提供：航空自衛隊）●2014（平成26）年5月31日、ブルーインパルスが、約50年振りに旧・国立競技場上空に飛来。この年のブルーは1月に接触事故を起こすなど必ずしも万全な状況ではなく、1964（昭和39）年東京五輪の頃とは状況も違うので低空で高度なテクニックを見せることはできなかったが、同競技場のさよならイベント「SAYONARA 国立競技場　FINAL “FOR THE FUTURE”」に花を添えた。

初飛行を終えて着陸する「MRJ」（提供：三菱航空機）●2015（平成27）年11月11日、初飛行を終えた初の国産ジェット旅客機「MRJ」が、名古屋空港に着陸する様子。なお、同機の飛行試験機初号機は2016（平成28）年10月18日、米国における飛行試験をワシントン州のグラント・カウンティ国際空港で開始した。

付録資料図版

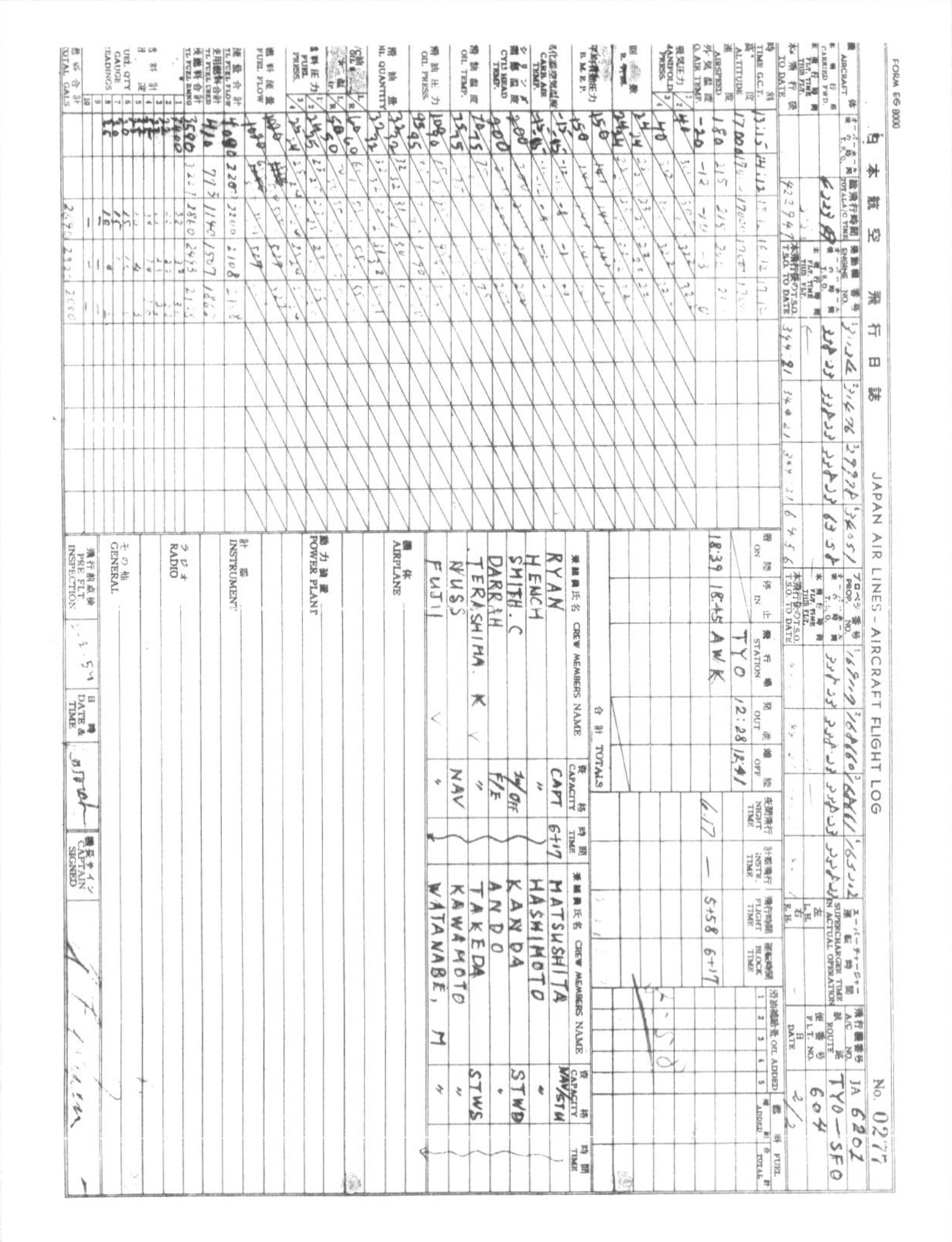

FORM E6 8000

日本航空 飛行日誌 JAPAN AIR LINES - AIRCRAFT FLIGHT LOG

No. 0277

A/C NO. JA 6202 ROUTE TYO-SFO FLT. NO. 604 DATE 2/2

STATION	OUT	OFF	ON	IN	NIGHT TIME	INSTR. TIME	FLIGHT TIME	BLOCK TIME
TYO	12:28	12:41						
AWK			18:39	18:45	6.17	—	5+58	6+17

CREW MEMBERS NAME	CAPACITY	TIME	CREW MEMBERS NAME	CAPACITY	TIME
RYAN	CAPT	6+17	MATSUSHITA	NAV/STW	
HENCH	"		HASHIMOTO	"	
SMITH. C	1st OFF		KANDA	STWD	
DARRAH	F/E		ANDO	"	
TERASHIMA. K	"		TAKEDA	STWS	
NUSS	NAV		KAWAMOTO		
FUJII	"		WATANABE, M	"	

日本航空国際線定期便第一便の乗員（提供：小野悠子、小野溶子）●1954（昭和29）年2月2日、国際線定期便第一便（JL604便）「シティ・オブ・トウキョウ」号の飛行日誌。当日の乗員その他の情報が網羅されている（P069参照）。

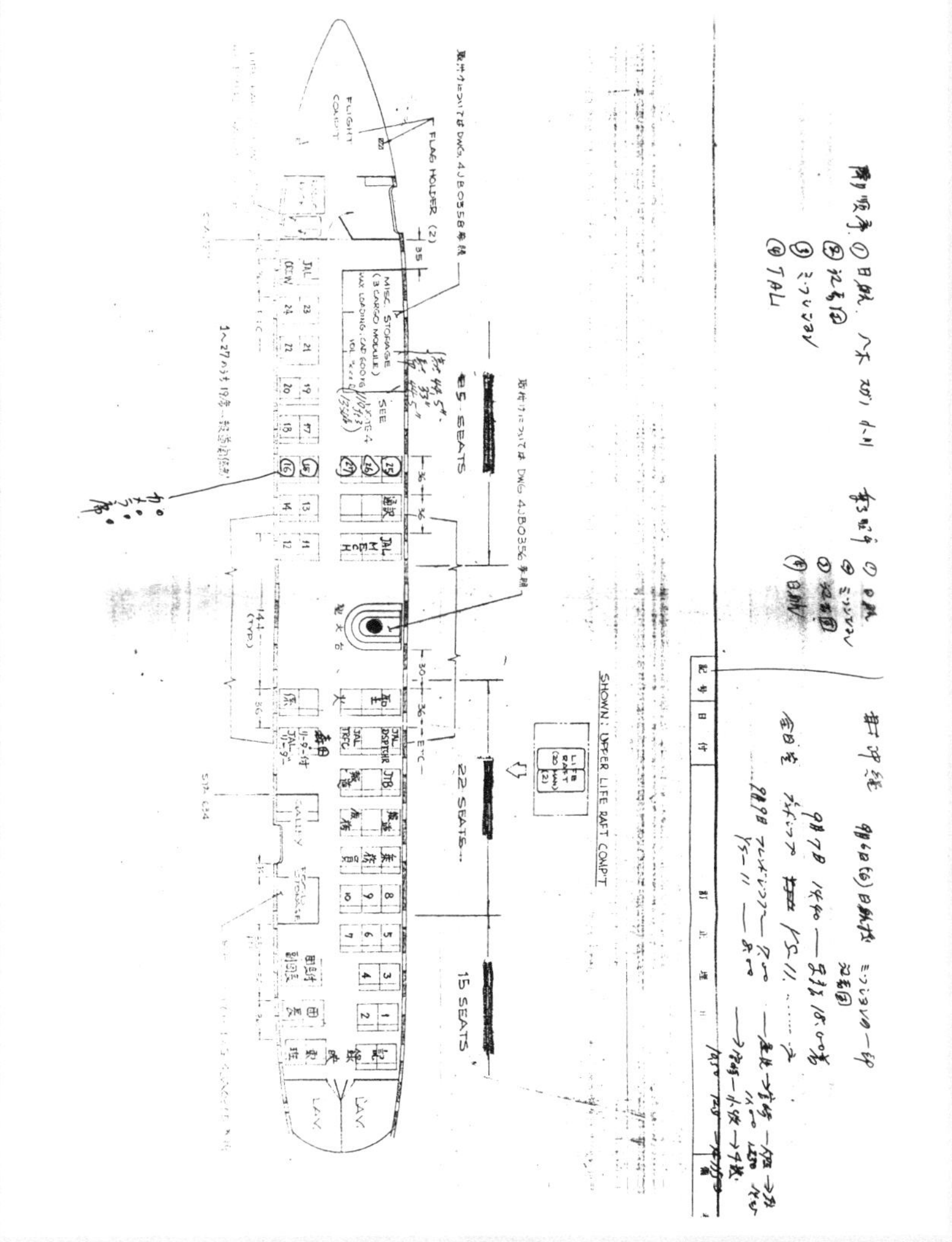

聖火輸送特別機「シティ・オブ・トウキョウ」号の機内レイアウト図（提供：池田宏子、池田剛）◉聖火空輸派遣団・団員で聖火係の中島茂が所蔵していた、DC-6Bの機内レイアウト図。客室中央部に聖火台があり、そのすぐ後方（図では聖火台右側）に中島ら聖火係の席がある。列としてはそのすぐ後ろの列に日本航空聖火空輸特別派遣団・団長の森田勝人の席があり、さらに末尾から2列目に聖火空輸派遣団・団長の高島文雄の席があるのが分かる。最末尾は記録映画スタッフの席である（P101参照）。なお、図の右上に、ボールペンでYS-11とフォッカーF-27フレンドシップの二機併用プランの詳細が書き留めてある（P140参照）。

札幌五輪オフィシャルエアラインをアピール(『おおぞら』1970年12月号より／提供：曽我誉旨生)◉写真は機体に表示された札幌五輪エンブレムを前に握手する日本航空社長の松尾静磨(左)と札幌五輪組織委員会事務総長の佐藤朝生(右)。撮影は札幌千歳空港。日本航空は東京五輪、札幌五輪、長野五輪と常にオリンピックのオフィシャルエアラインであり続けたが、その位置づけは大きく変化していた(P154参照)。

非オフィシャルエアラインの札幌五輪エンブレム機体表示(『社報　全日空』1970年10月号より／提供：ANA)◉オフィシャルエアラインではなかった全日空の札幌五輪エンブレム機体表示は、日本航空のそれとは微妙に異なっていた。この写真は、五輪エンブレムを付けた同社の1番機ボーイング727。この寸前まで、機体には1970(昭和45)年の万国博覧会エンブレムが付けられていた。同機はHBC北海道放送主催のイベント「オリンピックフェスティバル」に参加する万博パビリオンホステス19か国37人(1970年9月14日付け『北海道新聞』によれば18か国38人)を乗せて出発。このイベントは9月14～15日に札幌で開催された。

フォッカーF-27フレンドシップ試乗会（提供：江島弘尚）●1961（昭和36）年6月24日、羽田で行われたフォッカーF-27フレンドシップ試乗会の模様。同機は6月16日にオランダから到着したばかりだった（P141参照）。なお、この試乗会には日本航空初の日本人機長である江島三郎の妻で、元・日本航空輸送エア・ガール（スチュワーデス）一期生だった江島熊代も招かれていた。真ん中の女性ふたりのうち、右側の洋服の女性が熊代である。

ボーイング727試乗会（提供：ANA）●1964（昭和39）年5月8日に、各界の名士を招いて開催されたボーイング727の試乗会の様子。花束をもらう全日空スチュワーデスのうち、一番手前の丸邦子、そのひとつ奥の板倉洋子は、東京五輪国内聖火輸送のYS-11「聖火」号に搭乗していた（口絵P04、P083、P146、P175参照）。

あとがき

私の手元に、古い一枚の写真がある。本書を制作中に引っ越しがあり、たまたま部屋の奥から引っ張り出すことになった私の子供の頃の写真だ。

それは幼稚園の遠足で撮影された、ごくありふれた記念写真。場所は羽田空港の送迎デッキ。雨のせいで足下は濡れていて、幼少の私を含めて全員が雨ガッパを着用している。そんな天候のせいか、背景にも古い塗装のルフトハンザ機が一機見えるだけだ。日付は昭和三九年一〇月七日……。

今回、改めて見つけたこの写真が東京オリンピックのわずか三日前に撮影されていたことに、不思議な偶然を感じずにはいられない。

本書は戦後日本の民間航空と、そこから見つめた戦後史についてまとめた本である。

この本が実現するまでには、長い歳月が必要だった。元々は二〇一六年に出版された『幻の東京五輪・万博1940』の九年間にわたる準備の間に日本体育協会の資料室に入り浸り、行きがかり上、一九六四(昭和三九)年に開催された東京オリンピックについても調べていったことが始まりだ。聖火の空輸などで飛行機が大いに貢献したことを知り、興味を持ったのがすべての発端である。

私は子供の頃から、飛行機が大好きだった。前述の幼稚園の遠足でも、送迎デッキでかなりハイテンションになったことを覚えている。当時のジェット機は今日のそれと比べて信じられないほどの大音量を発していたが、それも当時の私を刺激したのかもしれない。騒音問題が何かと話題になる今日、世間の批判を恐れずにいわせていただくと、それは大学生以降に足を運ぶようになったロック・コンサートでの興奮にも似ていたような気がする。

それでも私は決して航空マニアではなかったし、詳しい知識やウンチクも持っていなかった。幼稚園の時に漠然と好きになったくらいの気持ちと知識のままで、ずっと大人まで来たように思う。

ところが何の因果か運命の悪戯か、最初に就職したのは航空関係の会社だった。その後、物書きの仕事に就けたのも飛行機のおかげで、以来、飛行機との縁が切れることはなかった。書籍の編集に携わるようになっても飛行機の本を作ることになった訳だから、これはやはり運命だったのだろう。

そんな飛行機本の制作で航空会社に出入りするようになると、そこにかなり興味深い古い資料や写真が保存されていることに気づくようになる。それらの資料と先に述べた東京五輪の話が結びつくまで、大して時間はかからなかった。

実際には、私は何年も前に一度こうした要素をかき集めて、一冊の本にまとめたことがある。ただしその時には時間的にも物理的にも制約があり、私の詰めが甘かったこともあっていろいろと心残りがあった。そんな思いがあったところに、今回、『幻の東京五輪・万博１９４０』の後で新しい本を作る機会をいただけたので、構想も内容も新たに本書を改めて制作することになった訳だ。

本書の実現にあたっては、多くの方々のお力をお借りしている。

特に、元・日本航空アーカイブズセンターの古賀大輔氏、全日空白鷺会・東京の元・会長である茂垣多恵子氏には、本書の制作に多大な貢献をしていただいた。このご両人の存在抜きには、本書はそもそも本の体を成してなかったかもしれない。

それに加えて、ANA／全日本空輸株式会社広報室の黒滝祥子氏、元・同社総務部・資料管理所の羽田正博氏（二〇一六年当時）、元・同社広報室の大槻恭子氏（二〇〇九年当時）、同じく国松歩美氏（二〇一〇～二〇一四年当時）、黒川暁子氏（二〇一〇～二〇一四年当時）と山本直子氏（二〇一四～二〇一五年当時）、日本航空アーカイブズセンターの金子泰夫氏（二〇一六年当時）、日本航空株式会社広報部の城戸崎和則氏、西岡秀訓氏と門間鉄也氏（二〇〇九年当時）、財団法人日本体育協会・資料室の佐藤純子氏、秩父宮記念スポーツ博物館・図書館の須藤順子氏と井上裕太氏、Pan Am Alumni Association, Japanの馬場正子氏と若林和彦氏、三菱重工業株式会社・名古屋航空宇宙システム製作所広報チームの竹内功学氏（二〇一六年当時）、同・史料室の岡野允俊氏（二〇〇九年当時）、沖縄県立博物館・美術館の三枝大悟氏、沖縄県公文書館の豊見山和美氏と喜久里瑛氏、日活株式会社・映像事業部門版権営業部の平林章代氏と阿部菜々子氏、一般財団法人日本航空協会の長島宏行氏と苅田重賀氏、同・航空図書館の中村優子氏、所沢航空発祥記念館の近藤亮氏、外務省外交史料館の山下大輔氏、鹿屋市政策推進課の前田和信氏、海上自衛隊鹿屋航空基地・広報室長の鈴木仁二尉、川内まごころ文学館の財部智美氏、井上靖文学館の徳山加陽氏、南日本放送・資料センターの永江寛見氏、鹿屋市政策推進課の前田和信氏、近畿日本ツーリスト株式会社の五十嵐光代氏、日本トランスオーシャン航空株式会社の親川薫氏、ユナイテッド航空マーケティング部の神野秀雄氏、ボーイングジャパン株式会社のRobert J. Henderson氏、日本オリンピック委員会の秋葉将秀氏、国際オリンピック委員会（IOC）のAline Luginbühl氏にも惜しみないご協力をいただいた。特にANAの黒滝氏には、何度も何度も問い合わせをしてすっかりご迷惑をかけてしまった。ここで改めて感謝の言葉を述べておきたい。

また、故・中島茂氏ご親族の池田宏子氏と池田剛氏、故・熊田周之助氏ご親族である熊田美喜氏、阿部芳伸氏、阿部美織氏、阿部哲也氏の皆様、故・江島三郎氏ご子息の江島弘尚氏、故・諏訪勝義氏夫人の諏訪登美枝氏、故・森田勝人氏ご子息の森田皓一氏、元・日本航空機製造株式会社の山之内憲夫氏、元・全日空客室乗務員の日高幸子氏、白木洋子氏、田中丸光子氏、保田昌子氏、佐藤美奈子氏、土田萬里子氏の皆様、元・全日空整備士の安江悦三氏、元・日本航空客室乗務員の小野悠子氏とそのご息女の小野溶子氏、同じく元・日本航空客室乗務員の福田和生氏と荷見三七子氏、映画『大空に乾杯』キャメラマンの萩原憲治氏、長崎空港ビルディング株式会社・広報CS部の大久保寿人氏には、私からの再三のお願いやお問い合わせにもずっと忍耐強くお付き合いいただいた。これらの方々にはただただ感謝しかない。加えて、いきなり不躾な質問を投げかけて来た私に丁重にアドバイスを与えてくださった、大阪体育大学教授の藤本淳也氏にも深くお礼を申し上げたい。

そして、二〇〇九年当時に取材にご協力いただき、その後も数多くの画像をご提供いただいたり何かと励ましていただいていたお二人……今は故人となられた北野蓉子氏と和久光男氏のお二人にも、ここで改めてお礼を申し上げておきたい。このお二人との出会いこそが、本書執筆をやり遂げる最も大きいモチベーションとなった。故・和久光男氏の夫人である和久淑子氏には、今回さまざまなご協力をいただくと共に、光男氏との懐かしい思い出も共有させていただいた。併せてお礼を申し上げたい。

さらに、航空に関することではいつもお世話になっており、今回も航空技術監修としてご協力いただいた東京大学大学院教授の鈴木真二氏、資料提供を超えて何度もお知恵を拝借した交通史研究家の曽我誉旨生氏にも、ここで改めてお礼の言葉を申し上げたい。本書中の何か所かの記述については、ほとんどご両人の知識の受け売りに過ぎないことをここで告白しておく。また、超多忙にも関わらず翻訳その他で力を貸してくださった本山光氏と藤田尚子氏、インタビュー内容を迅速かつ正確にテキスト化してくださったAKIRA text createの山本晶氏、ビートルズ関連の情報をご提供いただいた池田敬子氏、制作中にアドバイスをくださった金子真理氏と紺野陽平氏、私がかつて在籍していた株式会社アーク・コミュニケーションズでの上司・成田潔氏、これらの方々は、私にとって百万の味方にも等しかった。最後に、本書を発表するチャンスをいただいた原書房代表取締役社長の成瀬雅人氏、編集担当の百町研一氏にもお礼申し上げたい。これらの方々に出会えたことこそが、私の最大の幸運であった。今回もまた、私は大いにツイていたのである。

戦前の話だった『幻の東京五輪・万博1940』を完成させた私としては、基本的に戦後の話である本書の制作は前作よりずっと簡単なものになるだろうと楽観していた。しかし、その見通しは完全に甘かった。実はむしろ前作より今回の方が制作は難しかったし、ハードルも高かった。信じ難いことだが、むしろ戦後の資料や証言を探す方が非常に困難なのである。これは私の誤算であった。

それもこれも、戦後社会の変貌がいかに激しかったか……ということなのだろう。戦後の日本人は後ろを振り返ることなく、何かに駆り立てられるように良くも悪くもひたすら前進していった。スクラップ・アンド・ビルドでどんどん変えていった。その変貌ぶりは、ある意味で先の戦争による破壊よりも凄まじかったのだ。本書の制作の困難さは、それを如実に現しているように思う。

本書は一見すれば分かるように、「航空」に関する本ではあることは間違いない。ある程度は航空ファンに楽しんでもらえるような要素を満載しているとも思っている。だがそれと同時に、本書はあくまで「日本の戦後史」についての本であるべき……と、私は制作中ずっと肝に命じていた。戦後日本の浮き沈みや流転を、「航空」という切り口で語ってみた本なのである。

本書のなかで航空機事故などを大きく取り上げず、大筋に関わってくるもののみ事実として触れるにとどめたのも、同じ理由によるものだ。それらは、たぶん別の本で扱うべき事柄だろう。少なくとも、本書でやるべきことではないと思っている。

先にも述べたように、私は航空の専門家でもなければ航空を生業にしてきた訳でもない。ごく一時期、航空業界の末端に身を置いていたことはあるが、それで航空を語る資格があるとはこれっぽっちも思っていない。もちろん私は、航空マニアとしての知識や熱心さがあるわけでもない。所詮は「ヨソ者」である。だが、物事には「ヨソ者」でなければ見えないこともある。航空や飛行機に関する本やドラマなどにありがちなのは、「大空のロマン」や「限りない挑戦」など、前向きで爽やか、自由でおおらかなイメージで溢れていることである。「上昇」や「スピード」、そして空の「広大さ」「自由さ」が、そんなイメージをさらに膨らませるのだろう。確かにそういう面はあるし、私自身そこに惹かれてもいた。だが、果たしてそれだけなのだろうか……という疑念は、以前から私の胸にずっと芽生えていた。

「航空」や「飛行機」の世界に入って来た人々も、最初から高尚なことを考えていたわけではあるまい。確かにその世界に浸っているうちに、「ロマン」「広大さ」「自由さ」を感じることもあっただろう。だが、実際には目まぐるしい流れのなかで、なす術もなく突き動かされていたこともあったのではないか。時の移ろいのなかで、ただただ翻弄されるしかなかったのではないか。少なくとも、決して「自由」なばかりではなかったはずだろう。

戦後の長い歳月のなか、おそらく日本人はみな戸惑いながら激変する社会と何とか向き合ってきたように思う。そこにはキレイごとばかりでは語れないこともあったはずだし、とてもカッコいいとはいえないことだってあった。そもそも、そうそう高い志ばかりで動いていたわけでもないだろう。航空に関わった人々もまたしかりである。特別に航空関係者のみを「大空のロマン」的な甘っちょろく手垢のついたイメージで語るのは、当の航空関係者にとっても、私が本書を手に取ってもらいたい幅広い読者にとっても、大いに迷惑な話なのではないか。また「昔は良かった」的なノスタルジーに浸って過去をひたすら美化するのも、健全なあり方とは思えない。それは、本書で私がやりたいことではなかった。

戦後の社会は、それまでの時代と大きく変わってしまった。テクノロジーの進歩に激しく影響を受け、万事がスピーディーに変化し、世界がどんどん狭くなった。そこには、決していい事ばかりあったわけではあるまい。それが人々を大いに惑わせたし、浮き足立たせてしまったことも事実だろう。

そんな変化の多くは、間違いなく航空によってもたらされたものだと思う。ある意味でそんな戦後社会の象徴的な役割を担っていたのが、航空という交通手段なのである。そしてその役割は、21世紀を迎えた今日、再び大きな変化を迎えているように思える。

だから本書では、航空をこうした戦後社会を語る「てこ」として使ったというのが正しいかもしれない。本書は決して華やかで贅沢なパイロットやCAや、航空の恩恵を受けることができた限られた人々のカッコいいドラマを扱ったものではない。あの頃……そして今に至る私たちすべてについて語った物語なのだ。そして、それは未来を写す「鏡」かもしれない。もし本書を読んだ皆様がそこに自分の姿を見つけることができたならば、本書は成功ではないかと思っている。

私たち一人ひとりもまた、視界不良のなかをレーダーだけを頼りに孤独なフライトを続ける、一機の飛行機のような存在なのだから。

来たるMRJの就航と、二〇二〇年東京オリンピックを前にして。

夫馬信一

- 『Welcome to the World of PanAm』(パンアメリカン航空会社)
- 『PAN AMクリッパー/機内誌(日本版)』OCTOBER-NOVEMBER 1981(パンアメリカン航空広報部)
- 『PAN AM WINGS-JAPAN』Vol.10・1978年9月1日発行、Vol.11・1978年11月1日発行(パンアメリカン航空広報部)
- 『ユナイテッド航空日本語版機内誌/リーダーズレビュー　2008 VOL.041』(株式会社ザ・グレートネイションズ)
- 『The United Air Lines News - Sept. 1953』(United Airlines)
- 『オーロラ AVRORA　2007 SPRING』(アエロフロート・ロシア航空日本支社)
- 『МАРШРУТ　ДРУЖЪЫ/К　40-ЛЕТИЮ　ОТКРЫТИЯ　ТРАССЫ　МОСК　ВА-ТОКИО　友好の架け橋。モスクワ〜東京線開設40周年』記念DVDビデオ(アエロフロート・ロシア航空)
- 『近畿日本ツーリスト社内報』176号・1994年10月、267号・2015年9月(近畿日本ツーリスト株式会社)
- 『Bart』1996.1.1/8号、1996.2.26号(集英社)
- 『週刊文春』1995年12月28日号(文藝春秋)
- 『週刊新潮』昭和41年7月16日号(新潮社)
- 『朝日新聞』1931年4月2日夕刊、同年8月18日夕刊、同年8月26日夕刊、1945年11月19日〜2004年4月1日朝刊(朝日新聞社)
- 『大阪朝日新聞』1931年3月6日朝刊(朝日新聞社)
- 『読売新聞』1946年5月4日朝刊〜1989年6月8日朝刊(読売新聞社)
- 『毎日新聞』1952年1月26日朝刊〜1973年7月4日朝刊(毎日新聞社)
- 『産経新聞』1985年6月6日、同年6月7日、同年10月23日、2005年10月9日、2014年2月1日(産経新聞社)
- 『報知新聞』1966年6月27 〜30日、1966年7月7日、1995年11月8日(報知新聞社)
- 『日本経済新聞』1964年8月12日、1972月9月9日、1981年9月29日、1985年4月30日、同年6月6日、同年6月7日、同年10月23日、1989年6月5日〜7日、2007年7月17日〜19日(日本経済新聞社)
- 『東京中日新聞』1966年6月28日(中日新聞東京本社)
- 『東京新聞』1985年5月8日、同年6月6日、同年6月7日、同年10月23日(中日新聞東京本社)
- 『日本海事新聞』1987年12月21日〜1988年8月19日(日本海事新聞社)
- 『北海タイムス』1961年10月29日(北海タイムス社)
- 『北海道新聞』1972年1月20日(北海道新聞社)
- 『西日本新聞』1960年8月13日(西日本新聞社)
- 『沖縄タイムス』1998年1月5日〜8日(沖縄タイムス社)
- 『南日本新聞』1998年1月5日(南日本新聞社)
- 『ハワイ報知』1953年3月28日、1954年1月16日(ハワイ報知社)
- 『SHIN NICHI BEI - Los Angeles』Aug. 30, 1954(新日米新聞社)
- 香港公共圖書館(Hong Kong Central Library)所蔵資料:
  『香港工商日報/The Kung Sheung Daily News』1964年9月4日、同年9月7日(香港:工商日報有限公司)
  『華僑日報/Wah Kiu Yan Po』1964年9月7日、同年9月8日(華僑日報有限公司)
  『工商晩報/The Kung Sheung Evening News』1964年9月5日、同年9月7日、1966年7月6日、1971年12月31日(香港:工商日報有限公司)
- 『1956 Press Photo Mamoru Shigemitzu, Masayuki Tani, Toshikatzu Kase』(United Press Telephoto - Historic Images)
- 『ラストフライト　国際線・機長席』武田一男(愛育社)
- ブログ『週刊飛行機ダイスキ!』
- 国立国会図書館HP『ブラジル移民の100年』
- 一般社団法人日本映画製作者連盟HP『日本映画産業統計』
- 『MBCアーカイブス　昭和のふるさと/国産旅客機YS-11「びわ娘」がPR』(MBC南日本放送)
- 『テレメンタリー2016/平和へのラストフライト・緑十字機が運んだ"終戦"』(テレビ朝日)
- 『ザ・ビートルズ/EIGHT DAYS A WEEK - The Touring Years』(Apple Corps/配給・提供:KADOKAWA)

九月（大田区役所蒲田支所）
●『南米移民と日系社会／日系人のアイデンティティーを中心に』福井千鶴（『地域政策研究』第5巻第3号・2003年2月〈高崎経済大学地域政策学会〉）
●『日系人ニュース』No.92・2008年1月1日発行（海外日系人相談センター）
●『忘れ難き歳月／記者たちの見た中日両国関係』宋堅之責任編集（五洲伝播出版社）
●『中日航空交渉の政治過程』李恩民（『宇都宮大学国際学部研究論集』10号／宇都宮大学　学術情報リポジトリ）
●『日中国交正常化における田中角栄の役割再考』張　躍斌／訳：瞿成辰（『環日本海研究年報』No.20・2013年3月／新潟大学学術リポジトリ）
●『田中政権・八八六日』中野士朗（行政問題研究所）
●『企業がよみがえる日／何が大企業を変えたのか』田原総一朗（PHP研究所）
●『戦後日本の首脳外交／独立回復後、森首相退陣まで』加藤淳平（『外務省調査月報　2002年度／No1』）
●『シリア：新時代の到来と対イスラエル政策の今後』青山弘之（『イスラエル内政に関する多角的研究／平成13年度外務省委託研究報告』財団法人日本国際問題研究所編）
●『ザ・ビートルズ・イン・東京』（シンコー・ミュージック）
●『ザ・ビートルズ日本公演プログラム』（中部日本放送）
●『ビートルズ』ハンター・デヴィス著／小笠原豊樹、中田耕治・訳（草思社）
●『THE BEATLES FOREVER 10th Anniversary』（東芝音楽工業株式会社）
●『ザ・ビートルズ・アンソロジー2』CD添付ブックレット：1997年発売（東芝EMI株式会社）
●『レコード・コレクターズ』2010年1月号〜5月号（株式会社ミュージック・マガジン）
●『異説・黒澤明／文春文庫ビジュアル版』（文芸春秋）
●『黒澤明vs.ハリウッド／「トラ・トラ・トラ！」その謎のすべて』田草川弘（文藝春秋）
●『赤ひげ・DVD封入解説書』東宝株式会社映像事業部（東宝株式会社）
●『手塚治虫全史　その素顔と業績』（秋田書店）
●『The Astro Boy Essays : Osamu Tezuka, Mighty Atom, and the Manga/Anime Revolution』by Frederik L. Schodt（Stone Bridge Press）
●『米国における番組シンジケーション市場について』三菱総合研究所（総務省　情報通信審議会情報通信政策部会／デジタル・コンテンツの流通の促進等に関する検討委員会〈第23回〉・資料）
●『アメリカのシンジケーション・ビジネスの仕組みとわが国での導入のあり方』西正、島田浩志（『Business & Economic Review』2001年09月号〈株式会社日本総合研究所〉）
●『井上靖全集』第二十三巻、第二十六巻（新潮社）
●『トヨタ自動車50年史』昭和62年11月3日発行（トヨタ自動車株式会社）
●『アメリカ映画栄光の1/2世紀史　アカデミー賞50回事典／キネマ旬報増刊4・28号　No.733』（キネマ旬報社）
●『日活映画』No. 112（日活株式会社事業部）
●『基地のあゆみ　開隊25周年記念』（海上自衛隊鹿屋航空基地）
●『鹿屋市誌』（鹿屋市）
●『かのや市役所だより』昭和32年11月10日、昭和33年2月28日、同年3月31日（鹿屋市役所）
●『昭和の特別な一日』杉山隆男・著（新潮社）
●『空の防人回想録（5）／ブルーインパルス「五輪を描く」』鈴木昭雄（『軍事研究』2014年9月号〈ジャパンミリタリーレビュー〉）
●『青い衝撃』（航空自衛隊第1航空団）
●『航空自衛隊五十年史』（航空自衛隊）
●『ミラー　第4号』昭和26年9月20日発行（新聞月鑑社）
●『飛行機物語　羽ばたき機からジェット旅客機まで／中公新書1694』鈴木真二・著（中央公論新社）
●『ダイナミック図解／飛行機のしくみパーフェクト事典』鈴木真二・監修（ナツメ社）
●『飛行機がよくわかる本／ヴィンテージ飛行機の世界』夫馬信一・著／鈴木真二・監修（PHP研究所）
●『WING the SKY 3 - winter 1977』（パンアメリカン航空会社）

●『航空時報』昭和28年12月1日、昭和29年1月1日、同年2月1日(財団法人日本航空協会)
●『航空人名録』昭和36年度版、昭和42年度版(日本航空新聞社)
●『航空宇宙人名録』昭和57年度版(日本航空新聞社)
●『航空年鑑』1980年版(財団法人日本航空協会)
●『コンコルド狂想曲/米、欧、ソ三つどもえの夢の跡　超音速旅客機に明日はあるか』帆足孝治、遠藤欽作(イカロス出版)
●『パン・アメリカン航空物語/栄光の航空王国を支えた日本人たちの記録』帆足孝治・著、構成・編集協力:パンナム・ジャパン史編集委員(イカロス出版)
●『ボーイング747を創った男たち/ワイドボディの奇跡』クライヴ・アーヴィング著・手島尚訳(講談社)
●『長崎「旅」博覧会公式記録』企画・編集:株式会社長崎新聞社(財団法人長崎「旅」博覧会協会)
●『逓信省航空局　航空機乗員養成所物語/(17)陸軍直轄の航空輸送部隊』徳田忠成(WEB版『航空と文化』2008.05.15〈一般財団法人日本航空協会〉)
●『逓信省航空局　航空機乗員養成所物語/(25)終戦と大日本航空の解散』徳田忠成(WEB版『航空と文化』2009.01.15〈一般財団法人日本航空協会〉)
●『飛行艇パイロットの回想 -- 横浜から南太平洋へ/(9)ウェーキ島一番乗り』越田利成(WEB版『航空と文化』2010.04.15〈一般財団法人日本航空協会〉)
●『半世紀前の型式証明　YS-11の頃』藤原洋(『航空と文化』2013夏季号No.107〈一般財団法人日本航空協会〉)
●『PILOT　2009 No.1 JAN』(社団法人 日本航空機操縦士協会)
●『ロシアNIS調査月報』2014年2月号(ロシアNIS貿易会)
●『Okinawaから沖縄へ　モノが語る激動の時代1945~2012』(沖縄県立博物館・美術館)
●『戦後アメリカ統治下の沖縄における出入域管理について/渡航制限を中心に』岸本弘人(『沖縄県立博物館・美術館　博物館紀要』No.5, 2012〈沖縄県立博物館・美術館〉)
●『当館が所蔵するアメリカ統治時代の各種証明書』岸本弘人(『沖縄県立博物館・美術館　博物館紀要』No.7, 2014〈沖縄県立博物館・美術館〉)
●『沖縄県公文書館だより　Archives47号』2014年8月発行(沖縄県公文書館)
●国立公文書館所蔵資料:
『東京都市計画公園及同事業並其ノ執行年度割○東京都市計画飛行場及同事業並其ノ執行年度…』請求番号:纂02398100
『東京都市計画飛行場及同事業並其ノ執行年度割決定ノ件』請求番号:纂02477100
●『写真週報　5号』昭和十三年三月十六日印刷発行(内閣情報部)
●『第三期航空局海軍依託操縦生　卒業紀念』大正拾四年拾月(霞ヶ浦海軍航空隊)
●『川崎重工　岐阜工場50年の歩み』1987年11月30日発行(川崎重工業株式会社)
●『東京国際空港十年の歩み』1965年5月発行(日本空港ビルデング株式会社)
●『羽田開港50年　東京国際空港1931-1981』(東京国際空港50周年記念行事実行委員会)
●『羽田開港60年　東京国際空港1931-1991』(東京国際空港60周年記念行事実行委員会)
●『別冊航空情報　開港七十年「新・羽田空港」をデザインする』(酣燈社)
●『空の玄関・羽田空港70年』(大田区立郷土資料館)
●『朝日選書234　羽田空港の歴史』平木国夫(朝日新聞社)
●『イカロスMOOK　AIRLINE新日本の空港シリーズ1　羽田空港』(イカロス出版株式会社)
●『東京国際空港』1987年3月(運輸省第二港湾建設局東京空港工事事務所)
●『東京国際空港』1980年9月(運輸省東京航空局東京空港事務所/第2港湾建設局　東京空港工事事務所)
●『日本の空港』1973年3月(航空振興財団)
●『航空路便覧』1944年10月(陸軍航空路司令部)
●『東京オリンピック1964デザインプロジェクト』(東京国立近代美術館展覧会図録)
●『連合国軍都内進駐に関する書類綴』昭和二十年

PROGRAMMA UFFICIALE』(Centro Programmi del Comitato Organizzatore)
●『Montrèal 1976 Official Report/Games of the XXI Olympiad Montréal 1976』(The Organizing Committee of the 1976 Olympic Games)
●『Games of the XXII Olympiad Moscow 1980/ Official Report of the Organising Committee of the Games of the XXII Olympiad, Moscow, 1980』(The Organising Committee of the Games of the XXII Olympiad, Moscow, 1980)
●『Official Report of the Games of the XXIIIrd Olympiad Los Angeles, 1984』(The Los Angeles Olympic Organizing Committee)
●『Games of the XXIVth Olympiad Seoul 1988 Official Report』(Seoul Olympic Organizing Committee)
●『第一回アジア競技大会報告書』昭和二十六年十月三十日(財団法人日本体育協会)
●『第二回アジア競技大会報告書』昭和30年5月20日(財団法人日本体育協会)
●『第3回アジア競技大会報告書』1959年3月31日(財団法人日本体育協会)
●『第三回アジア競技大会聖火リレー報告書』(オリンピック東京大会組織委員会競技部)
●『財団法人日本体育協会要覧』昭和二十三年十二月一日(財団法人日本体育協会)
●『体協時報　昭和43年7月号・第176号』(日本体育協会)
●『わが回想録』安川第五郎(百泉書房)
●『聖火は消えて』安川第五郎(ダイヤモンド社)
●『千歳恵庭岳におけるオリンピックの記憶／札幌オリンピック滑降競技周辺史』守屋憲治(『「新千歳市史」機関誌・志古津　過去からのメッセージ』編集・千歳市総務部総務課〈千歳市〉)
●『日本万国博覧会公式記録　第2巻』昭和47年3月1日(日本万国博覧会記念協会)
●『オリンピックはなぜ、世界最大のイベントに成長したのか』マイケル・ペイン著　保科京子、本間恵子・訳(サンクチュアリ出版)
●『オリンピック・マーケティング　世界NO.1イベントのブランド戦略』アラン・フェラン、ジャン=ルー・シャペレ、ベノワ・スガン　原田宗彦・監訳(スタジオタッククリエイティブ)
●『国産中型輸送機YS-11』(日本航空機製造株式会社)
●『株式会社大丸装工事業部20年の歩み』昭和54年11月発行(株式会社大丸)
●『YX/767開発の歩み』(航空宇宙問題調査会)
●『航空遺産継承基金アーカイブス／YS-11　国産旅客機44年の航跡　記録集』(財団法人日本航空協会航空遺産継承基金事務局)
●『YS-11エアラインの記録』(日本航空技術協会)
●『YS-11　世界を翔けた日本の翼／祥伝社新書』中村浩美(祥伝社)
●『NAMC NEWS No.23 - September 1964』(日本航空機製造株式会社)
●『日本ヒコーキ物語　北海道篇』平木國夫(冬樹社)
●『ジェット・パイロット』鍛治壮一(ぺりかん社)
●『昭和の日本航空意外史』鈴木五郎(グリーンアロー出版社)
●『機長の航跡』諸星廣夫(イカロス出版)
●『日本航空史(昭和戦後編)』編集　日本航空編纂委員会(財団法人日本航空協会)
●『航空輸送の歩み:昭和二十年迄』大日本航空社史刊行会編(財団法人日本航空協会)
●『破壊された日本軍機』ロバート・C・ミケシュ・著、石澤和彦・訳(三樹書房)
●『J-BIRD　写真と登録記号で見る戦前の日本民間航空機』編著者:河守鎮夫、中西正義、藤田俊夫、藤原洋、柳沢光二(一般財団法人日本航空協会)
●『日本民間航空史話』(一般財団法人日本航空協会)
●『月刊航空情報』第3集・1951年12月、第6集・1952年4月、第13集・1952年12月、第14集・1953年2月、第27集・1954年1月、第28集・1954年2月、第29集・1954年3月、第30集・1954年4月、1957年6月号・No.71、1960年10月号・No.122、1964年9月号・No.181、同年11月号・No.184、同年12月号・No.185、1965年1月号・No.186、1998年12月号・No.658(酣燈社)
●『世界の航空機』第28集・昭和29年1月1日発行(鳳文書林)
●『航空ファン』2008年1月号、6月号(文林堂)
●『月刊エアステージ』2007年9月号(イカロス出版)

（東京都）
- 『オリンピック東京大会　開閉会式実施要項』（オリンピック東京大会組織委員会）
- 『オリンピック東京大会と政府機関等の協力』（文部省）
- 『オリンピック東京大会組織委員会会報』5号、8号、11号、21号、23号、28号（オリンピック東京大会組織委員会）
- 『東京都オリンピック時報』4号、5号、8号、12号（東京都オリンピック準備局）
- 『選手村ニュース』NO.3～NO.6（オリンピック東京大会組織委員会）
- 『第11回オリンピック冬季大会　報告書』（財団法人札幌オリンピック冬季大会組織委員会）
- 『第11回冬季オリンピック札幌大会報告書』編集：北海道総務部総務課（北海道庁）
- 『第11回オリンピック冬季大会札幌市報告書』編集：札幌市総務局オリンピック整理室（札幌市）
- 『第18回オリンピック冬季競技大会　公式報告書』信濃毎日新聞社（財団法人長野オリンピック冬季競技大会組織委員会）
- 『組織委員会議議題集』（財団法人オリンピック東京大会組織委員会）
- 『組織委員会議事録　第1回 - 第31回』（財団法人札幌オリンピック冬季大会組織委員会）
- 『Outline of the Proposed Torch Relay for the Games of the 18th Olympiad, Tokyo 1964 : August 18th, 1962』（オリンピック東京大会組織委員会）
- 『第1回、第3回、第4回、第5回、第6回、第8回、第9回聖火リレー特別委員会資料』（オリンピック東京大会組織委員会・聖火リレー特別委員会）
- 『聖火リレー特別委員会中間報告書』（オリンピック東京大会組織委員会・聖火リレー特別委員会）
- 『オリンピック東京大会聖火リレーについて／第1次、第2次、第3次答申』（オリンピック東京大会組織委員会・聖火リレー特別委員会）
- 『聖火リレー特別委員会／第2回、第3回、第4回、第5回国外小委員会資料』（オリンピック東京大会組織委員会・聖火リレー特別委員会／国外小委員会）
- 『聖火リレー特別委員会／第2回、第4回国内小委員会資料』（オリンピック東京大会組織委員会・聖火リレー特別委員会／国内小委員会）
- 『オリンピック東京大会聖火リレーに使用する航空機について』昭和38年3月28日（オリンピック東京大会組織委員会・聖火リレー特別委員会）
- 『聖火空輸幹事会の研究報告および問題点』（オリンピック東京大会組織委員会・聖火リレー特別委員会／聖火空輸専門委員会）
- 『聖火リレー特別委員会における協議の結果について』（オリンピック東京大会組織委員会・聖火リレー特別委員会）
- 『オリンピック聖火空輸に関する事前調査等』（オリンピック東京大会組織委員会・聖火リレー特別委員会／聖火空輸専門委員会）
- 『聖火リレーに関する事前打合せ（国外）実施計画』（オリンピック東京大会組織委員会・聖火リレー特別委員会／聖火空輸専門委員会）
- 『聖火リレー空輸ルート派遣団員打合わせ会』1964/6/19（オリンピック東京大会組織委員会・聖火リレー特別委員会）
- 『オリンピック聖火空輸特別便に関する実施要項』（日本航空株式会社、日本交通公社）
- 『オリンピック東京大会　開閉会式実施要項』（オリンピック東京大会組織委員会）
- 『財団法人札幌オリンピック冬季大会組織委員会　第3回式典専門委員会』昭和45年8月7日（財団法人札幌オリンピック冬季大会組織委員会・式典専門委員会）
- 『財団法人札幌オリンピック冬季大会組織委員会　式典専門委員会　第3回聖火リレー小委員会議事録』昭和45年6月19日（財団法人札幌オリンピック冬季大会組織委員会・式典専門委員会・聖火リレー小委員会）
- 『オリンピック東京大会・聖火』宮崎県観光課・聖火リレー県実行委員会総務部（宮崎県）
- 『報告書　第十二回オリンピック東京大會』（第十二回オリンピック東京大會組織委員会）
- 『第十二回オリンピック東京大會　東京市報告書』（東京市役所）
- 『第十回オリムピック大會日本代表一行名簿』（財団法人大日本體育協會）
- 『GIOCHI DELLA XVII OLIMPIADE ROMA MCMLX - CERIMONIA DE APERTURA :

参考文献

●『日本の航空100年　航空・宇宙の歩み』(財団法人日本航空協会)
●『月刊航空情報別冊　昭和の航空史』(酣燈社)
●『大空を翔ける　航空界で活躍する女性たち』編・著:社団法人日本女性航空協会(ぎょうせい)
●『EIMOOK 1152/JALデザインコレクション』(枻出版社)
●『JALグループ50年の航跡　Contrail of JAL Group 1951-2001』(日本航空)
●『日本航空40年の軌跡』(日本航空)
●『日本航空社史　1951-1981』(日本航空)
●『日本航空20年史　1951-1971』(日本航空)
●『おおぞら』1960年8月号〜1974年11月号(日本航空)
●『創業20周年記念おおぞら』(日本航空)
●『おおぞらWeekly』1989年06月12日-No.66、1989年06月19日-No.67、1991年11月11日-No.190、1997年12月15日-No.501(日本航空)
●『社報　第18号』昭和28年2月1日(日本航空)
●『OG会報』2002年10月号(日本航空)
●『AGORA』2000年9月号(日本航空)
●『DC-8 FOREVER』(日本航空)
●『航空知識ABC』日本航空広報部・編(読売新聞社)
●『フライト・ストーリー'82/JALスタッフ総力編集』(日本航空)
●『大空への挑戦　ANA50年の航跡』編集・ANA50年史編集委員会(全日本空輸株式会社)
●『限りなく大空へ　全日空の30年』編集・全日空30年史編集委員会(全日本空輸株式会社)
●『大空へ二十年』編集・全日空社史編集委員会(全日本空輸株式会社)
●『大空へ十年』編集・全日空社史編集委員会(全日本空輸株式会社)
●『727–THE GLORIOUS HERITAGE』企画・製作:全日本空輸株式会社航務本部(全日本空輸株式会社航務本部)
●『社報　全日空』1964年8月号NO.63、同年9月号NO.64、同年10月号NO.65、1966年2月号NO.81、1970年10月号NO.134、1972年2月号NO.150、同年9月号NO.157、増刊号No.177(全日本空輸株式会社)
●『社内報ぜんにっくう』1986年12月号NO.330、1989年7月号(全日本空輸株式会社)
●『昭和47年の回顧と将来の計画』昭和47年12月(全日空広報室)
●『ANA VISION 2011　第62期第1四半期のご報告』(全日本空輸株式会社)
●『ANAグループ　CSRレポート2007年度版』(全日本空輸株式会社)
●『エアラインハンドブック Q&A100/航空界の基礎知識』全日空広報室・編(ぎょうせい)
●『全日空客室乗務員OG会「白鷺会」30周年記念誌』(全日空白鷺会)
●『全日空白鷺会会報誌　白鷺』第30号・平成18年8月、第39号・平成25年6月、第40号・平成26年6月(全日空白鷺会)
●『shirasagi vol.54』2008年12月10日発行(全日空白鷺会・大阪)
●『つばさの10年』(日東航空株式会社)
●『富士航空の歩み』(西谷会)
●『大空をとぶ』(東亜国内航空株式会社)
●『つばさ』1988年・VOL.110、1996年1月号・VOL.146、1996年4月号・VOL.147(東亜国内航空株式会社〜株式会社日本エアシステム)
●『信頼を翼にのせて　日本アジア航空25年史』(日本アジア航空株式会社)
●『沖縄のつばさ　南西航空十年の歩み』1978年発行(南西航空株式会社)
●『エアーニッポン創立20周年記念誌』平成6年10月19日発行(エアーニッポン株式会社総務部)
●『飛翔/NCA20年の歩み』(日本貨物航空株式会社)
●『Folded Wings: A History of Transocean Air Lines』(1989) Arue Szura(Pictorial Histories Publishing Co.)
●『第18回オリンピック競技大会　東京1964　公式報告書　上』(オリンピック東京大会組織委員会)
●『第18回オリンピック競技大会　東京都報告書』

- 国土交通省北海道開発局　港湾空港部
- 宮崎空港ビル株式会社
- 札幌丘珠空港ビル株式会社
- 熊本空港ビルディング株式会社
- オホーツク紋別空港ビル株式会社
- 佐渡空港
- 鹿児島県鹿屋市　政策推進課
- 株式会社岩波書店
- 株式会社集英社
- 一般財団法人日本地図センター
- 青山周
- 一般財団法人日中経済協会
- 公益社団法人 日本航空機操縦士協会
- ボーイングジャパン株式会社
- エアバス・ジャパン株式会社
- 株式会社乃村工藝社
- 富士フイルム株式会社
- 本多電機株式会社
- HDホールディングス株式会社
- 長澤健夫
- 津村英弘
- 竹井 逸郎
- 春秋航空日本株式会社
- 久留米市城島総合支所　地域振興課
- 長野市　スポーツ課
- 紋別市役所　観光交流推進室
- 東京都恩賜上野動物園
- 公益財団法人東京動物園協会
- 大和市役所　文化振興課
- 在日米海軍　厚木航空施設
- 久留米市城島総合支所　地域振興課
- 有島記念館
- 公益社団法人有機合成化学協会事務局
- 国際連合広報センター
- 学校法人横浜訓盲学院
- 社団法人日本女性航空協会
- 一般財団法人港区国際交流協会
- 日本通運株式会社
- ハクキンカイロ株式会社
- 関西鉄道研究会
- 鹿児島県立青少年研修センター
- 公益社団法人著作権情報センター

- 安江悦三
- 籠島偉介
- 秋山章八
- 福田和生
- 荷見三七子
- 萩原憲治
- 前田米造
- 松下治英
- 藤縄忠
- 若林和彦
- 馬場正子
- 森田智子
- 野上千鶴子
- 富永啓一郎
- 西浦福則
- KNT-CTホールディングス株式会社
- 近畿日本ツーリスト株式会社
- 長崎空港ビルディング株式会社
- 長崎県企画振興部政策企画課
- 長崎市
- Pan Am Historical Foundation
- Alaska Department of Transportation & Public Facilities
- The Government of the Hong Kong Special Administrative Region, Civil Aviation Department,
- 日本郵船歴史博物館
- 一般財団法人柳工業デザイン研究会
- 金沢美術工芸大学　柳宗理記念デザイン研究所
- お仕立て処 うえの・有限会社上野和裁
- 株式会社大丸松坂屋百貨店
- 藤本淳也（大阪体育大学　教授）
- 環境省　自然環境局野生生物課
- 環境省関東地方環境事務所　佐渡自然保護官事務所
- 東邦航空株式会社
- 佐渡トキ保護センター
- 新潟県　佐渡地域振興局地域整備部
- 有限会社大鵬企画
- 大鵬道場・大嶽部屋
- 公益財団法人日本相撲協会
- 山口博正
- 阿施光南
- 読売新聞社
- 朝日新聞社
- 毎日新聞社
- 一般社団法人共同通信社
- 産業経済新聞社
- 株式会社インプレス
- 近藤　晃
- 国土地理院
- トヨタ自動車株式会社
- 株式会社黒澤プロダクション
- 株式会社三船プロダクション
- 川内まごころ文学館
- 株式会社手塚プロダクション
- 井上靖文学館
- 株式会社酒井著作権事務所
- 松竹株式会社・演劇部
- 株式会社KADOKAWA
- インセル株式会社
- 株式会社JVCケンウッド・ビクターエンタテインメント
- 小松幹和
- 須田結加利
- 外務省外交史料館
- 外務省儀典外国訪問室
- 内閣官房内閣広報室
- 国土交通省航空局　運航安全課
- 国土交通省国土地理院　情報サービス課
- 気象庁広報室
- 気象庁　東京航空地方気象台
- 厚生労働省　職業安定局雇用政策課
- 大学共同利用機関法人自然科学研究機構　国立天文台
- 公益財団法人通信文化協会　博物館部（郵政博物館）
- 日本郵便株式会社
- たばこと塩の博物館
- 日本空港ビルデング株式会社
- 成田国際空港株式会社
- 関西エアポート株式会社
- 国土交通省大坂航空局　鹿児島空港事務所
- 国土交通省大阪航空局　那覇空港事務所
- 国土交通省大阪航空局　熊本空港事務所

協力

- 日本航空株式会社
- ANA／全日本空輸株式会社
- ユナイテッド航空
- ブリティッシュ・エアウェイズ
- エールフランス航空
- 日本トランスオーシャン航空株式会社
- 日本エアコミューター株式会社
- 日本貨物航空株式会社
- Pan Am Alumni Association, Japan
- Scandinavian Airlines System, Media Relations Sweden
- 日活株式会社
- 三菱重工業株式会社
- 三菱航空機株式会社
- 公益財団法人日本体育協会
- 秩父宮記念スポーツ博物館・図書館(独立財団法人日本スポーツ振興センター)
- 公益財団法人日本オリンピック委員会
- 公益財団法人東京オリンピック・パラリンピック競技大会組織委員会(2020)
- COMITÉ INTERNATIONAL OLYMPIQUE, Communications Department
- 大阪府
- 大阪万博の記念館／EXPO'70パビリオン
- 航空自衛隊
- 海上自衛隊
- 海上自衛隊　鹿屋航空基地
- 所沢航空発祥記念館
- 一般財団法人日本航空協会
- 航空図書館
- 沖縄県立博物館・美術館
- 沖縄県公文書館
- 札幌市公文書館
- 国立公文書館
- アジア歴史資料センター
- 千歳市総務部　市史編纂室
- 大田区立郷土資料館
- 株式会社毎日放送
- 株式会社南日本放送
- 株式会社北海道新聞社
- 株式会社長崎新聞社
- 株式会社宮崎日日新聞社
- 株式会社西日本新聞社
- 日刊まにら新聞
- The Robert H. N. Ho Family Foundation
- 香港公共圖書館／The Hong Kong Central Library
- 株式会社せきれい社／『航空情報』編集部
- 曽我誉旨生
- 古賀大輔
- 茂垣多恵子
- 茂垣信夫
- 和久光男
- 和久淑子
- 北野蓉子
- 小野悠子
- 小野溶子
- 池田宏子
- 池田　剛
- 佐藤則夫
- 木下孝二
- 公益財団法人日本体育施設協会
- 独立行政法人日本スポーツ振興センター
- 熊田美喜
- 阿部芳伸
- 阿部美織
- 阿部哲也
- 山之内憲夫
- 重岡良蔵
- 森田皓一
- 江島弘尚
- 諏訪登美枝
- 日高幸子
- 白木洋子
- 田中丸光子
- 佐藤美奈子
- 保田昌子
- 土田萬里子

【カバー画像出典】

●表1

①吉田茂一行の特別機パンナム・ストラトクルーザー（提供：曾我誉旨生）

●表2折り返し

①極東航空遊覧飛行券（提供：ANA）

●背

①ボーイング727（提供：ANA）

●表4・上部右

①コンコルド（© AIR FRANCE）

●表4・中央部（左から）

②飛行中のDC-3（『限りなく大空へ　全日空の30年』〈全日本空輸株式会社〉より／提供：ANA）

③DC-3と全日空スチュワーデス（『限りなく大空へ　全日空の30年』〈全日本空輸株式会社〉より／提供：ANA）

④上海空港での全日空スチュワーデス（提供：保田昌子）

⑤占領下の羽田飛行場の様子（提供：曾我誉旨生）

【スタッフ】

航空技術監修…………鈴木真二

考証・資料提供………曾我誉旨生

イラスト………………中村滋、しゅうさく

撮影……………………片桐圭、清水亮一

翻訳等協力……………本山 光、藤田尚子

取材テキスト作成……山本晶（AKIRA text create）

編集協力………………池田敬子、金子真理、紺野陽平

校正……………………株式会社鷗来堂

【著者】

夫馬信一◉ふま・しんいち

一九五九年、東京生まれ。一九八三年、中央大学卒業。航空貨物の輸出業、物流関連の業界紙記者、コピーライターなどを経て、現在は書籍や雑誌の編集・著述業。主な著書に『歴史の足跡をたどる日本遺構の旅』(昭文社)、『幻の東京五輪・万博１９４０』(原書房)など。

【航空技術監修】

鈴木真二◉すずき・しんじ

一九五三年生まれ。東京大学大学院教授。工学系研究科航空宇宙工学専攻。一九七九年、東京大学大学院工学系研究科修士課程修了。豊田中央研究所を経て、一九八六年、工学博士取得後、東京大学助教授。一九九六年より現職。日本航空宇宙学会会長(第四三期)。国際航空科学連盟(ＩＣＡＳ)理事、日本ＵＡＳ産業振興協議会理事長など。著書に『飛行機物語――航空技術の歴史』(ちくま学芸文庫)、『現代航空論――技術から産業・政策まで』(東京大学出版)、『力学入門』(コロナ社)など。『落ちない飛行機への挑戦――航空機事故ゼロの未来へ』(化学同人)により第七回「住田航空奨励賞」受賞。

航空《こうくう》から見《み》た戦後《せんご》昭和史《しょうわし》——ビートルズからマッカーサーまで

二〇一七年二月七日　初版第一刷発行

著者——夫馬信一
航空技術監修——鈴木真二
発行者——成瀬雅人
発行所——株式会社原書房
〒一六〇-〇〇二二　東京都新宿区新宿一-二五-一三
電話・代表〇三-三三五四-〇六八五
http://www.harashobo.co.jp
振替・〇〇一五〇-六-一五一五九四
ブックデザイン——小沼宏之
印刷——新灯印刷株式会社
製本——東京美術紙工協業組合

ISBN978-4-562-05367-4
Printed in Japan